绝知此事要躬行

——新时代大学生品味经典与聆听讲座

JUEZHI CISHI YAO GONGXING
——XINSHIDAI DAXUESHENG
PINWEI JINGDIAN YU LINGTING JIANGZUO

主　编○王仕勇　陈　松　刘富胜
副主编○沈顺祥　陈艳宇　杨　华　范建明

西南财经大学出版社
Southwestern University of Finance & Economics Press
中国·成都

图书在版编目(CIP)数据

绝知此事要躬行——新时代大学生品味经典与聆听讲座/ 王仕勇,陈松,刘富胜主编.—成都:西南财经大学出版社,2019.4

ISBN 978-7-5504-0846-3

Ⅰ.①绝…　Ⅱ.①王…②陈…③刘…　Ⅲ.①大学生—思想政治教育—中国　Ⅳ.①G641

中国版本图书馆 CIP 数据核字(2018)第 300204 号

绝知此事要躬行——新时代大学生品味经典与聆听讲座

主　编　王仕勇　陈　松　刘富胜
副主编　沈顺祥　陈艳宇　杨　华　范建明

责任编辑:李晓嵩
助理编辑:陈何真璐
封面设计:何东琳设计工作室
责任印制:朱曼丽

出版发行	西南财经大学出版社(四川省成都市光华村街 55 号)
网　　址	http://www.bookcj.com
电子邮件	bookcj@foxmail.com
邮政编码	610074
电　　话	028-87353785
照　　排	四川胜翔数码印务设计有限公司
印　　刷	四川五洲彩印有限责任公司
成品尺寸	185mm×260mm
印　　张	12.75
字　　数	276 千字
版　　次	2019 年 4 月第 1 版
印　　次	2019 年 4 月第 1 次印刷
书　　号	ISBN 978-7-5504-0846-3
定　　价	78.00 元

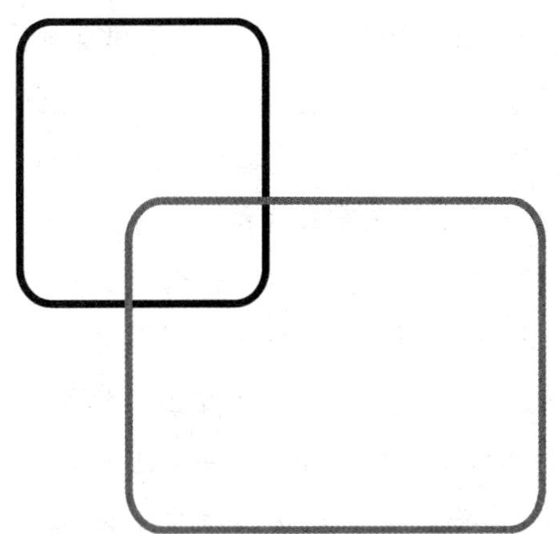

总　序

一代人有一代人的责任，一代人有一代人的使命。要把当代大学生培养成为中国特色社会主义事业的合格建设者和可靠接班人，培养成为能够担当民族复兴大任的时代新人，需要坚持习近平新时代中国特色社会主义思想，需要真正做到“因事而化、因时而进、因势而新”。

思想政治理论课是高校思想政治工作的主渠道。思想政治理论课既有理论教学也有实践教学。理论教学是基础，实践教学是拓展。实践教学是要解决用理论教学方式难以解决的问题，是要解决理论教学中的重点和难点问题。思想政治理论课实践教学是“思想政治理论”与“实践教学”的综合体，即用“思想政治理论”来指导实践教学，用“实践教学”来深化学生对思想政治理论的理解和认同。

重庆工商大学长期以来高度重视思想政治理论课实践教学。早在1998年，我们就在“思想道德修养与法律基础”这门课程中开展了“家长学生两地书”活动，让学生在校期间给父母写一封信，感谢父母的养育之恩；让学生为父母算一笔账，清楚知道父母为培养自己所付出的心血。“家长学生两地书”活动收到了很好的效果，学生、家长都非常喜爱这种情感交流的活动形式。这种实践教学也产生了广泛的社会影响，中央电视台《新闻联播》和《实话实说》栏目都对此进行了相关报道。

2012年，我们在“毛泽东思想和中国特色社会主义理论体系概论”这门课程中划出16个学时，采用“集中和分散”相结合的方式，进行项目制社会实践。集中实践就是学院联系实践教学基地，由每个班级遴选代表组成实践教学小分队到基地进行实践，而分散实践则是每个同学都要参加。课程组根据年度特点拟定社会调研方向，随后学生将这些调研方向细化为社会调研项目，并在申请通过后在教师的指导下利用周末或假期完成。同学们通过参与社会实践，和教师的交流增多了，对思想政治理论课的认同度提升了。

此外，“马克思主义基本原理概论”课程的部分教师一直坚持指导学生阅读经典文献，要求学生写读书笔记；“中国近现代史纲要”课程的部分教师组织学生编排话剧，开展红色文化参访等活动。部分思想政治理论课教师还组织艺术学院的同学创造思想类艺术作品。这些活动激发了同学们对思想政治理论课的学习热情，但这些活动是零散的和个别的。

2017 年，学校通过了《重庆工商大学思想政治理论课综合实践教学实施方案》，成立了思想政治理论课综合实践教学中心，让重庆工商大学思想政治理论课的实践教学迎来了发展新阶段。我们把分散在各门课程中的实践教学统一起来，从各门课程中划出数量不等的学时，设置了48个学时、3个学分的“思想政治理论课综合实践教学”公共必修课，要求所有本科生都要学习这门课程，不及格的学生要进行重修。我们在这门课程中设计了“六大模块”和“十大环节”。所谓“六大模块”，就是“体认自信”“品味经典”“传递真情”“明晰意见”“激荡理性”“感悟使命”；所谓“十大环节”，就是在“六大模块”的基础上，增加了“实践导入”“实践分享一”“实践分享二”和“实践总结”四个课堂上完成的环节。学校拨出专项经费构建了“思想政治理论课综合实践教学平台”。从运行情况来看，该平台基本实现了让领导放心、让教师认同和让学生满意的效果。

我们以“绝知此事要躬行”为题，出版了这套丛书。这套丛书呈现的实践教学成果，既包括 2012 年“毛泽东思想和中国特色社会主义理论体系概论”课程开设社会实践教学以来的部分成果，也包括 2017 年“思想政治理论课综合实践教学”课程开设以来的部分成果。这套丛书虽然仅仅是一个开端，但我们相信这将是一个非常美好的开端。

这套丛书的出版受到了重庆工商大学马克思主义学院、重庆工商大学市级重点学科——“马克思主义理论”学科、重庆工商大学习近平新时代中国特色社会主义思想研究院的大力资助。同时这套丛书也是教育部示范马克思主义学院和优秀教学科研团队项目“习近平总书记系列重要讲话精神融入‘马克思主义基本原理概论’课程教学研究”（编号：17JDSZK054）、重庆市高校思想政治理论课教学科研示范团队“重庆工商大学思想道德修养与法律基础教学科研示范团队”、重庆市教育委员会“高校思想政治理论课‘问题导向型’实践教学模式研究”（编号：SZKZY2015005）、重庆市高等教育教学改革重点研究项目“高校思想政治理论课‘三支撑’教学体系创新研究与实践”（编号：172019）、“互联网+”环境下高校思想政治理论课实践教学“三结合”模式探索（编号：19JDSZK128）等项目建设的阶段性成果。

我们深知，课程建设和教学改革都需要耗费大量精力，而且都需要在历史长河中接受检验；我们始终坚信，只要坚持以学生为中心的发展方向，就一定能够做到让思想政治理论课充满活力，就一定能够增强学生对思想政治理论课的获得感。

编者

2019 年 4 月

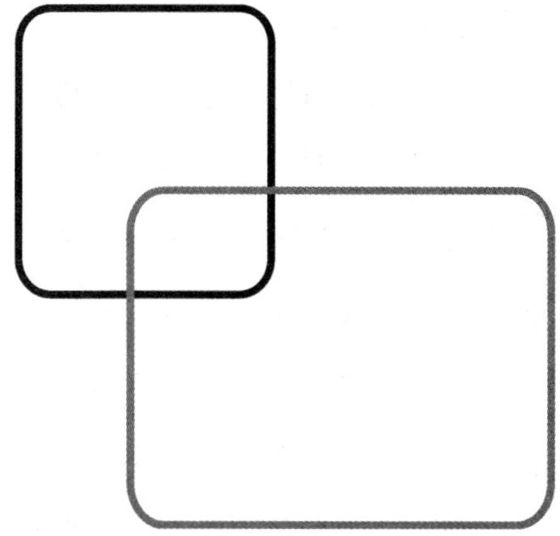

序　言

“大学是立德树人、培养人才的地方，是青年人学习知识、增长才干、放飞梦想的地方。”习近平于2018年5月2日在北京大学考察时明确指出了这是当代中国大学的重要使命之一，同时指出，“马克思主义是我们立党立国的根本指导思想，也是我国大学最鲜亮的底色”，“我们的教育要培养德智体美全面发展的社会主义建设者和接班人”，“要抓好马克思主义理论教育，深化学生对马克思主义历史必然性和科学真理性、理论意义和现实意义的认识，教育他们学会运用马克思主义立场观点方法观察世界、分析世界，真正搞懂面临的时代课题，深刻把握世界发展走向，认清中国和世界发展大势，让学生深刻感悟马克思主义真理力量，为学生成长成才打下科学思想基础”。担当好、完成好这项光荣而艰巨的使命，发挥好高校思想政治工作的主渠道作用，要求思想政治理论课教育教学必须切实推进马克思主义理论以及中国化的马克思主义理论进教材、进课堂、进学生头脑，引导大学生树立正确的世界观、人生观、价值观，不断提高大学生对思想政治理论课的获得感。学习、研读马克思主义经典理论以引领方向，理性思考观照当下以砥砺前行，可以有效提升思想政治理论课教育教学的实效性。

恩格斯说过：“一个民族要想站在科学的最高峰，就一刻也不能没有理论思维。”习近平在纪念马克思诞辰200周年大会上的讲话中就指出：“马克思主义思想理论博大精深、常学常新。新时代，中国共产党人仍然要学习马克思，学习和实践马克思主义，不断从中汲取科学智慧和理论力量，在统筹推进‘五位一体’总体布局、协调推进‘四个全面’战略布局中，更有定力、更有自信、更有智慧地坚持和发展新时代中国特色社会主义，确保中华民族伟大复兴的巨轮始终沿着正确航向破浪前行。”事实上，马克思主义经典著作不但囊括了经典作家们所汲取的人类在探索真理过程中取得的丰硕成果，也蕴含了经典作家们在攀登科学理论高峰过程中的艰辛历程和始终不懈追求的精神品质；马克思主义经典著作包含和集中体现着马克思主义的基本原理，这是马克思主义理论的本源和基础。精读马克思主义经典的代表性著作，有助于我们追本溯源，把握马克思主义基本原理。通过研读经典著作，感受文本的历史内涵和特殊语境，我们可以更加充分地领略到经典作家极为宽广的理论视野、丰富的知识领域、多样的论证方式、广泛的思想议题和独特的思考角度；对经典文献的学习、思考和研究，可以促进我们更加全面、客观和自觉地解读马克思主义基本原理，这与教条式的马克思主义理论体系，与旁观者乃至批评者眼中那种简单、刻板、思辨乃至保守的马克思主义理论的“形象”截然不同。与此同时，研读经典著作既可以进一步澄明经典作家的真实思想及其意义，也使得这些问题延展到当代的现实境遇和新的内涵得以廓清。

习近平在2016年12月8日的全国高校思想政治工作会议上强调：“要教育引导学生正确认识世界和中国发展大势，从我们党探索中国特色社会主义历史发展和伟大实践中，认识和把握人类社会发展的历史必然性，认识和把握中国特色社会主义的历史必然性，不断树立为共产主义远大理想和中国特色社会主义共同理想而奋斗的信念和信心；正确认识中国特色和国际比较，全面客观认识当代中国、看待外部世界。”教育部在《新时代高校思想政治理论课教学工作基本要求》中要求：“坚持增强获得感，促进思想政治理论课教学有虚有实、有棱有角、有情有义、有滋有味。”“实践教学作为课堂教学的延伸拓展，重在帮助学生巩固课堂学习效果，深化对教学重点难点问题的理解和掌握。”在信息化时代的当今，五光十色的社会影像不设防地进入青年大学生的视野，教条化、教材化、程序化的思想政治理论课教学早早地被抛下历史的车轮，只有真正贴近社会的客观实际和学生的思想实际，讲“真话”“新话”“家常话”，才能提高教学实效性；也只有直面社会发展实际，坚持以问题为导向，做真学问、真做学问，融教书育人于一体，传承于创新并进，才能切实增强获得感，实现“真学、真懂、真信、真用”。

基于以上思考，我们在落实教育部新时代高校思想政治理论课教学工作基本要求、推进思想政治理论课实践教学改革的过程中，为落实“要坚持把立德树人作为中心环节，把思想政治工作贯穿教育教学全过程，实现全程育人、全方位育人”的要求，在思想政治理论课综合实践教学环节中安排了“品读经典”和“激荡理性”环节。“品读经典”环节要求学生在马克思主义经典著作中选择篇目进行“精读”，并从中选出“记忆最深刻的经典金句”，写出心得体会或读书笔记，还安排了“经典摘抄”以加深品读记忆。“激荡理性”环节要求学生在我们提供的学术讲座视频、精彩演讲视频、时事报告视频、来校专家学术讲座中选择性视听，写出心得体会或讲座笔记。

我们在开始实践教学改革试点的第一轮次，即享受到了收获的喜悦。很多学生在展示对经典文献研读的激情的同时，也让我们感受到了“思想”的“青春朝气”。体现社会发展的历史性、现实性、针对性、全球性等的学术报告、时事演讲均衡分布，以理性之光观照当下全视域。其中，思想火种已经点燃，领航旗帜开始飘扬，立德树人初见成效。

我们选取了53篇学生品读经典和77篇激荡理性的心得体会作品汇编于后。其中，起步的不成熟跃然纸上，也不乏思想的稚嫩，但“青春的朝气”“思考的勇气”也彰显了未来的希望。我们的汇编，是对学生的肯定，也是对先行者的求教。

编者

2019年4月

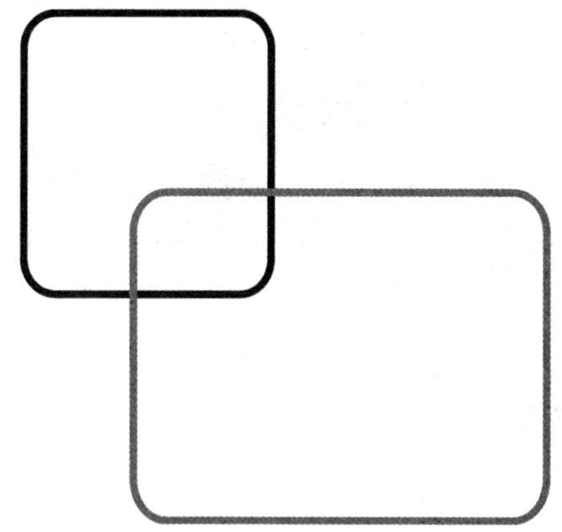

目　录

上篇　品读经典

下篇　激荡理性

上篇　品读经典

品读《共产党宣言》有感

作者：卡尔·马克思、弗里德里希·恩格斯

文献简介：《共产党宣言》写于1847年12月至1848年1月，于1848年2月21日在伦敦第一次以单行本问世，2月24日正式出版，是马克思、恩格斯为“共产主义者同盟”起草的纲领，是国际共产主义运动的第一个纲领性文件，是马克思主义公开问世的标志。《共产党宣言》第一次完整系统地阐述了马克思主义的科学世界观和革命纲领，深刻阐述了马克思主义政党的先进品格、政治立场、崇高理想和国际主义精神。自《共产党宣言》发表170年以来，马克思主义在世界上得到了广泛传播并深刻改变了人类历史进程，至今依然是具有重大国际影响的思想体系和话语体系。1999年，马克思被评为“千年第一思想家”，最为人们看好的就是马克思、恩格斯合著的《共产党宣言》和马克思所著的《资本论》。2003年，《共产党宣言》被评为“改变美国的20本书”之一。2015年，《共产党宣言》被评为“最具影响力的20本学术书”之一。

品读者：2016级汉文　2016072113　梁皓玮

记忆最深刻的经典金句：共产党人不屑于隐瞒自己的观点和意图。他们公开宣布：他们的目的只有用暴力推翻全部现存的社会制度才能达到。让统治阶级在共产主义革命面前发抖吧。无产者在这个革命中失去的只是锁链。他们获得的将是整个世界。

品读心得体会：

《共产党宣言》是马克思和恩格斯为共产主义者同盟起草的纲领，1848年2月在伦敦出版。经过170年，只剩下5个国家将这门学说成功运用至今并不断发展壮大，而在这门学说诞生的大洲，却没有社会主义的旗帜飘扬。

至今，一切社会的历史都是阶级斗争的历史，社会的进步产生于每次阶级碰撞后的重组。每个社会都有着各个不同的阶层——在古罗马，有贵族、骑士、平民、奴隶；在中世纪，有封建主、臣仆、行会师傅、帮工、农奴——而且几乎在每一个阶级内部又有一些特殊的阶层。但是资产阶级时代使阶级对立简单化了。在资产阶级时代，整个社会日益分裂为两大敌对的阵营、两大直接对立的阶级：资产阶级和无产阶级。

从这个整体趋势来看，我们不妨可以设想社会的进步是以对立阶级的数量的不断减少

为标志的，并且最终达到一种全社会只有一个阶层的状态，而社会主义正是将社会的高度推向那个时代的最强大的力量。

在资产阶级时代，资产阶级占据着社会的主要资源和财富，而下层的无产阶级虽承担着社会的主要劳务，却只占有很小一部分的资源财富，在这种不平等面前，他们获得权利的目的只有用暴力推翻全部现存的社会制度才能达到。“让统治阶级在共产主义革命面前发抖吧。无产者在这个革命中失去的只是锁链。他们获得的将是整个世界。”宣言中这样写道，彰显出无产阶级的呼声。

从小学或者更早开始，我们作为这个世界上最大的社会主义国家的下一代就接受着社会主义文化的熏陶，印象最深的有小学时背诵的“八荣八耻”到现在的社会主义核心价值观，我们在社会主义文化的熏陶下健全身心，树立起坚定的为社会主义做贡献的决心和正确的三观。在我认真地浏览这份跨越了170年时光的《共产党宣言》时，我才惊觉当年的无产阶级分子那份开新天辟旧地的气魄和能量是如此的伟大卓绝——在任何一个敌对势力占据优势的环境下，能够站出来发表出和大环境截然不同的见解并为那些弱势群体拟写纲领和指导方案都是需要极大的勇气的，这就是所谓的“破旧立新”的意气。

作为新世纪的大学生，目睹着世界变化万千，我们肩负着建设社会主义的责任，与此同时我们作为世纪交接的一代也放眼于世界，学习不同的文化。我们作为当代大学生，自身的素质、水平和本领直接决定了社会主义是否能够得到很好的实践发展，甚至决定了我国未来的命运。所以，我们一定要珍惜在大学的宝贵时光，认认真真、勤勤恳恳地做好自己的本职工作——做一名优秀的大学生，努力学习，刻苦学习，勤奋学习，多学知识，多增才干，多长见识，为将来建设社会主义和谐社会打下坚实的基础。

指导教师：沈顺祥

品读者：2016级资产一班　2016054122　王文宇

记忆最深刻的经典金句：一个幽灵，共产主义的幽灵，在欧洲游荡。为了对这个幽灵进行神圣的围剿，旧欧洲的一切势力，教皇和沙皇、梅特涅和基佐、法国的激进派和德国的警察，都联合起来了。

品读心得体会：

1848年2月19日，在法国二月革命爆发的消息传至英国之际，伦敦瓦伦街19号一家不大的印刷所正在印刷一本只有23页的德文小册子，这就是《共产党宣言》。

作为国际共产主义运动的第一个纲领性文件，《共产党宣言》标志着马克思主义的诞生，开创了世界工人运动的新时代，成为世界无产阶级认识世界和改造世界的强大思想武器。

1917 年俄国的十月革命给中国送来了马克思列宁主义，中国先进知识分子开始了对共产主义的研究和用马克思列宁主义解决中国问题的思考。1919 年的冬天，陈望道借着一盏昏暗的油灯，废寝忘食地翻译《共产党宣言》。1920 年 8 月，第一本《共产党宣言》中文全译本在上海出版。《共产党宣言》在中国的出版，促进了马克思主义在中国的传播，促进了马克思主义与中国工人运动相结合的产物——中国共产党成立。为此，中国革命有了科学理论的引导，中国革命的面貌焕然一新。

《共产党宣言》诞生的 170 年来，马克思主义在继承中发展，在实践中创新，其精神鼓舞着全世界无产阶级为伟大使命而努力奋斗。170 年来，中国共产党高举旗帜，不懈探索，走出了一条马克思主义中国化的道路。170 年来，社会主义的“幽灵”实现了从空想到科学、从理论到实践的伟大跨越。170 年来，《共产党宣言》真理的光芒并没有因为时间的流逝而被泯灭，而是在历史的沉淀中熠熠生辉。

从马克思、恩格斯到列宁、斯大林，从毛泽东到邓小平，从《共产党宣言》到“三个代表”再到科学发展观的继承和发展，科学社会主义理论生生不息。毛泽东思想、邓小平理论、“三个代表”重要思想、科学发展观、习近平新时代中国特色社会主义思想是马克思主义在中国的一脉相承。

我认为，《共产党宣言》不是凭借它的辞藻有多么华丽，也不是凭借它的文字有多么激昂，而是凭借它的科学性和严谨性，凭借它的逻辑性和说服力影响全世界。

令我印象最深刻的是：“一个幽灵，共产主义的幽灵，在欧洲游荡。为了对这个幽灵进行神圣的围剿，旧欧洲的一切势力，教皇和沙皇、梅特涅和基佐、法国的激进派和德国的警察，都联合起来了。”在我看来，“幽灵”是对这些想要“围剿”共产主义的一切势力的讽刺，同时也是共产主义在欧洲的处境。“幽灵”是无影无形、无处不在的，哪怕所有的势力联合起来，也无法消灭它。

没有《共产党宣言》，就没有马克思主义；没有马克思主义，就没有中国共产党；没有中国共产党，就没有新中国。《共产党宣言》是照亮人类历史前进方向的灯塔，照亮了世界无产阶级和劳动人民的解放道路，为劳苦大众翻身解放提供了科学的思想武器，为中国工人阶级登上历史舞台提供了理论指导。

通过学习，我深深地感受到自己的不足，以后我会更加广泛地阅读和学习党的经典著作，用知识武装自己，用理论指引自己，更好地完成任务，不忘初心，牢记使命，砥砺前行！

指导教师：杨小红

品读者：2016 级社保一班　2016282111　游文杰

记忆最深刻的经典金句：共产党人到处都支持一切反对现存的社会制度和政治制度的革命运动。在所有这些运动中，他们都强调所有制问题是运动的基本问题，不管这个问题的发展程度怎样。

品读心得体会：

在人类文明史上，有无数传世之作，但又有哪一篇能够像《共产党宣言》这样鼓舞广大人民的心呢？人们对《共产党宣言》有着极高的评价，说它是人类思想史上划时代的变革、国际共产主义运动开始的旗帜、马克思主义产生的标志。

《共产党宣言》并不是凭空出现的，其产生是有历史条件的。随着西欧资本主义制度的逐步确立和资本主义基本矛盾的不断暴露，工人运动和阶级斗争日益激烈。随之，工人阶级作为一支独立的政治力量登上了历史舞台。空想社会主义的产生和发展为《共产党宣言》的诞生提供了可贵的材料和经验，而且《共产党宣言》还吸收了其他思想理论成果。正是这些历史条件的交织、交汇，才有了这样一本伟大的巨著。

《共产党宣言》开篇一句："一个幽灵，共产主义的幽灵，在欧洲游荡。"毫无疑问，这吸引了读者的目光。紧接着，马克思和恩格斯就客观地对资产阶级和资本主义社会进行了分析。他们运用历史唯物论观点，分析了资产阶级和无产阶级形成、发展及其相互斗争的过程，揭示了资本主义必然灭亡和社会主义必然胜利的客观规律，阐明了无产阶级的历史使命。与此同时，他们还肯定了资产阶级的历史积极性。资产阶级对于近代社会发展的促动作用，无疑是应当肯定的。马克思、恩格斯没有因为自己的阶级属性，就一味地对资本主义进行批判，这也体现了他们严谨客观的学术态度，这一点同样值得我们去学习和借鉴。

在第二部分和第三部分，文章主要阐述了科学社会主义的基本原理：首先，共产党人的最高理想是实现共产主义；其次，资本主义的灭亡和共产主义的胜利是不可避免的；接下去，无产阶级是实现共产主义理想的领导力量；之后，无产阶级革命和无产阶级专政是实现共产主义的基本途径；最后，无产阶级先进政党共产党的领导是共产主义事业胜利的保证。在谈到当时的局势时，《共产党宣言》认为当时还不具备实现社会主义的物质条件以及社会经济基础，无产阶级企图用和平方式达到目的是行不通的，只有通过暴力革命才能夺取最终的胜利，无产阶级应该顺应历史发展潮流，一切从实际出发，逐步实现共产主义。

以中国为例，从清政府的腐败无能，到北洋政府时期的军阀混战、割据，再到蒋介石的国民政府出卖国家利益维护大地主、大资产阶级的统治，再到最后，中国共产党以马克思主义为指导思想，带领中国人民走向民族解放和独立，实现国家统一。《共产党宣言》用共产主义的科学理论武装了中国先进的无产阶级思想家，鼓舞了人们反抗那些在金字塔顶端剥削他们的劳动力的资产阶级，为当时被压迫的半殖民地的中国工人阶级和农民阶级提供了强大的精神动力。可以说，没有什么比共产主义更能为旧中国带来福音。

马克思和恩格斯在《共产党宣言》中强调这部宣言的理论是不断发展的理论。从《共产党宣言》到“毛泽东思想”“邓小平理论”再到现今的“新时代中国特色社会主义思想”，共产主义在中国现代化建设的实践过程中被不断完善，同时中国特色的社会主义相关理论也不断为共产主义注入新的活力。近百年来，《共产党宣言》的真理的火炬在我们中华大地始终高高擎起，指引着我们中华民族从贫困弱小走向繁荣富强，实现伟大复兴。

马克思将鼓舞全世界无产阶级的战斗口号写进《共产党宣言》：“全世界无产者，联合起来！”这不仅是马克思对无产阶级的呼吁，更是他对无产阶级的一种期待。从这之后，无产阶级的解放有了科学的理论指导和明确的目标。作为新时代的新青年，我们应当坚持社会主义信仰，不断向共产主义迈进。

指导教师：罗琼

品读者：2016 级市场开发与管理二班　2016041109　王施宇

记忆最深刻的经典金句：共产党人不是同其他工人政党相对立的特殊政党，他们没有任何同整个无产阶级的利益不同的利益。

品读心得体会：

《共产党宣言》是卡尔·马克思和弗里德里希·恩格斯为共产主义者同盟起草的纲领，也是国际共产主义运动的第一个纲领性文献。宣言第一次系统地阐述了科学社会主义理论，指出共产主义运动将成为不可抗拒的历史潮流。

《共产党宣言》既是一篇无产阶级对资产阶级的战斗檄文，更是一部对无产阶级开展革命教育的启蒙教材。它没有居高临下的教导，而是摆事实、讲逻辑，具有强大的说服力和感召力。读完《共产党宣言》，我知道了三件事：一是“资产阶级的灭亡和无产阶级的胜利是同样不可避免的”，这是不以人的意志为转移的社会历史发展规律；二是共产党人的历史使命是要成为无产阶级革命的领导者，要“使无产阶级形成为阶级，推翻资产阶级的统治，由无产阶级夺取政权”；三是对待反对党派，要用统一战线的法宝。“共产党人到处都支持一切反对现存的社会制度和政治制度的革命运动”。读完《共产党宣言》，我得到了五种认识：阶级斗争思想、“两个必然”思想、“消灭私有制”和“两个决裂”思想、“人的自由全面发展”思想以及“全球化”思想。

当今世界，以美国为代表的资本主义国家仍焕发着较强的生命力，于是有人对马克思关于“社会主义必然胜利，资本主义必然灭亡”的论断产生了怀疑。《共产党宣言》并不否认资产阶级在历史上的革命作用，指出“资产阶级在历史上曾经起过非常革命的作用”，但这并不能阻止其灭亡。正如书中所言，“资产阶级用来推翻封建制度的武器，现在却对准资产阶级自己了”，“资产阶级不仅锻造了置自身于死地的武器；它还产生了将要运用这种武器的人——现代的工人，即无产者”。无产阶级取代资产阶级是一个历史必然，也是一个历史过程，需要无产阶级发展、成长、联合起来。

历史雄辩地说明，没有《共产党宣言》，就没有马克思主义；没有马克思主义，就没有中国共产党；没有中国共产党，就没有新中国的今天。马克思主义之所以穿越一百七十年的时空依然活力四射，是因为马克思主义是发展着的，它在历史发展过程中被不断赋予新的内涵，在实践中不断被注入新的活力。正如马克思和恩格斯在德文版《共产党宣言》的序言中所说：“随时随地都要以当时的历史条件为转移。”

我作为新时代中国特色社会主义的建设者，作为共产主义的接班人，应当坚定共产主义理想和中国特色社会主义信念，认清自己的历史使命，不断追求更加有意义的生活，在未来的日子里严格要求自己。我相信我们期待的共产主义的美好明天一定会到来！

指导教师：赵军峰

品读《德谟克利特的自然哲学和伊壁鸠鲁的自然哲学的一般差别》有感

作者：卡尔·马克思

文献简介：本文是马克思的博士论文，写于 1840 年下半年至 1841 年 3 月。文章通过对德谟克利特和伊壁鸠鲁的自然哲学的比较，证明了伊壁鸠鲁的自然哲学不是德谟克利特原子论的翻版，而是它的创造性发展，强调了伊壁鸠鲁关于原子自动偏斜学说的深刻意义，批判了各种对伊壁鸠鲁的无神论思想的曲解和攻击，阐述了自我意识的能动原则。

品读者：2016 级人力资源管理二班　2016032212　李慧

记忆最深刻的经典金句：要得到真正的自由，你就必须为哲学服务。凡是倾心降志地献身于哲学的人，用不着久等，他立即就会获得解放，因为服务于哲学本身就是自由。

品读心得体会：

作为一名新时代大学生，我最近阅读了《马克思全集》的部分文章，从中受益匪浅，其中《德谟克利特的自然哲学和伊壁鸠鲁的自然哲学的一般差别》令我记忆深刻。

《德谟克利特的自然哲学和伊壁鸠鲁的自然哲学的一般差别》写于 1840 年下半年至 1841 年 3 月，是马克思的博士毕业论文。马克思是在获取了柏林大学的本科学位后，但未参加耶拿大学博士论文答辩的情况下，以该文章得到了委员会的一致认可并破格获得了博士学位。这篇文章体现了马克思早期的哲学思想，受到了许多研究者的关注。

让我引用百度百科关于这篇文章的概括给大家做一个简单介绍——“文章论述了德谟克利特和伊壁鸠鲁的自然哲学的差别，证明了伊壁鸠鲁的自然哲学不是德谟克利特原子论的翻版，而是它的创造性发展，强调了伊壁鸠鲁关于原子自动偏斜学说的深刻意义，论证了个别自我意识的独立性和能动性，论证了自由的个人在对周围现实的关系上应采取的积极态度。文章高度肯定了伊壁鸠鲁的无神论思想，批判了各种对伊壁鸠鲁的无神论思想的曲解和攻击，批判了力图证明上帝存在的各种错误理论。文章也指出了黑格尔哲学的缺点，并批评了青年黑格尔派对待黑格尔哲学的不正确态度”。《德谟克利特的自然哲学和伊壁鸠鲁的自然哲学的一般差别》不仅体现了马克思反对“一切天上的和地上的神”的革命民主主义和彻底的无神论倾向，还体现了马克思反对因循守旧的学说。

这篇文章不仅是我们学习马克思思想的重要基础，还对我们现在以及以后的论文写作有很大的帮助。首先，文章介绍了马克思论文的对象——希腊哲学。马克思着重提出了伊壁鸠鲁的自然哲学和德谟克利特的自然哲学，使论文的对象一目了然。其次，马克思以旁观者的角度向我们传达了他人对伊壁鸠鲁的看法，即“伊壁鸠鲁作为一个自然哲学家，仅仅是德谟克利特的剽窃者”。最后，文章循序渐进，表达出马克思本人对二者的自然哲学的不同态度，他分别从多个方面论述了伊壁鸠鲁的自然哲学与德谟克利特的自然哲学存在很大差别的主要观点。文章全篇思路清晰，论点明确，论据充足，极具说服力，这也是为什么马克思未能参加论文答辩仍凭借此篇论文破格获得博士学位的原因。作为马克思早期哲学思想的精华，这篇文章值得我们深究；同时，作为一篇论文，这篇文章更值得我们当代大学生学习借鉴。

文章主要从三个方面来论证德谟克利特的自然哲学和伊壁鸠鲁的自然哲学的细微差别。

首先，无论是关于人对知识的真理性和可靠性及其应用，还是涉及思想和现实的一般关系，德谟克利特与伊壁鸠鲁的观点都是截然相反的。德谟克利特认为世界是主观的，真实的原则只有原子和虚空，一切别的东西都只是现象。一方面，他认为：“感性现象不是原子本身所固有的。它不是客观现象，而是主观的假象。”另一方面，他认为：“感性现象是唯一真实的客体，……这个真实的东西是变化着的、不稳定的，它是现象。”这样，他陷入了怀疑论和不可知论。由此可见，德谟克利特并没能摆脱二律背反。相反，伊壁鸠鲁认为世界是客观的，一切感官都是真实东西的报道者，没有什么东西能够驳倒感性知觉。他对自己的认识深信不疑，将个体感觉当作唯一真实的东西，从而突出了个人主体性的至上性。对伊壁鸠鲁来说感性知觉是标准，客观现象又符合于感性知觉。

其次，两者对待哲学和实践的态度完全不同。德谟克利特并不满足于哲学，而是重视实践。他注重经验的自然科学和实证的知识，四处学习、不断实践，成为一个博学多识的人，但由于他对感觉持有怀疑态度，最终因对知识感到绝望而弄瞎了自己的眼睛。而伊壁鸠鲁却满足于哲学并且感到幸福，轻视实证科学。这篇文章中，“要得到真正的自由，你就必须为哲学服务。凡是倾心降志地献身于哲学的人，用不着久等，他立即就会获得解放，因为服务于哲学本身就是自由”令我记忆深刻。俗话说，没有规矩不成方圆，但是，有些时候“规矩”也会成为我们的束缚并且阻碍我们前进的步伐。从伊壁鸠鲁的观点中可以看出，无论是年轻人还是老年人都不应该耽误了对哲学的研究，哲学与我们的生活息息相关，要想得到真正的自由，享受幸福，一定要学会在生活中发现哲学、服务于哲学并刻苦钻研哲学。

最后，两者对表现思想同存在的关系，偶然性和必然性有不同的看法。德谟克利特承认世界的必然性。他注重考察自然，注重必然性，把必然性看作现实性的反思形式，必然性是命运，是法律，是天意，是世界的创造者和万事万物的主宰。因此，他表现为一个严格的决定论者。而伊壁鸠鲁认为世界是偶然的。他更加注重偶然性，他认为“被某些人当作万物的主宰的必然性，是不存在的……同时必然性是不容劝说的，相反，偶然性是不稳定的。所以，宁可相信关于神灵的神话，也比当物理学家所说的命运的奴隶要好些”。“在必然性中生活，是不幸的事，但是在必然性中生活，并不是一个必然性。通向自由的道路到处都开放着……”这明确表达了伊壁鸠鲁非决定论的思想。

从这篇著名的博士论文中，我们可以看到马克思旁征博引，例证头头是道，可见他博览群书、知识渊博。同时，他并没有被其他所谓的“大家”思想所同化，他有着自己独到的见解和反叛精神，注重对自由的追求，为伊壁鸠鲁“平反”，赞同他的观点，充分肯定他的自由观，而且有理有据，使人信服。正是马克思对自由的永不停歇的追求，才使得马克思为实现人的自由和全面的发展、实现全人类的解放献身，完成了为无数热衷于研究马克思哲学的学者们所高度赞扬的实践转向，为全世界人民留下了宝贵的精神财富。

作为大学生，我们应该珍惜这得之不易的精神财富，学习并宣扬马克思这种敢于追求自由、不懈钻研哲学的精神，解放思想，并且加以实践，始终坚持实践是检验真理的唯一标准，在实践中不断进取。同时，我们也应该博览群书，辩证地汲取书中的知识，取其精华，弃其糟粕，不断增加自己的知识储备，从众多的书籍中汲取养分，做一名有志青年，为实现自己的人生目标而刻苦奋斗！

“决胜全面建成小康社会，夺取新时代中国特色社会主义伟大胜利”是习近平主席在中共十九大上代表中央委员会作的报告的题目，这上面提到了一个我们很熟悉的词——“中国特色社会主义”。中国特色社会主义就是我党根据中国实际发展情况对马克思主义中国化所获得的最新成果。通俗来说，建设中国特色社会主义就是把我国建设成为一个富强、文明、民主、和谐的社会主义现代化国家。时代在前进，中国特色社会主义也迈入了新时代，西部开发，东北振兴；中部崛起，东部率先；GDP 增速稳居世界第一……作为中国特色社会主义社会的年轻一代，我们也应该积极为中国特色社会主义的建设添砖加瓦，为实现中华民族的伟大复兴的中国梦不懈奋斗！

指导教师：田慧

品读《政治经济学批判(序言)》有感

作者：卡尔·马克思

文献简介：本文是马克思为1859年6月出版的《政治经济学批判》写的一篇序言。序言的篇幅虽短，但却具有重大的理论意义。首先，马克思回顾了自己研究政治经济学的经过，概述了《政治经济学批判》一书产生的历史背景，指出唯物史观是指导政治经济学研究的理论基础和根本方法。其次，马克思着重阐述了唯物史观的基本思想，阐明了社会存在与社会意识之间的辩证关系，阐明了物质生活的生产方式和整个社会生活、政治生活、精神生活之间的辩证关系，阐明了生产力、生产关系（经济基础）、上层建筑之间层层决定、层层反作用所构成的两对基本矛盾，揭示了人类社会发展的根本动力和一般规律，论证了社会革命在新旧社会制度更替中的重要作用，指明了社会主义代替资本主义的必然性。

品读者：2016级金融数学　2016106138　潘禹姣

记忆最深刻的经典金句：物质生活的生产方式制约着整个社会生活、政治生活和精神生活的过程。不是人们的意识决定人们的存在，相反，是人们的社会存在决定人们的意识。

品读心得体会：

马克思在《政治经济学批判(序言)》里用简洁的语言，阐明了物质生活的生产方式决定整个社会生活（包括政治生活、精神生活等）的历史唯物主义原理。按照历史唯物主义观点，社会关系分为物质关系和意识关系，而且“只有把社会关系归结于生产关系，把生产关系归结于生产力的高度，才能有可靠的根据把社会形态的发展看作自然历史过程”。这也就是说，归根到底，社会生产力决定生产关系乃至整个社会关系的变迁和改革。生产力是社会生活中最革命的因素，社会变革总是首先从生产力开始的。生产力的发展推动着人类社会从低级阶段向高级阶段发展，推动着历史前进。一切先进的阶级和人们总是热心发展生产力，而一切反动的阶级总是阻碍生产力的发展。这是衡量一切阶级、政党、派别是革命的、进步的，还是反动的、落后的的根本标准。自十一届三中全会以来，党中央拨乱反正，把一心一意搞现代化建设，加速发展社会生产力确定为新时期政治路线的基本内容，这是完全符合马克思主义历史唯物主义的基本原理的。通过对《政治经济学批判(序言)》的学习，从基本理论上澄清是非，将有助于我们进一步加深对十一届三中全会以来党的路线、方针、政策的正确性的认识，提高执行党的路线、方针、政策的自觉性。其中的主要观点有：

1. 物质生活的生产方式制约着整个社会生活、政治生活和精神生活

是物质生活决定精神生活，还是精神生活决定物质生活？或者说，是社会存在决定社会意识，还是社会意识决定社会存在？对这个根本性问题的不同回答，划分出两种截然对立的历史观：历史唯物主义与历史唯心主义。

2. 生产力决定生产关系，经济基础决定上层建筑

马克思在《政治经济学批判(序言)》里把极其复杂的社会现象，用生产力和生产关系、经济基础和上层建筑这几个范畴作了科学分析，阐明了它们之间的内在联系，揭示了生产力决定生产关系，经济基础决定上层建筑这一社会基本矛盾运动的普遍规律。马克思指出，有什么样的生产力，就有什么样的生产关系。上层建筑的变革，要从经济基础方面去寻找原因，生产关系的变革，要从生产力方面寻找原因。但是，这绝不意味着马克思否认上层建筑对经济基础、生产关系对生产力的反作用。

3. 物质生产力的发展是社会变革的终极原因

马克思在《政治经济学批判(序言)》里深刻地阐明了发生社会革命的根源。社会革命不论是政治革命、思想革命，还是经济革命（生产关系方面的革命），都是由生产力的发展引起的。马克思说："在考察这些变革时，必须时刻把下面两者区别开来：一种是生产的经济条件方面所发生的物质的、可以用自然科学的精确性指明的变革，一种是人们借以意识到这个冲突并力求把它克服的那些法律的、政治的、宗教的、艺术的或哲学的，简言之，意识形态的形式。"显然，判断一个革命时代不能以它的意识为根据，只能从生产力和生产关系的矛盾中去解释。社会生产力发展了，生产关系不适合了，它由生产力的发展形式变成了生产力的"桎梏"，生产力要求打破这种"桎梏"，社会革命的时代才会到来。所以，人类始终只能提出自己能够解决的任务，这个任务的提出科学与否，就看其有无客观条件。而这个客观条件，就是新的生产关系赖以建立的客观基础。马克思在经过了科学的理论分析后得出了这样的结论："一定的生产决定一定的消费、分配、交换和这些不同要素之间的一定关系。"简单地说，就是生产决定消费、分配和交换。当然，马克思并没有忘记它们反过来对生产的影响。"随着分配的变动，例如，随着资本的积聚等，生产也就发生变动"，"消费的需要决定生产"。总之，生产在整个生产过程中处于决定性的地位，生产、分配、交换和消费又是一个有机整体，不同要素之间相互影响、相互作用。我在大一时的政治经济学课程里便接触过生产、分配、交换、消费的理论，也了解过马克思关于生产、分配的辩证关系，但当时只记得这个结论，并没有对具体的细节有过丝毫的了解，如今，借此机会，我学习了马克思的辩证思想，在巨人的思想中穿行了一回。

从《政治经济学批判(序言)》中，我了解到了马克思从学习法律专业转向研究政治经济学的原因，用他的话说——“关于自由贸易和保护关税的辩论，是促使我去研究经济问题的最初动因”。

谈到法的关系时，马克思说：“法的关系正像国家的形式一样，既不能从它们本身来理解，也不能从所谓的人类精神的一般发展来理解，相反，它们根源于物质的生活关系，这种物质的生活关系的总和，黑格尔按照 18 世纪的英国人和法国人的先例，称之为‘市民社会’，而对市民社会的解剖应该到政治经济学中去寻求。”这让我感受到马克思做学问的严谨性。

马克思冒着被驱逐出境的危险，坚持揭露资本主义的种种病态和这个社会所固有的不可调和的矛盾，并说明资产阶级的局限性。在他的不懈努力中，马克思主义政治经济学由此诞生。马克思主义政治经济学阐明了人类社会在各个发展阶段上支配物质资料生产、交换以及与之相适应的产品分配的规律。正因为如此，马克思主义政治经济学指引着我国社会主义市场经济朝着正确的方向发展。

前人的哲学智慧和思想光辉，对我们的生活有着独特的作用。哲学并不是空洞乏味的，思想也并不是深奥而脱离实际的，循着前人的脚步，我们可以站在巨人的肩膀上俯瞰这个世界。而马克思带给我们的不光是正确的思想道路，他还教会我们一名学术研究者所应该具有的基本素质，即善于思考，深入研究，具有非凡的探索精神，从各种现象中总结思考，从不同的角度来剖析人类的现状，不盲从，不畏世俗强权，坚持真理。我们应从前人的经验中明白，生而为人，总要有坚持的理想并为此不懈奋斗，保持严谨的研究态度，不屈服于教条主义与经验主义。

指导教师：杨娟

品读《中国革命与欧洲革命》有感

作者：卡尔·马克思

文献简介：本文写于1853年5月31日前后，是马克思为《纽约每日论坛报》写的有关中国问题的评论之一。文章以辩证唯物主义和历史唯物主义的观点分析了中国社会的特点，无情揭露和严厉遣责了帝国主义国家对中国的侵略和掠夺，热情颂扬了中国人民反抗帝国主义侵略的人民战争，科学地预见了中国革命的光明前途。

品读者：2016级统计一班　2016101126　罗林娜

记忆最深刻的经典金句：“两极相联”这个朴素的谚语是一个伟大而不可移易的适用于生活一切方面的真理，是哲学家所离不开的定理，就像天文学家离不开开普勒的定律或牛顿的伟大发现一样。

品读心得体会：

从《中国革命与欧洲革命》这篇文章中，我们可以看到马克思分析问题的方法——用矛盾的对立统一及联系的观点看问题。文章运用对立统一的原则，分析说明中国与侵略中国的西方资本主义国家这“两极”之间的相互影响和相互作用的关系（说明中国革命和欧洲革命之间相互影响和相互作用的关系）。矛盾无处不在，无时不有。对立和统一分别体现了矛盾的两个基本属性。矛盾的斗争性是指矛盾着的对立面之间相互排斥、相互分离的性质和趋势。矛盾的统一性指的是矛盾双方相互依存、相互贯通的性质和趋势。在这篇文章中，矛盾双方是中国和英国及其他一些欧洲国家。马克思指出，帝国主义国家用战争的方式打开中国市场，改变了中国的社会性质，对中国人民的社会生活产生重大的影响。帝国主义国家对中国的侵略和掠夺，导致中国白银大量流出，阻碍了中国民族工业的发展。马克思接着以茶叶为例分析了中国农民起义对英国乃至对欧洲的影响。

读了这篇文章之后，我印象最深刻的是马克思看问题的角度。在日常生活、学习中，我们不能片面、孤立地看问题，而应用联系的观点去看问题。我们也要知道矛盾是普遍存在的。面对矛盾，我们不能只看到矛盾的对立，也要看到矛盾双方是相互影响的。从国家层面而言，不同的国家有不同的国情，有不同的国家利益，但是我们不能只看到矛盾的对立性，还要看到国家与国家之间的联系——一个国家的政策可能对另一个国家产生影响，不同的国家其实同在一个统一体内，相互依存，相互联系，相互影响。因此，正确地处理好国际关系，就要坚持对立统一的原则和用联系的观点看问题。

指导教师：屈莲华

品读《中国和英国的条约》有感

作者：卡尔·马克思、弗里德里希·恩格斯

文献简介：本文写于1858年9月28日，是马克思为《纽约每日论坛报》写的有关中国问题的评论之一。文章以辩证唯物主义和历史唯物主义的观点分析了中国社会的特点，无情揭露和严厉谴责了帝国主义国家对中国的侵略和掠夺，热情颂扬了中国人民反抗帝国主义侵略的人民战争，科学地预见了中国革命的光明前途。

品读者：2016级法学三班　2016091311　牟佳萌

记忆最深刻的经典金句：南京条约的补充条约是为了借助外国人的帮助来取缔鸦片贸易而作的最大的、也可以说是绝望的努力。

品读心得体会：

前几日，我读了马克思写的《中国和英国的条约》这篇文章。可能是因为这是被翻译过的文章，所以其中有些语句我读不太通，但是，这并不影响我对整篇文章的理解。当我阅读这篇文章的时候，高中老师为我们讲述过的战争、条约，全都浮现在我的脑海之中，我心中顿时感慨万千。

纵观我们国家的整个近代史，其实就是一部屈辱史和救国史。平民百姓在清政府的腐败统治下，困苦生活。1840年，鸦片战争使中国独立发展的道路被迫中断，并使中国被迫卷入资本主义市场，封闭的国门就此打开。由于清政府的软弱妥协，中国与英国签订了一系列不平等的条约。割地、赔款、允许外国公使进驻北京……这些条约内容不仅使得中国丧失了主权的完整性，而且也严重阻碍了中国经济的发展。虽然这些条约在客观上让国人看到了自己与其他国家的差距，也使得外国一些先进的思想和技术传入了中国，先进知识分子开始学会通过学习西方来寻找救亡图存的方法，但是不得不说，这样的“付出”与“回报”是严重不成正比的。中国自古以来都是一个自给自足的国家，以小农经济为主，因此对外的需求量并不大。当中国的国门被打开，侵略者们迫不及待地向中国输入商品，希望由此“大捞一笔”，获得一个巨大的商品市场，扭转贸易逆差。但是通商口岸的效果并不好，餐具、浴帽等在西方人看来是生活必需品的东西，在中国人看来“一文不值”，再加上巨额的赔款使得百姓生活困苦，因此贸易的现状也没有很大的改变。侵略者们过高

地估算了中国人的消费能力和支付能力。

文章中，伦敦有一家报纸写道：“不仅不能调回我们的53艘军舰并看到它们载着几百万两中国纹银凯旋，我们可以指望的好运气反倒是必须派遣5 000名士兵去重新占领和守住广州，并帮助海军去进行我们的代理领事所宣布的地方性战争。可是这场地方性战争，除了把我们的贸易从广州赶到中国其他口岸以外，会不会造成其他结果？……继续进行战争（地方性战争）会不会使一大部分茶叶贸易落到俄国手里？欧洲大陆和英国本身会不会变得必须依靠俄国和美国供给茶叶？”由此我们可以看出，英国并没有通过《南京条约》获得其最想获得的利益，后来的第二次鸦片战争、八国联军侵华战争等一系列战争都潜伏着这个原因。

中国的近代史，让我懂得了落后就要挨打，弱国无外交。实践证明，闭关自守只会导致落后。只有对外开放，放眼世界，国家才能跟上时代的步伐，真正实现现代化。要想获得其他国家的尊重，我们就必须不断发展自己，用实力“征服”全世界，用实力震撼全世界！

指导教师：秦筱萌

品读《青年在选择职业时的考虑》有感

作者：卡尔·马克思

文献简介：本文是马克思于1835年8月写的中学毕业作文。为人类服务，是文章阐述的主要思想，是青年马克思的崇高理想，也是马克思一生的真实写照。正如马克思所说："如果我们选择了最能为人类福利而劳动的职业，那么，重担就不能把我们压倒，因为这是为大家而献身；那时我们所感到的就不是可怜的、有限的、自私的乐趣，我们的幸福将属于千百万人，我们的事业将默默地、但是永恒发挥作用地存在下去，而面对我们的骨灰，高尚的人们将洒下热泪。"马克思一生虽饱尝颠沛流离的艰辛、贫病交加的煎熬，但他初心不改、矢志不渝，始终为人类解放的崇高理想而不懈奋斗。

品读者：2016级汉文　2016072118　邓长春

记忆最深刻的经典金句：如果我们通过冷静的研究，认清所选择的职业的全部分量，了解它的困难以后，我们仍然对它充满热情，我们仍然爱它，觉得自己适合它，那时我们就应该选择它，那时我们既不会受热情的欺骗，也不会仓促从事。

品读心得体会：

读完了马克思的《青年在选择职业时的考虑》一文，我的心情久久不能平静，想了很多很多。现在的我，和很多在读大学生一样，对自己的未来感到迷茫，我不知道毕业后我该干什么，也不知道我能干什么。我想过直接毕业，想在大学里面好好地充实自己，提高自己的能力，让自己在找工作的潮流中可以突出一点；也想过走上考研的道路，我知道这是一条艰辛的道路，可我不畏惧艰辛，只是怕在前行的路上，陪伴我的一直是我不喜欢的东西，因为这会使我懊恼和犹豫。这是目前摆在我面前的两条道路，我曾一度犹豫、挣扎，可是至今也还没有一个确切的结果。我分析着自己的专业。我学的是汉语言文学，虽然这是一个万金油专业，可它专业性不强。我不知道是由于我没有认真学还是时间未到，我感觉自己至今都还没有走进这所文学的殿堂的大门，我在这个专业的门外无所作为着，荒废着一切可以利用的时间。我总说自己对这个专业不感兴趣，可唐诗宋词、外国神话故事却像磁石一样吸引着我，我对它们是感兴趣的。今天，我和一个朋友聊到以后的打算。她准备考研，想在接下来的时间里面好好努力，考上一所心仪的大学。听着她所说的，我的考研信心也提高了一点，但并不是很强烈。可是，生活总是很残酷的，即使我研究生毕业了，我又能干什么呢？答案是我不知道。听她的朋友跟她说，考研最多也就花一年半的时间复习，在这一年半的时间里，无论考研的决心够不够坚决，都该认真充实自己，因为无论是考研还是工作，都需要坚持学习。她说："既然你选择认真学习，不荒废时间，那为何不拼一把？万一成功了呢？人世间买不到后悔药！"是啊，对于自己曾经的决定我已经后悔过一次了，那为何不好好抓住另一次可以实现梦想的机会呢？我常常否定自己，但是马克思说："妄自菲薄是一条毒蛇，它永远啮噬着我们的心灵，吮吸着其中滋润生命的血液，注入厌世和绝望的毒液。"我想，无论干什么，我都应该先改掉这一点，成为一个自信的人。所以，我也应该对自己考研有信心，并尽量选择自己喜欢的考研方向去努力，因为我不想让自己后悔。我最大的梦想就是当一名大学老师，在做好本职工作的同时，在周末和节假日去旅游，放松自己。

"如果我们通过冷静的研究，认清所选择的职业的全部分量，了解它的困难以后，我们仍然对它充满热情，我们仍然爱它，觉得自己适合它，那时我们就应该选择它，那时我们既不会受热情的欺骗，也不会仓促从事。"看完马克思文章里的这句话，我的决心更大了，信念更坚定了。虽然考研这条路不是我所想的，但这是实现我梦想道路上必走的一条路。如果我不努力一把，我必定后悔，我不想再次失望，所以我想拼一把。对于职业的选择，我一直以来坚定的目标都是成为一名大学老师，这是我感兴趣的，也是我的梦想。我相信在这条道路上我可以走得很远！同时，这也是可为中国莘莘学子的梦想奉献自己一分力量的职业，我非常希望挑起这个重担，为人类高尚的事业做奋斗。你喜欢的职业并不是你喜欢它，它就会来找你，而是要付出一定努力的。既然我现在坚定了目标，那么未来就必须风雨兼程。

指导教师：沈顺祥

品读者：2016级物流管理二班　2016042238　崔小琴

记忆最深刻的经典金句：能给人以尊严的只有这样的职业，在从事这种职业时我们不是作为奴隶般的工具，而是在自己的领域内独立地进行创造。

品读心得体会：

我之所以选择这篇文章写阅读报告是因为我觉得这篇文章特别贴近我们，虽然我们离找工作还有几年，但是我们确实需要在现在考虑自己需要的到底是一份什么样的工作。

我记得在这篇文章中有这样一段："每个人眼前都有一个目标，这个目标至少在他本人看来是伟大的，而且如果最深刻的信念，即内心深处的声音，认为这个目标是伟大的，那他实际上也是伟大的。"最开始我觉得这句话很绕，为什么把"伟大"说了一遍又一遍呢？现在想想可能是马克思想强调自己心中的目标的重要性吧。不管你选择怎样的职业，不论这个职业重要与否，只要在你的心里你是认同它的，那么这个职业就是神圣的。假如你是一个作家，你愿意将你所见、所闻、所感倾注笔端，那么这个职业对你而言就是伟大的；假如你想当一名政客，你觉得为老百姓谋福利可以使你的价值最大化，那么这个目标就是伟大的；假如你希望悬壶济世，能够解救人们于病痛之中，那么医生这个职业于你而言就是真正伟大而神圣的。只要你心中抱有这样的想法，当这样的想法深入你心并成为你心中最深的执念的时候，你就能为实现这个目标而不停地奋斗。

文章最后一段写道："如果我们选择了最能为人类福利而劳动的职业，那么，重担就不能把我们压倒……"我觉得职业没有贵贱之分，只是每个人从事的领域不同。只要你自己是真正热爱着这个职业的，那么从事这个职业的你一定能够创造专属于你的价值，为这个世界做出独属于你的贡献。所以，不一定需要多大的官、多丰厚的回报，只要你做好本职工作，扮演好自己在这个社会中的角色，那么你也不会被社会的重担压倒。

指导教师：曾晓强

品读者：2016 级数学与应用数学　2016102125　罗雯文

记忆最深刻的经典金句：每个人眼前都有一个目标，这个目标至少在他本人看来是伟大的，而且如果最深刻的信念，即内心深处的声音，认为这个目标是伟大的，那他实际上也是伟大的。

品读心得体会：

不管我们现在是学什么专业，会有怎样的学历，我们最终都将步入社会，选择属于自己的职业。我们如何选择职业？看了马克思所写的《青年在选择职业时的考虑》，让我对职业的选择有了新的看法和感悟。

我们所选的职业不仅应该是我们所喜欢的，而且应该适合我们。对职业的喜欢并不是只有三分钟热度，我们要深入地了解它，明确它到底是不是我们真正喜欢的。马克思指出我们在选择职业时的误区，一是虚荣心，二是将职业美化。有的职业本身听起来"高大上"，可以满足我们的虚荣心。但若仅仅是因为虚荣心得到了满足才从事这个职业，那么时间一久我们就会感到厌倦，甚至还会出现情绪低落的情况。将职业美化是源于我们没有足够地了解这个职业，而想当然地认为这个职业很好、很适合自己，这样的远处观察在我们选择职业时是不可行的。

当我们确定了某个职业是我们所真正喜爱的职业时，我们就要义无反顾地选择这个职业吗？答案是否定的。我们除了真诚地喜欢这个职业外，同时也要考虑这个职业是否真的适合自己，我们是否有能力胜任这个职业，我们所生活的环境是否允许我们选择这样的职业，等等。俗话说："身体是革命的本钱。"马克思在文中也提到了这个问题。如果我们没有一个良好的体质，那怎么持久地投入工作呢？如果我们的工作成了精神和肉体的斗争，这样是不可行的。再者，我们如果错误地估计了自己的能力，在工作上便会力不从心，甚至会感到挫败。所以，选择一个适合的职业是很有必要的。

当我们满足以上这些条件时，我们就可以选择一个有尊严的职业，从事这样的职业我们才会感到幸福，才不会因为时间一久而感到厌倦、松劲。

指导教师：陈艳宇

品读者：2016 级物流管理四班　2016042403　朱奇

记忆最深刻的经典金句：被名利弄得鬼迷心窍的人，理智已经无法支配他，于是他一头栽进那不可抗拒的欲念驱使他去的地方；他已经不再自己选择他在社会上的地位，而听任偶然机会和幻想去决定它。

品读心得体会：

热爱是最好的老师，无论是对于学习，还是对于工作、生活都亦如此。伟大的思想家马克思在 17 岁时写下《青年在选择职业时的考虑》，思考缜密，语言深刻，推理严格，文笔优美。时至今日，该文章对于当今青年选择职业依然有极强的指导意义。正如马克思所说，人比动物优越的地方在于人类可以选择，可以经过我们自己深思熟虑之后选择达到崇高目标的方式和手段。而何为崇高目标？若你对现今一些正在工作的年轻人谈这个，可能会让他们觉得有点空，但如果你问他们今后想要达到一个什么样的高度，他们大概都能给你一个准确的答案。

如今，许多青年人在选择工作时，首先考虑的是薪酬多少、待遇如何、福利好坏，如果这三点都符合自己的心意，那他们便会接受这份工作，而如果被问到是否真正喜欢自己现在的工作，他们或许会说不确定，但他们往往能肯定自己喜欢钱。的确，抛开利益谈职业是一个很空的话题。没有物质基础怎么追求精神发展？这就像辩证唯物主义中的矛盾。灵感的东西可能须臾而生，同样可能须臾而逝，在工作了一段时间之后发现自己并不喜欢所从事的职业，那么，浮想联翩的未来、原本梦寐以求的职业就会使我们感到厌倦。而马克思所谈到的则是希望青年人在选择职业时能做到既造就物质基础，又发展精神。

梦想是什么，梦想就是可以让你感到坚持就是幸福的东西。选择职业其实就是在选择梦想，选择一个让你一生为之奋斗的事业。可很多人并不把自己的工作当成一份事业，而是当作一种谋生工具，于是便有了许多人口中的梦想与现实的距离。对待工作就像对待恋人，你对它付诸心血，但所得到的回报并不一定能跟你所花的心思成正比，恋人可能不会陪伴你一辈子，但你所从事的工作则会影响你的一生。

职业是不分贵贱的，但是它给人们带来的满足感是不同的。满足感不仅仅是来源于职业本身。在特定的社会里，其独特的价值和道德系统，文化和风俗习惯都能影响人们的满足感。真正使我们受到鼓舞的是职业本身还是职业的附加价值便显得重要起来。因为“我们的使命决不是求得一个最足以炫耀的职业”，如果我们仅凭着虚荣心引起的对这种或那种职业突然的热情而做出仓促的选择，那么结果无非是两种：一种是热情冷淡之后我们麻木地接受这份职业，渐渐缺乏一种让自身高尚的驱动力，余下的便是每日处理复杂烦琐的关系；另一种情况则是，通过一番痛苦的挣扎，重新做出选择。所以马克思在文章中提出我们要通过冷静的研究，认清所选择的职业的全部分量，了解它的困难，不要被幻想、虚荣心、名利欲望、社会关系等蒙住双眼，以致错误地估计了自己的能力，以为能够胜任经过“周密”考虑而选定的职业，那么这种错误将使我们受到惩罚。不同的职业所需要的品格和能力是不同的。谁也不会认为教师和旅游摄影师需要相同的能力，教师应当具备宽容博爱的精神，而旅游摄影师则更应该具有一双发现美的眼睛。因此，我们在选择职业时，就必须正视自己，了解自己的品格和能力。

读完《青年在选择职业时的考虑》一文后，作为一名现代大学生，我真真切切地感受到了自己对职业选择的认识的提高。结合马克思主义理论课的学习，我也能将伟人马克思的辩证唯物主义运用在职业选择的实践之中。或许我无法做到马克思所说的将自身工作提高到人类幸福的高度，但我希望在未来能选择一份自己真正热爱的工作。

指导教师：邓龙奎

品读者：2016级城市管理　2016285122　李中琴

记忆最深刻的经典金句：尊严就是最能使人高尚起来、使他的活动和他的一切努力具有崇高品质的东西，就是使他无可非议、受到众人钦佩并高出于众人之上的东西。

品读心得体会：

现代社会，在选择职业时，一些人更加倾向于那些重实践而缺乏内涵的工作。他们会因此选择一个劳累而缺乏思考的工作，每天除了低头工作之外，一点儿也不考虑这样做的意义所在。

作为文科类专业的大二学生，我更是为自己的未来感到深深的担忧。现代人工智能那么发达，成长速度也那么快，我们的知识会不会无用武之地呢？就说会计吧，现代计算机技术突飞猛进，会计工作被人工智能所替代或许就在不远的将来了吧。这并不是职业歧视，或许这就是一个我们不愿接受但却势不可挡的趋势。

那我们，能怎么办呢？我们，该何去何从呢？

马克思在《青年在选择职业时的考虑》一文中说：尊严就是最能使人高尚起来、使他的活动和他的一切努力具有崇高品质的东西，就是使他无可非议、受到众人钦佩并高出于众人之上的东西。虽然我们所学的专业或许技术性不强，但是它却能够让我们更有机会从事一个令我们有尊严的职业，也是我们未来求职很好的一块敲门砖。我们可以选择在社区里担任社工，一对一地为老人服务，驱散积郁在他们心中的阴霾，给他们带去人文关怀；我们也可以选择去治理城市当中的诟病，安抚那些需要搬离原来住宅并为城市更好的发展做出自己贡献的人；我们还可以跟随自己的兴趣与爱好，为了自己所热爱的事业全力以赴地努力。

未来，当我踏入职场时，我希望能找到一份给己以尊严的职业。我会用自己的实际行动去检验马克思主义的科学性与革命性。

指导教师：何莉

品读者：2016 级应用统计一班　2016104131　黄婷

记忆最深刻的经典金句：如果一个人只为自己劳动，他也许能够成为著名的学者、大哲人、卓越诗人，然而他永远不能成为完美无疵的伟大人物。

品读心得体会：

进入大学的我们，除了要学好专业的知识，增长自己的见识，还要为以后选择的职业做好准备。对于大学生而言，就业是最重要的问题之一。但是，在当今如此严峻的就业形势下，找工作似乎对于我们有些困难——严格来说，不是找工作困难，而是找到合适的工作困难。初入社会的大学生有目标是一件很好的事情，但如果这个目标远远超过自己的能力，最后可能成为择业时的阻碍。

我们不能仅仅把职业当作一种谋生的手段。大部分人都想找一份好工作，一份体面的工作，虚荣心使人们朝着这个方向去争取。有的人不管自己是否适合或者是否有能力胜任，都一股脑地选择这种有面子的高薪职业。但是这样的工作机会不会给每个人。

就像马克思说的，我们的使命绝不是求得一个最足以炫耀的职业，因为它不是那种使我们长期从事而终不会情绪低落的职业，相反，我们很快就会觉得，我们的愿望没有得到满足，我们的理想没有实现，我们就将怨天尤人。因此，选择职业时，我们要选择一份适合自己的工作，不是为了金钱，不是为了地位，而是为了自己热爱的东西而工作。人只有在做自己喜欢的事，在自己适合的环境中工作时，才会感到愉快。作为大学生，我们在大学要做的就是，规划好自己的未来，了解、发现自己的长处，在将来选择职业时，也要扬长避短，选择适合的职业，因为只有适合的工作才能充分发挥我们自身的价值，有了价值我们才会被尊重。大学生是新青年，更是国家的希望、社会的栋梁。我们的思想觉悟不能只停留于表面，我们的眼光不能只停留在自己的利益上，关注社会、关注时事是我们的职责，我们应多做一些对社会、国家有利的事，在奉献中实现自己的价值。

树立正确的择业观，脚踏实地，坚守尊严，慎重选择职业，为人类幸福献身，这才是我们青年在选择职业时应该考虑的。

指导教师：黄伟

品读者：2016级应用统计一班　2016104123　罗淑珍

记忆最深刻的经典金句：我们没有仔细分析它，没有衡量它的全部分量，即它让我们承担的重大责任；我们只是从远处观察它，而从远处观察是靠不住的。

品读心得体会：

职业，正是我们现在需要进行选择的东西。俗话说，男怕入错行，女怕嫁错郎。当代社会，无论男女都怕选择到不适合自己的职业。

在我小时候，我想当一名考古学家。原因很简单，我觉得考古学家很有文化、很体面——那时只是小孩子的我眼里的体面就是在别人看来很特别、很稀少，我想做一个独一无二的人。其他孩子都想当宇航员、老师或医生，我偏不和他们一样。考古学家是小学的我仅有的认知里最特别的职业。每当老师问我们以后的梦想，我站起来回答时，调皮的男同学都会嬉笑道我是长大了想当烤鸟学家，我并不理会他们。这时回想起来，我的小学可能是早熟且不安的，但我乃至到了初中都保持着这个职业理想。有没有可能是这个职业的支撑让我在少年时期去努力呢？我现在不得而知，因为高中的我迅速认清现实，放弃了这个理想。

我没有投入下一个理想的怀抱，一直到现在。

高中的我是浑浑噩噩的，每天得过且过三点一线的生活让我对未来产生了抗拒和恐慌。我一方面想长大，另一方面又害怕长大。那时我有一个很好的朋友，他也和我一起迷茫着。现在我们分开了，我不知道他是否还保持着这个状态，但我一直是。

读完这篇短小的文章后，很奇妙，我竟然在马克思那里找到了共鸣。我有点理解为何世人称他伟大了。

我开始思考我到底想做什么。

我想当一名厨师，是的，厨师。体面从来不是我考虑事情的主要因素。我害怕的事情很多，但我不怕丢人、不怕别人说。我开始认真思考我当一名厨师的可行性，虽然这和我的专业无关，对于专业厨师来说也太晚了，但是又好像有那么些可能。

马克思说："我们的使命绝不是求得一个最足以炫耀的职业，因为它不是那种使我们长期从事而始终不会感到厌倦、始终不会松劲、始终不会情绪低落的职业。"

是的，我觉得厨师于我而言，就是"那种"职业。我是理智的，而理智却远远不够。

“如果我们通过冷静的研究，认清所选择的职业的全部分量，了解它的困难以后，我们仍然对它充满热情，我们仍然爱它，觉得自己适合它，那时我们就应该选择它，那时我们既不会受热情的欺骗，也不会仓促从事。”

厨师需要锻炼自己的刀工，还需要每天面对着油烟，味道也大。这个职业可能对女孩来说不是太舒服。但是这些问题我都思考过了，也设想过了，所以如果可以，我会向父母寻求意见，去寻找一个适合自己的途径来实现我的这个小理想。我想要为了这个理想去学习做菜，这样就算最后没有当成厨师，我也能从中学习到一些在日常生活中做菜的小技巧。真是怎么想也没有损失呢！

我们回到《青年在选择职业时的考虑》。本文看似生涩，实际却是一篇十分贴题的文章，就是青年在选择职业时该考虑哪些、该做哪些的指导文。这样的话，我想，我该再去读一点马恩思想了。

指导教师：黄伟

品读者：2016级社会工作二班　2016281240　刘怡君

记忆最深刻的经典金句：能这样选择是人比其他生物远为优越的地方，但是这同时也是可能毁灭人的一生、破坏他的一切计划并使他陷于不幸的行为。

品读心得体会：

今日读了马克思的中学毕业论文《青年在选择职业时的考虑》，我不禁感叹一个17岁的少年竟有如此文采、思维以及如此崇高的精神境界。实际上，马克思一生的非凡成就与他少年时的深刻觉悟和伟大理想的关系是极其大的。马克思是全世界无产阶级的伟大导师，是伟大的政治家、经济学家、哲学家、革命理论家。而这篇文章就是马克思在中学毕业前夕所作的论文。马克思通过一系列缜密的思考及严格的推理，向人们论述了青年择业时所应进行的考虑，并在文章中提出“在选择职业时，我们应该遵循的主要指针是人类的幸福和我们自身的完美”，表达了自己为全人类谋幸福、谋发展的崇高理想。我想伟人之所以成为伟人，正是因为他的思想比常人更加深远，他的理想比常人更加崇高。马克思没有考虑选择哪种具体职业，而是把这个问题提高到对社会的认识和对生活的态度上加以考虑和回答。《青年在选择职业时的考虑》这篇文章虽然写于19世纪，但是对于当代青年的职业选择仍然有很大的启发意义。作为当代大学生，我面临着职业选择的问题，这篇文章使我受益匪浅。

马克思告诉我们要有一种伟大的胸怀，选择职业不只是为了谋得自己的利益，还是为社会创造价值，我们要对自己的选择负责任。每个人都离不开社会，我们在社会中劳动，在社会中获得报酬。我们在为自己工作的时候，也在为整个社会、为其他人创造价值。他说道："历史承认那些为共同目标劳动因而自己变得高尚的人是伟大人物；经验赞美那些为大多数人带来幸福的人是最幸福的人；宗教本身也教诲我们，人人敬仰的理想人物，就曾为人类牺牲了自己——有谁敢否定这类教诲呢？"我想并不是每个人都可以成为为人类伟大事业献身的伟人，可是作为社会公民，我们应该时时将社会责任感记在心中。尤其是青年一代更是肩负着民族复兴的使命，在做职业选择时不应只把眼光局限在自己的蝇头小利上，而是要拥有一种更开放、更广博的社会视野、国际视野。

指导教师：黄云超

品读者：2016级会计六班　2016051603　刘珍宏

记忆最深刻的经典金句：一个选择了自己所珍视的职业的人，一想到他可能不称职时就会战战兢兢——这种人单是因为他在社会上所居地位是高尚的，他也就会使自己的行为保持高尚。

品读心得体会：

读完《青年在选择职业时的考虑》后，我最清晰的感觉是文章连贯，逻辑紧密，如行云流水一般。马克思首先从人是一种动物说起，解释了人不同于其他动物的原因——人类有选择的机会，而后谈了人们应怎样选择职业、选择怎样的职业，最后谈了马克思自己的职业选择原则及自己的职业理想。文章展现了马克思高尚的人生境界、潜藏的需有待未来去验证的无私奉献精神，以及那种高度的社会责任感和强烈的使命感。

任何事情都有两面性，我们虽然拥有机会，但是这同样可能是摧毁我们一生的契机。由此马克思认为，认真地考虑这种选择是开始走上生活道路而又不愿拿自己最重要的事业去碰运气的年轻人的首要责任。马克思还认为我们很容易受到虚荣心的蛊惑而忘记理智对我们的指导。在他看来，伟大的东西是光辉的，光辉则引起虚荣心，而虚荣心容易给人鼓舞或者是一种使人觉得是鼓舞的东西。更何况一个人还会很容易就被名利裹挟，受不可抗拒的欲念左右，听任偶然的机会和幻想去选择自己的职业，而不再是听从理智的教导，根据他在社会上的地位来做出自己的选择。所以我们应该认清职业中是否有鼓舞我们的本源，而不是一种迷误，使我们浮想联翩，狂热地去追求错误的目标。我们在选择职业时也应该告诉自己我们所追求的不是一个足以炫耀的职业，而是那种能使我们长期从事而始终不会感到厌倦，始终不会松劲，始终不会情绪低落的职业。但是当我们真正面临选择时，情况往往不是单一易辨的，相反，情况往往是复杂多变的。为了不被感情欺骗，不被幻想蒙蔽，我们可以向社会经验丰富的父母求助，冷静地研究，认清它的全部。做出正确的选择同样少不了对自己能力的正确判断。在众多适合我们的职业中，我们还应该选择最有尊严、最能服务社会的职业。因为"尊严就是最能使人高尚起来、使他的活动和他的一切努力具有崇高品质的东西，就是使他无可非议、受到众人钦佩并高于众人之上的东西”。从事有尊严的职业，我们不是沦为工具般的奴隶，而是可以在自己的领域内独立地进行创造。职业必须建立在正确的思想上，有失尊严的职业会贬低我们，而且那种建立在我们后来认为是错误的思想上的职业也同样会贬低我们，使我们深感压抑。到那时我们只能依靠拙劣的自我欺骗来解救自己，这是非常糟糕的一件事情。

作为当代大学生的我们，作为国家之青年的我们，在继续经历两年的学习生活后，也将加入择业的洪流。我们在面对职业选择的时候，应在充分认清自己实力的同时，将马克思全篇所着重提到的几个重点用于择业与生活：我们要有尊严地工作，怀着崇高的自豪感去工作，纵使工作平凡，也要怀有热情地去工作，奉献于工作，不忘初心，不负期望。

指导教师：刘朋

品读者：2016 级会计六班　2016051605　漆书晴

记忆最深刻的经典金句：我们的使命决不是求得一个最足以炫耀的职业，因为它不是那种使我们长期从事而始终不会感到厌倦、始终不会松劲、始终不会情绪低落的职业。

品读心得体会：

马克思在中学时代就留下了一篇关于青年人职业选择的思考的伟大著作，时间已过去一百多年，直至今日细细品读，仍能让人产生共鸣。

在这之前，我对我的职业选择、未来选择，从来没有一个清晰的定位和探究。我大学所读的专业是会计，一直以来我自然而然地认为“哦，我以后会是一个会计”，而从来没有深刻地去挖掘会计这个职业的真正意义和价值，也没有如实具体地分析我究竟会做一个怎么样的或是什么类型的会计。马克思却在 17 岁就坚定地告诉了我们应该如何选择职业。

我着实佩服他的理智和魄力，他提到“我们的使命决不是求得一个最足以炫耀的职业，因为它不是那种使我们长期从事而始终不会感到厌倦、始终不会松劲、始终不会情绪低落的职业”。这样选择职业，不是因为填补虚荣心，不是因为拥有炫耀的资本，也不是因为一时的丧失理性和感情用事，而是因为我们热爱。是的，有多少人是因为内心真正的呼唤和鼓舞最终选择的是一生都愿意为之奋不顾身的职业？

爱我们的职业是我们在职业选择中最重要的奠基，但是光是热爱也不足以支撑我们所选择的一切，我们还需要对自身能力的正确评估。如果事先没有对自己保持一个客观的衡量，在我们遇到力不能及的事情时，我们会心灰意冷，最坏的后果便是妄自菲薄，因为一个人最可怕的时候就是开始怀疑自己。知人者智，自知者明。在以后追求职业时，我希望我能永远保持内心的一份清醒，不迷失自我，也不必仰望别人，找到一份最适合自己的也是自己为之狂热的职业。

在情感和能力都兼备的情况下，找到一份使我们最有尊严的职业则是站在一个更高的角度。而能为人类的福利而劳动，更是诠释了人类伟大的道德感和使命感。我不禁为马克思在当时的年纪所表达出来的崇高理想而动容，这是穿越历史的永恒。许多人的人生是对长度的迷恋，而忘了生命的伟大在于宽度的延长。袁隆平一生与水稻为伴，让国人有了饱腹的幸福感；红丝带学校的校长郭小平让任何关于生命的坚持开始变得有意义，给予了艾滋病患儿家的模样；屠呦呦将毕生的精力都献给了医学，在她手中孕育而生的青蒿素是传统中医带给世界的一份珍贵的礼物……他们选择的职业所带来的幸福是属于千千万万人的，那是他们一生挚爱的职业最光彩夺目的地方。

闭上眼，开始做一个会思考的人。然后坚定地前进吧，朝着我们心中的选择尽情地努力！未来值得期待，与君共勉。

指导教师：刘朋

品读者：2016 级会计四班　2016051429　李俊霖

记忆最深刻的经典金句：在选择职业时，我们应该遵循的主要指针是人类的幸福和我们自身的完美。

品读心得体会：

借着做思政作业的机会，我有幸读到马克思的《青年在选择职业时的考虑》，受益匪浅，有感如下。

从小，我们就面临着各种选择，这些选择有的无关紧要、不足挂齿，有的却影响深远，甚至撼动我们一生。在这些数不清的选择中，职业选择无疑是极其重要的。选择职业，不仅是选择一种谋生的方式，选择我们以后的生活，更是选择一种实现人生价值的途径。一个青年或是一个学生，只有有了自己的职业梦想，而且知道如何努力将其实现，才迈出了通往幸福的第一步。

特别是对于大学生来说，职业选择是我们真正进入社会生活领域的重要行为，是人生的关键环节。正确的职业选择，有利于人和劳动岗位的较好结合，使我们顺利进入社会劳动岗位；有利于达到多方面的社会效益，促进人的全面发展。

常常听别人说起自己的工作，不少是在抱怨如何累，如何压力大，甚至“干一行，恨一行”。我觉得这是一个不好的现象，特别是我们这代人在选择职业的时候，一定要慎重，要结合自己的兴趣，要选择自己内心真正热爱的工作。

马克思在文中写道：“在选择职业时，我们应该遵循的主要指针是人类的幸福和我们自身的完美。”同时他还指出，人们只有为同时代人的完美、为他们的幸福而工作，才能使自己也过得完美。这是让人备受鼓舞的动力，人类的幸福和我们自身的完美，这是对理想职业最好的诠释，这样的职业无疑会让我们产生由衷的热爱！

可见选择职业还要志存高远。就拿我自己来说，在读到马克思的这篇文章之前，我的职业选择的眼光是短浅的，仅仅着力于自己、小家的幸福。读完后，我改变了我的想法，我不仅仅要为实现自我而工作，为我的家而工作，更要为了人类的幸福而工作。这样我才能承受更多的重担。

梁启超曾作《少年中国说》道：“故今日之责任，不在他人，而全在我少年。少年智则国智，少年富则国富；少年强则国强，少年独立则国独立；少年自由则国自由，少年进步则国进步；少年胜于欧洲，则国胜于欧洲；少年雄于地球，则国雄于地球。”作为当代的大学生，我们要敢于且勇于去承担起时代赋予我们的责任，在面临职业选择的时候，结合兴趣，志存高远，慎重地做出决定。

谨记：因为热爱，所以选择；因为向往，所以远行！

指导教师：罗琼

品读者：2016级经济统计二班　2016042238　陈雪

记忆最深刻的经典金句：如果我们错误地估计了自己的能力，以为能够胜任经过周密考虑而选定的职业，那么这种错误将使我们受到惩罚。

品读心得体会：

选择这篇文章作为品味经典的读物，是因为我被这篇文章的标题吸引。青年人是一个国家和民族的希望，所以，青年人的决定直接影响一个国家未来的发展。而读完这篇文章后，我了解到马克思先生是在17岁时写下的这些文字，我对先生的敬意油然而生。

职业选择是我们不得不面对的人生选择。

选择职业，不仅是选择一种谋生的方式，更是选择一种实现人生价值的途径。“对于这个目标来说，一切职业只不过是手段。”马克思如是说道。

爱因斯坦曾说兴趣是最好的老师。而在这里我想说，热爱是最好的理由。

马克思在文中写道：“在选择职业时，我们应该遵循的主要指针是人类的幸福和我们自身的完美。人们只有为同时代人的完美、为他们的幸福而工作，才能使自己也过得完美。这是让人倍受鼓舞的动力，人类的幸福和我们自身的完美，这是对理想职业最好的诠释，这样的职业无疑会让我们产生由衷的热爱！”

马克思在文中说道：“我们应当认真考虑：所选择的职业是不是真正使我们受到鼓舞？我们的内心是不是同意？我们受到的鼓舞是不是一种迷误？”的确，一种不能让人深受鼓舞的职业，算不上适合的职业。而当我们不能找出鼓舞我们的东西到底是什么，就不免有一些盲目，或者说不知道我们受到的鼓舞是不是一种迷误，抑或我们对它的热爱是不是一种迷误。

马克思解释道，“伟大的东西是光辉的，光辉则引起虚荣心，而虚荣心容易给人鼓舞或者是一种我们觉得是鼓舞的东西。不只是虚荣心能够引起对这种或那种职业突然的热情。也许我们自己也会用幻想，把这种职业美化，把它美化成人生所能提供的至高无上的东西”。

我们青年人在选择职业时，应该先考虑国家，其次考虑个人的热爱程度和适合与否，这样才能真正让国家在未来屹立于世界。

指导教师：钱晓东

品读者：2016级经济学一班　2016011109　程文

记忆最深刻的经典金句：我们应当认真考虑：所选择的职业是不是真正使我们受到鼓舞？我们的内心是不是同意？我们受到的鼓舞是不是一种迷误？

品读心得体会：

马克思说，“神让人在社会上选择一个最适合他、最能使他和社会都得到提高的地位”，这样的选择是使人类优越于其他生物的地方。每个人都应该选择一个使他和人类趋于高尚的位置，这个位置也许就是职业。他先要确立目标——一个至少在他自己看来是伟大的目标。正如马克思所言，“神绝不会使世人完全没有引导，神总是轻声而坚定地作启示”，所以获取一份自己内心所向往的工作是必要的，起码，对于那份职业，我们不能有厌恶之情，毕竟兴趣是最好的老师。

方法总比困难多。当今社会不可避免地存在这样或那样的问题和矛盾，如何运用好的方法去解决问题、处理矛盾，非常值得我们深思和探索。无论是在工作中还是生活中，应对和解决问题的心态是一致的，方法是互通的，只有勤于学习，善于思考，当遇到困难和问题时，才能够主动去想方法、找方法，去努力解决问题。困难并不可怕，解决各种难题的方法可能比我们想象的多得多。方法总比问题多是一种信念和追求，是一种思考问题的角度和视野。在人生道路上，我们难免会遇到这样或那样的困难，面对困难，我们应该认真对待，克服障碍，相信没有过不去的坎，没有战胜不了的困难。

在新的历史条件下，随着人事制度和人才供应体系的改变，大学生面临着更多的机遇，当然，也面临着更多的挑战。如果没有工资收入的限制，我会先考虑自己最喜欢的工作，同时考虑这份工作是否能实现我的目标或者理想、这份工作是否合适我去做、我的能力是否能胜任，等等。

就我现在的专业来看，经济学是一个很大的体系，以后的我很可能从事金融行业，它包括银行业、保险业、信托业、证券业等。我应珍惜在大学期间的每一次实习机会，多学习专业技能，并结合自己的真实兴趣深入地分析，以清楚地知道自己到底喜欢什么、追求的终极目标是什么、自己适合干什么；把自己的目标和自身的职业兴趣有机地结合起来，来选择自己的工作，达到两者的统一。在大学生活中，我可以通过加入学生会以及参加学校的各种活动来进一步提升我与人沟通、团队合作等方面的能力。相信这些历练，无论是在我今后的职业生涯，还是在我的职业成长过程中，都会给我带来极大的帮助，让我走向成功。

指导教师：沈顺祥

品读者：2016 级人力资源管理二班　2016032226　曹路瑶

记忆最深刻的经典金句：伟大的东西是光辉的，光辉则引起虚荣心，而虚荣心容易给人鼓舞或者是一种我们觉得是鼓舞的东西。

品读心得体会：

无论在什么时代，也无论是在国内还是在国外，职业选择问题都是青年最关心的问题之一。选择什么样的职业、怎么选择职业是我们作为大学生不得不考虑的问题。在读了马克思的《青年在选择职业时的考虑》后，我受益匪浅。马克思在文章中对青年该如何选择自己的职业给出了重要的见解，表达了其为人类服务的崇高理想。

文中写道，人与动物不同，动物完全依赖自然的生活条件，只能在自然提供的一定范围内活动，而人却能掌握自己的命运，有选择的自由。这正是人比动物优越的地方，但这并不意味着生活在社会中的人们能够不受任何限制、随心所欲地自由选择职业。我们作为个体生活在社会这个集体中，我们的行为必定会受到社会这个集体的影响，故人们在选择职业时，并不是完全取决于自己的希望和志愿，而要受到自己所处的社会地位和社会中的关系的限制。我们选择职业时，一定要认清现实，并且对自己的能力有准确的定位，否则容易脱离现实，一事无成。

文中最令我印象深刻的一句话是："伟大的东西是光辉的，光辉则引起虚荣心，而虚荣心容易给人鼓舞或者是一种我们觉得是鼓舞的东西。"的确如此，我们大学生在选择职业时，其实很多时候并不是选择自己所真正喜欢的，这或许是为了生计，迫于无奈，或许只是一时被虚荣心蒙蔽了双眼，对职业突然产生了热情，又或许是我们用自己的幻想把职业美化，把它美化成自己所想象的美好的东西。所以，我们大学生在选择职业时，一定要冷静地想清楚，我们选择的职业是一时冲动所带来的突发热情，还是自己所真心热爱的。

我们的使命绝不是求得一个足以炫耀的职业，因为它不是那种使我们长期从事而始终不会情绪低落的职业。如果我们仅仅因为虚荣心而选择一个职业，我们很快就会觉得我们的愿望没有得到满足，我们的理想没有实现，我们将怨天尤人。故青年在选择职业时一定要坚持原则，考虑生活与工作的目标。我们生活在社会中，必须要有社会责任感，对职业的选择不能仅仅从利己主义出发，只考虑满足个人的愿望。只有我们的职业是有利于社会进步与发展的，并且我们能坚持不懈，在自己的岗位上努力奋斗，默默付出，才能在收获真正的幸福的同时为人类做出有益的贡献。

作为新时代的大学生，我们已不再是在一穷二白之上平地起高楼，而是要向着更高更远的目标冲刺。

指导教师：田慧

品读者：2016级公共管理二班　2016283112　叶佳栩

记忆最深刻的经典金句：也许，我们自己也会用幻想把这种职业美化，把它美化成人生所能提供的至高无上的东西。

品读心得体会：

马克思从虚荣心、幻想和理智的关系角度对鼓舞的来源做了分析。在他看来，伟大的东西是光辉的，光辉则引起虚荣心，而虚荣心容易给人鼓舞或者是一种使人觉得是鼓舞的东西。更何况一个人还会很容易就被名利裹挟，完全受不可抗拒的欲念所左右，听任偶然的机会和幻想去选择自己的职业，而不再是听从理智的教导，根据他在社会上的地位来做出自己的选择。马克思指出，如果“最足以炫耀的职业”也成为职业选择的标准，由于它不是那种使我们长期从事而始终不会情绪低落的职业，“我们很快就会觉得，我们的愿望没有得到满足，我们的理想没有实现，我们就将怨天尤人”。但是，我们不仅容易受虚荣心支配而唤起对某一职业的热情，我们还可能受到幻想的控制，把我们的选择美化成为“人生所能提供的至高无上的东西”。这样就使我们不会仔细而全面地分析这种选择，不会衡量这种选择的全部分量，也就是这种选择所赋予我们的重大责任。我们仅仅依靠远处的观察就做出了某种选择，然而从远处观察是靠不住的。一旦我们受到了虚荣心和幻想的支配，理智就对我们丧失了控制。因为这时是感情在蒙骗我们，是幻想在蒙蔽我们，使我们无法对这种选择做出经验的考查和深入的观察。如果这种丧失理智的局面出现了，那么，我们就应听从我们的心的提醒，想到支持我们的父母，想到他们所走过的漫长人生道路，想到他们所饱尝的人世辛酸。让我们做出更好的对于自己职业的决定，毕竟我们应该考虑的是适合，而不是虚荣。

指导教师：文敏

品读者：2016 级策划二班　2016041724　贺敏

记忆最深刻的经典金句：妄自菲薄是一条毒蛇，它永远啮噬着我们的心灵，吮吸着其中滋润生命的血液，注入厌世和绝望的毒液。

品读心得体会：

一个人的职业，向前看，凝聚着十几年来学习的心血；向后看，是我们谋生的方式，更是实现人生价值的途径。因此，职业不可谓不重要。然而，生活是一个万花筒，可供选择的职业更是数不胜数，从而让我们在选择职业时，常常感到眼花缭乱，不知所措，特别是对于我们这些即将迈入社会的大学生来说，更是如此。这让我们感到焦虑与彷徨。

今天，我读了马克思的《青年在选择职业时的考虑》。这让我对选择职业有了一个更透彻的认识，也有了更仔细的考虑。这篇文章就像一颗启明星，给予我这个迷失荒野的旅人以指引。

俗语说："兴趣是最好的老师。"对于职业选择来说亦是如此，只有你真的对这个职业感兴趣，并发自内心地热爱它，才能保持高昂的情绪工作下去，并逐步满足自己的愿望，实现自己的理想。否则迎接我们的将会是厌恶、怨天尤人。因此，在选择职业时，我们要抛开不真实的幻想与虚荣心，认真倾听内心深处的声音。

文中说道："我们的体质常常威胁我们，可是任何人也不敢藐视它的权利。"一个人的体质决定着他能从事职业的种类。例如，一个富有想象力的人，可以让他去从事美术、设计方面的工作，这能充分发挥他的才能；但如果让他去从事会计之类的工作，这只能使他自愧无能、妄自菲薄，最终陷入无尽的痛苦之中。身体的健康也深深地影响着我们对于职业的选择，因此，在日常生活中，除了学习外，我们也应加强体能的训练。

马克思说："在选择职业时，我们应该遵循的主要指针是人类的幸福和我们自身的完美"，"人们只有为同时代人的完美、为他们的幸福而工作，才能使自己也过得完美"。他的思想境界是很高的，是值得人们敬仰的。这些对于现在的我来说还有一些不现实，但我认为我们在选择职业时应尽量向其靠拢。因为赠人玫瑰，手有余香；助人亦是助己。

职业是我们人生中不得不面对的选择。如果你深深地爱着一个职业，并且你的体质也适合这个职业，那么就不要犹豫了，选择它吧！

指导教师：杨华

品读者：2016 级策划二班　2016041535　王倩

记忆最深刻的经典金句：如果我们选择了力不胜任的职业，那么我们决不能把它做好，我们很快就会自愧无能，并对自己说，我们是无用的人，是不能完成自己使命的社会成员。由此产生的必然结果是妄自菲薄。

品读心得体会：

读了马克思的《青年在选择职业时的考虑》，我颇有感触。以前我一直在想是什么使得马克思成为伟大的人，仅仅是因为他的那些书籍吗？在读了这篇文献过后，我似乎懂得了原因，马克思不仅仅是作为一个文人而让世人崇敬，更多的是他的理论总是能让人有顿悟的感觉。作为一个大学生，我不可避免地在毕业的时候需要选择自己的职业，所以在诸多的经典文献里我挑选了这一篇文章来阅读。

在《青年在选择职业时的考虑》一文里，马克思认为青年在选择职业的时候应该考虑两个问题：怎样选择职业和选择什么样的职业。在文中，马克思一直强调职业尊严，更是通过一些暗喻和假设来说明这个道理。马克思阐述了青年在社会趋势的逼迫下而选择的职业大多都是不愉快的或者是肉体的一种麻木工作，早已没有了真正的工作意义。而要选择一份有尊严的职业，个人喜好或兴趣是必不可少的，这是支撑我们坚持所选择的职业的重要力量。如果没有兴趣，我们会厌倦，无法太长时间地保持最初的职业热情，这既是对职业的不负责，也是对自己的折磨。所以在选择职业的时候，一定要带有自己的兴趣，并找到真正爱好的职业。

青年大多都是年少轻狂、热情高涨的，这使青年在做职业决定的时候容易犯错。青年总是好奇的，对事物的认知也比较浅显，大多都采用远处观察的方法来帮助自己做决策，可这是远远不够的。马克思在文章中提到，青年在做选择时的理智是不能充当顾问的，它多是被感情欺骗、被幻想蒙蔽。所以在这个时候，我们应向自己的父母寻求建议，他们走过了漫长的生活道路，总是要经验得当得多。我们在做选择之前，还应做一件特别重要的事情——看清自身能力。在决定之前，我们必须冷静自省，这是做任何正确决策都需要的。我们应该结合自身的能力和实际的条件来做职业选择，不然就会出现马克思所说的那种“建立在松软废墟上的大厦”的情况，不但不能实现自己的价值，反而使得我们一直处于煎熬和痛苦之中。

总的来说，一方面，马克思倡导青年追求自己爱好的完美职业，希望青年做一个有尊严的职业者；另一方面，马克思也警醒青年要冷静慎重地做职业选择，不要好高骛远而选择自己驾驭不了的工作，那样只会徒增烦恼，并不会体现自己真正的职业价值。在这篇文章中，我确实学到了很实用的东西，在以后面临职业选择的时候，我想我一定不会太无知。

指导教师：杨华

品读者：2016 级电子商务一班　2016043143　李双

记忆最深刻的经典金句：人们只有为同时代人的完美、为他们的幸福而工作，才能使自己也过得完美。

品读心得体会：

人类的生活必不可少地需要劳动。对于现在的大学生来说，找工作，特别是找到自己称心如意的工作，已经称得上是人生中的一件难事了。事实上，找工作本来也不简单，在人才辈出的当代，如果仅仅是一个本科毕业生就更不好找工作了，因为研究生都已经是普遍的存在了。读完了马克思的这篇文章，我更是深刻地体会到了找工作的不易，如果不能擅长或精通某一方面，或者是不能在自己的强项上有良好的发挥，要去选择工作就更不知道该从何选起、从何发展了。

在马克思看来，“是不是真正使我们受到鼓舞”“我们的内心是不是同意”是选择职业的首要问题。接着，他又进一步提出了“我们受到的鼓舞是不是一种迷误?”因为“伟大的东西是光辉的，光辉则引起虚荣心，而虚荣心容易给人鼓舞或者是一种使人觉得是鼓舞的东西”。毫无疑问，他的逻辑是清晰的，思维是严谨的。选择不适合自己的职业，是一件令人悲哀的事。相反，如果能够去做自己喜欢的事，能找到适合自己的职业，那么在工作的时候内心也是开心的、满足的，是在享受这一过程，而不只是单纯地工作了。

此外，马克思认为，在选择让自己感到满足的职业的同时，也要考虑身体的状况，就算这个职业是你满意的职业，但是如果身体无法支撑起这份职业，那只会加速你的崩塌，适得其反。马克思说，“在选择职业时，我们应该遵循的主要指针是人类的幸福和我们自身的完美”，“人们只有为同时代人的完美、为他们的幸福而工作，才能使自己也过得完美”。在我们这个时代，许多人考虑的是自己能否幸福，而真正能考虑到人类的幸福的人，并且能为此做出伟大贡献的人自身都是伟大的。马克思选择了为人类福利而劳动的职业，承担起了这份重担，这也是他的伟大之处——马克思的心中有着全人类！在青年时代马克思就能有如此想法，想要把幸福带给千千万万的人，这才是成为一个伟大的人的根本！

现在是青年们的时代，是热血沸腾的时代，祖国需要有志者去完成先辈们的希望。在这样一个高素质、高标准的时代，我们的祖国需要更多的人才，我们需要付出更多的时间与精力来提升自己。

指导教师：杨小红

品读者：2016 级电子商务一班　2016043124　冉晓平

记忆最深刻的经典金句：一个不能克服自身相互斗争的因素的人，又怎能抗拒生活的猛烈冲击，怎能安静地从事活动呢?

品读心得体会：

生命的信念在于奉献和理解。伟大的思想家梁启超在《少年中国说》里对青年未来的美好描述是："前途似海，来日方长。"但穿梭在高科技主导的世界里，有一些人，或遗忘本心，或迷失方向，或裹足不前。

作者在《青年在选择职业时的考虑》中给我们解惑：一个人不知道如何前行时，想想我们的父母。他们走过了漫长而缓慢的人生道路，充满了艰辛、苦楚。当我们踌躇满志时，生活可能不曾善待过他们；当我们沉浸在物欲横流的堕落里时，时间对他们来说可能艰难而缓慢；当我们迷失在纷繁复杂的"山谷"里时，负担可能压得他们喘不过气。我们"青年"是个充满朝气和希望的群体，但我们往往没有丰富的生活经验，没有强大的靠山，没有雄厚的财力。我们只有父母，他们用最真诚和热切的眼光鼓舞着我们，让我们在前行的道路上勇往直前。职业选择的考虑，包含着父母的嘱托、殷切的期盼和深沉的爱意。所以啊，就像马克思所说的，我们必须要冷静分析职业选择。

在本篇文章中，作者告诉我们选择职业时绝不能选择力不胜任的工作，就像木桶一样，本身就有缺点，我们并不是十全十美，自身缺点能承受的分量或许就是我们本身能够承受的分量。马克思还说道，我们绝不能因为从事表面不体面的工作而自认为那就是有失尊严。用更通俗的话说，就是我们在选择职业时不能歧视任何职业，把自身的奉献带给他人，那才是尊严，而这种尊严会使我们的人性更加光辉。

加拿大著名医生白求恩有一句名言："我唯一的希望就是多有贡献。"他的职业在后人看来神圣而高贵，但我们似乎又忘记了在战火纷飞的年代生命对人类来说有多脆弱。对他本身而言，这份工作充满危险与劳累；对一个医生而言，救人就是天职；对受伤的人来说，医生就是曙光。而白求恩也选择了不为自己一个人劳动，选择了最能为人类福利而劳动的职业。

青年对职业的考虑不仅仅为自身，也应为父母、为人类，也为长远、为奉献。

指导教师：杨小红

品读者：2016级市场开发与管理二班　20160412088　吴思忆

记忆最深刻的经典金句：如果我们选择了最能为人类福利而劳动的职业，那么，重担就不能把我们压倒，因为这是为大家而献身；那时我们所感到的就不是可怜的、有限的、自私的乐趣，我们的幸福将属于千百万人，我们的事业将默默地、但是永恒发挥作用地存在下去，而面对我们的骨灰，高尚的人们将洒下热泪。

品读心得体会：

择业是我们大学生不得不面对的一件事情。不同的人对待职业的考虑是不一样的，有的人注重于工薪待遇，有的人注重于未来的发展，有的人在乎就业的环境，有的人则在乎企业的工作氛围。作为大二的一名学生，我感觉自己在这一方面还是比较迷茫的。最近很多大四的学长都已经离校，要去寻找自己的工作岗位。终将有一天我也会如此。所以我选择阅读这篇文章，希望能够对自己有所帮助。在这篇文章中，马克思谈了影响职业选择的三大因素：个人喜好、身体条件、自身能力。我认为这三个因素都是至关重要的。很多人都说兴趣是最好的老师，学习中没有兴趣是不可以的，实际上在工作中没有兴趣也是不可以的。工作作为我们生活的一部分，是和我们紧密相关的，如果没有兴趣这一个调味剂，那么职业生活也就没有了光彩。另外身体条件和自身能力都是决定我们能否胜任工作的重要因素，它们都影响我们所选择的工作道路。少年马克思已经注意到了选择“最能为人类福利而劳动的职业”给自己的责任，认识到个人职业选择和社会需要之间的关系，表示“在职业选择时，我们应该遵循的主要指针是人类的幸福和我们自身的完美”。这一指针和选择使马克思从精神上和方向上决定了他自己的一生。马克思以自己十七岁的年纪向社会发出了自己的职业理想宣告：要为人类的幸福而献身！

青春的激情与深刻的理性在这里交融。文中所表述的一些见解和许多哲理性的语句都深入实际，给人启迪。马克思在小小年纪就已经表达出了要选择“最能为人类福利而劳动的职业”，这种情怀不得不让人佩服，而且在他接下来的行动中，我们可以看出马克思没有违背自己的理念，从始至终贯彻着“为人类的幸福而献身”的信念。我在想即便我们可能没办法达到马克思那样的高度，但是我们是否能够从中得到、学习到一些什么呢？因此，我们应当认真考虑：所选择的职业是不是真正使我们受到鼓舞？我们的内心是不是同意？我们受到的鼓舞是不是一种迷误？但是，不找出鼓舞的来源本身，我们怎么能认清这些呢？

至少我明白职业的选择与人生追求之间是充斥着理想与现实的协调、社会和个人的调和、高尚与尊严的统一。让我们为全人类的幸福而奋斗吧！

指导教师：赵军峰

品读者：2016级工程管理三班　2016035345　陈屿航

记忆最深刻的经典金句：我们并不能总是能够选择我们自认为适合的职业；我们在社会上的关系，还在我们有能力对它们起决定性影响以前就已经在某种程度上开始确立了。

品读心得体会：

我在做的事、我未来计划的职业，是我喜欢去做还是我觉得我应该去做呢？这是我前些日子一直在思考的一个问题。这个问题是从我即将选择是否转专业那天开始出现的。从一开始我就给自己定了一个目标并且走下去，可当有一天我知道，我不止有一个选择的时候，我前所未有地对自己的设想产生了迷茫。所以在读完了这篇文章的时候，我深有感触。

马克思说，伟大的东西是光辉的，光辉则引起虚荣心，而虚荣心容易给人鼓舞或者给人一种我们觉得是鼓舞的东西。这句话给了我相当大的触动，我们幻想伟大也见证伟大，伟大的光辉使我们向往。伟大是什么呢，我认为伟大是很多东西，它可以是一座地标式的上海中心大厦，也可以是推动经济新模式发展的支付宝，更可以是从理论上对人类做出巨大贡献的各种研究。而对于我们来说，年轻人看到的多半就是这些琳琅满目的繁华世貌。我爱财富，我也渴望成为穿梭在经济中心区的人，高薪职位成为我心目中的首选。我义无反顾地投进了现在的专业，而忽略了自己的喜好，选择了看起来能够使我成功的东西。可是，会让我们成功的东西，又是否会使我们快乐却是一个需要时间告诉我们的问题。不可否认，有的人会因为虚荣心得到极大的满足而爱上这份职业，但我永远不会。在我漫长的生命中，我愿意去寻找我真正热爱的事——不管需要多长时间，因为人只有做自己热爱的事情，才能在这个社会中实现价值最大化。而这也是我认为青年人在做职业选择时应考虑的首要因素。

指导教师：赵晓曼

品读《毛泽东选集》有感

作者：毛泽东

文献简介：《毛泽东选集》是 1944 年于邯郸创建的晋察冀日报社出版首版，在中华人民共和国成立前即有大量出版。中华人民共和国成立后的两个版本均由人民出版社出版。中华人民共和国成立后出版的《毛泽东选集》一至四卷，编入的是毛泽东同志在新民主主义革命时期的主要著作。第一版《毛泽东选集》一至四卷，分别于 20 世纪 50 年代初和 60 年代初出版。1991 年 7 月 1 日，《毛泽东选集》一至四卷第二版正式出版发行。邓小平同志为新版《毛泽东选集》题写了书名。《毛泽东选集》是毛泽东思想的重要载体，是毛泽东思想的集中展现，是 20 世纪对中国影响最大的书籍之一。

品读者：2016 级土地管理二班　2016063229　张佳佳

记忆最深刻的经典金句：谁是我们的敌人？谁是我们的朋友？这个问题是革命的首要问题。

品读心得体会：

于我们这一代人而言，革命年代甚是陌生。我们不知战争疾苦，不知改革之艰，不知道路之曲。我们这一代的精神状况从“葛优瘫”到“保温杯”，在互相调侃中慢慢接受精神衰老。互联网的泛娱乐化将一切事物都变成可调侃的，可调侃带来的后果就是一切事物都变成不可坚信的。

所以当我们耐下心来，回到书中，便会找到一个在所有喧嚣的言论之中，最为真实的历史伟人。

一、孤苦与信仰

通读《毛泽东选集》，首先映入脑海的感性认知，便是毛泽东的一生未免太过孤苦。

任何一个具有超前思想的人，都会与他所处的时代互相产生不适应感。都知遵义会议是一个转折点，却少有人知晓是因遵义会议之前，毛泽东与他的思想，始终是少数派。他的文章被批评，发言被忽略，要求被拒绝，行为被处分。无论他如何高效且完美地完成了上级的工作，他的思想却始终不被人理解。直到被革职、除党籍，赋闲于室，他却仍能做到坚持组织原则，不消极处事、不搞报复、不仇恨任何人。而后他力挽狂澜，一扫鸦片战争以来中华民族的屈辱，一扫被帝国主义坚船利炮打击所带来的腐朽颓废，让这个古老的民族在摇摇晃晃之后，终于再次屹立。战争中，他的弟弟、妹妹，包括妻子都英勇献身。为力排众议抗美援朝，毛泽东将自己的儿子送上战场。在其子为国牺牲、客死他乡之后，他挥笔写下了“青山处处埋忠骨，何须马革裹尸还”。

毛泽东的孤苦背后，是信仰在支撑，是为了每一位普通人能过好生活的信仰在支撑。

《井冈山的斗争》这一篇，战士们身临绝境，毛泽东带领队伍一直到上了井冈山才有喘息之机。队伍被打散，所有人又累又饿，以至于重整队伍再次出发时，哨子吹了几遍，无人集合。毛泽东便站起来，走到队伍的前面，微笑着说：“你们都不来的话，那我就来站第一个喽，请曾连长喊口令。”而这个时候的毛泽东是中央政治局候补委员，是中共前敌委员会书记，是秋收起义的负责人。换句话说，他是这支队伍里最大的“首长”。面对困境，他既没有责备下属，也没有选择逃避，而是乐观对待。

在部队被打散，许多人因为看不到希望而半路放弃的情况下，在追兵紧随其后，所有人都无法保证自己是否能活过下一场战斗的情况下，毛泽东不仅自己没有丧失信心，从始至终没有动摇，还想着用自己的行动去激励他人，去感染整支队伍的士气。其意志力与气魄，令人感慨。

后来，金一南教授曾经做过一个统计：当年参加中共一大的一共有 13 人，平均年龄为 27 岁，都是青年人。这些人里面，1 人脱党、1 人被开除、3 人叛党、2 人投靠了日本人，也就是说一半以上都已半路放弃。除去牺牲的几个人，真正坚持到底的不过两三个人，而毛泽东正是其中之一。这是信仰与坚持的力量，是的，伟人总是从平凡中走来，但在他做出不平凡举动的那一刻，就已经注定了他的未来一定不平凡。或者说，当一个普通人拥有了正确积极的信仰和理想，当一个人决定为自己的信仰毕生奉献的那一瞬间，便再也不会有任何事情使他害怕，即使他一无所有。

他是孤苦的，他是坚定信仰的。这两者互相成就、互相造就。所有为理想而活的人、心怀信仰而活的人，会在他的文字中，相信冥冥之中跨越时间与空间的意气相投。

二、思想与实践

看《毛泽东选集》，最大的理性认知便是，无论研究什么问题，毛泽东都习惯从最根本处说起。

在毛泽东年轻时写给黎锦熙的信中，可以明显看出他的迷茫。他在寻找“本源”，他在徘徊，他在迷惑，他不知道国家和民族的前途，直到他遇见了马克思主义。马克思主义讲究用唯物辩证法分析事物，这与他一直以来所追寻的方法不谋而合。

毛选开篇第一段说：“谁是我们的敌人？谁是我们的朋友？这个问题是革命的首要问题。”中国革命以来的绝大多数问题基本上都可以通过这二十六个字来解决。这些问题包括但不限于辛亥革命为什么能成功及最后为何走向失败、袁世凯为何能窃取革命果实、共产党组织大规模革命为何不成功、革命如何才能成功……无数关键问题都可以从是敌是友里找出答案。这就是找出“本源”的好处，剔除掉所有累赘的附着物后分析问题，解决问题就变得如此简单。找出“本源”之后，毛泽东得出了最为关键的结论，同样也是如今我们知晓的结论：革命必须联合农民。如今世人皆知其正确性，却不知他便是因为这个结论被批评、被打成少数派的。

但最终这个结论带领我们建立新中国，离不开另外一样最重要的东西——实践。每到一个地方，每做一件事，毛泽东总是要把需要的方方面面都调查清楚再进行，在事情完成以后，还要反反复复地总结经验教训。理论指导实践，实践提升理论。这二者形成了一个无可阻挡的正循环，也正是在这种体系的带领下，共产党人才完成了历史使命。

革命是如此，战争也是如此。在《中国革命战争的战略问题》和《论持久战》这两篇文章中，毛泽东系统阐述了战争的本源是什么：“战争，是从有私有财产和有阶级以来就开始了的，用以解决阶级与阶级、民族与民族、国家与国家、政治集团与政治集团之间，在一定发展阶段上的矛盾的一种最高形式。”以本源为论述基础，他开始在文章中分析阐述宏观层面上战争的目的是什么、战争的规律又是什么、战争的性质与归属又该是什么。宏观讲述完，他转为微观层面，分析我们该如何防御、如何撤退、如何强有力地进行反击，如何跳出“围剿”圈。

没错，战争从来都不是单纯的打斗，战争需要方法，战争也需要目的，战争更需要手段。在革命早期，相当一部分人无法通过战争的表面看懂其实质，无法理解战争是为了什么，无处得知战争到底要怎么打。认为战争就是打垮敌人，打赢了就一切顺利。举个例子，毛泽东在井冈山建立革命根据地时，提出了两点区别于他人的理解：第一是要持续建设根据地，第二是尽量避免非歼灭战的战斗。很多人对此非常不解，打仗与革命根据地建设有什么关系？打败敌人为什么非得要歼灭战？

为此，毛泽东在《必须注意经济工作》一文中写道：“革命战争的激烈发展，要求我们动员群众，立即开展经济战线上的运动，进行各项必要和可能的经济建设事业。为什么？现在我们的一切工作，都应当为着革命战争的胜利，首先是粉碎敌人第五次‘围剿’的战争的彻底胜利；为着争取物质上的条件去保障红军的给养和供给；为着改善人民群众的生活，由此更加激发人民群众参加革命战争的积极性；为着在经济战线上把广大人民群众组织起来，并且教育他们，使战争得着新的群众力量；为着从经济建设上去巩固工人和农民的联盟，去巩固工农民主专政，去加强无产阶级的领导。为着这一切，就需要进行经济方面的建设工作。这是每个革命工作人员必须认识清的。”

在《中国革命战争的战略问题》中，他又写道：“对于几乎一切都取给于敌方的红军，基本的方针是歼灭战。只有歼灭敌人的有生力量才能打破‘围剿’和发展革命根据地。给敌以杀伤，是作为给敌以歼灭的手段而采取的，否则便没有意义。因给敌以杀伤而给我以消耗，又因给敌以歼灭而给我以补充，这样就不但抵偿了我军的消耗，而且增加了我军的力量。击溃战，对于雄厚之敌不是基本上决定胜负的东西。歼灭战，则对任何敌人都立即起了重大的影响。对于人，伤其十指不如断其一指；对于敌，击溃其十个师不如歼灭其一个师。”

通过以上的文字，我们不难发现，毛泽东已经意识到了危机，红军力量单薄，根据地又多在深山僻壤之中，物质匮乏，粮食补给是个大问题；交通不便，不能及时补充军备；人口稀少，每次战斗之后无法保证军队力量。所以当时战斗的目的，是建设根据地，维持日常的供给。我军要打歼灭战，因为只有歼灭战才能迅速得到大量的物资和兵员补充。其他非歼灭的战斗只会耗损己方的力量。这就是他理论结合实践之后得到的解决当前困境的有效方法，从分析现状到逻辑推理，从分析问题到解决问题，从宏观到微观，从理论到实践，层层递进，令人叹服。第五次反“围剿”的失败使红军被迫长征，之后队伍由毛泽东领导，他充分运用了唯物辩证法，使得红军队伍日益强壮。毛泽东透过现象抓住战争的本质，从这个本质出发探寻战争的规律，把握住规律并针对其制定一系列战术，所以我们可以看到他近乎天才地预言战争的发展，看到事实如何来证明他的正确。

透过表象看本质，抓住本质找规律，运用规律改变世界——毛泽东从马克思那里学会了分析、解决问题的方法。同时，他懂得实践，懂得实事求是、具体分析，在马克思主义中国化之后，赋予其更丰富的内涵。相信这也是他最希望中国人民学会的一点，即每个独立思考、自强自立、不畏艰难、积极向上的中国人才是国家强盛、民族兴旺的本源。

指导教师：杨华

品读《星星之火，可以燎原》有感

作者：毛泽东

文献简介：本文写于1930年1月5日，是毛泽东给林彪的一封信，是为答复林彪散发的一封对红军前途究竟应该如何估计的征求意见的信。毛泽东在这封信中批评了当时林彪以及党内的一些同志对时局估量的一种悲观思想。

品读者：2016级土地管理二班　2016063236　赵梦卓

记忆最深刻的经典金句：它是站在海岸遥望海中已经看得见桅杆尖头了的一只航船，它是立于高山之巅远看东方已见光芒四射喷薄欲出的一轮朝日，它是躁动于母腹中的快要成熟了的一个婴儿。

品读心得体会：

《星星之火，可以燎原》是毛泽东给林彪写的一封回信，而其主要是答复林彪散发的一封对红军前途究竟应该如何估计的征求意见的信。在信中，他早早就认清了中国是一个许多帝国主义互相争夺的半殖民地，而中国的这种统治阶级内部的矛盾会使统治阶级内混战不断并且会一天天扩大，他结合中国革命的实情，用简明的话语叙述了时局并且对时局进行了深刻的剖析，肯定了革命高潮必将到来的论断。

我仔仔细细、反反复复地读了几遍，觉得毛泽东的思想果然高于普通人，令我发自内心地敬佩。当时，林彪乃至党内的一些同志不相信革命高潮有迅速到来的可能，因此也不赞成争取江西的计划。有这种悲观的想法是人之常情。在经过了很多的挫折后，党内同志难免会对未来感到迷茫和悲观。可是在这种情况下，毛泽东提出“星星之火，可以燎原”。这是多么恰如其分！“星火燎原”，正是对时局发展的适当的描述。只要看一看许多地方工人罢工、农民暴动、士兵哗变、学生罢课的发展，就知道这个“星星之火”距“燎原”的时期毫无疑义地是不远了。我想，在那个时候，这一封信不知鼓舞了多少党内分子以及当时各个阶层的人们，让他们相信只要坚持不懈，越挫越勇，走正确的道路，就会迎来胜利。在信中，我也感觉到了一个人的信念的重要性。为什么一些党内分子会产生悲观想法？我想那是因为信念不坚定。当我们遇到挫折时，被这挫折折磨得开始怀疑自己，就产生了悲观的情绪。当这种悲观的情绪不断地延伸、感染，我们于是开始否认自己，开始放弃自己，最后失败。这也让我坚信，做一件事情或者完成一个任务，首先要在对的情况下去坚持，坚持去做，坚持自我，不言弃、不言败，也许最艰难的时期就是决定成败的时期，咬牙坚持过去，迎来的会是让人会心一笑的结果。我也敬佩毛泽东，在偌大的中国，要领导千千万万的人共同朝着一个目标前进，这领导气质着实让我心生敬畏，他带领着中国人在理论和现实中开启了一道通向未来的大门。

毛泽东信仰马克思主义，但是他说，对于马克思主义，多了不行，少了也不行。我想，在这封信中，我看到了一个坚定自己信念、保持自己独特见解、意气风发的毛泽东。对于作为大学生的我们，我想，坚定信念是重要的。我们应在复杂的环境中坚持自己，相信自己，去迎来属于自己的曙光。

作为当代大学生的我们也应当学习毛泽东的这种精神，学习他明辨是非的思维，学习他积极乐观的态度……《星星之火，可以燎原》这封信，不仅给当时悲观的人们带来了希望，也给后代的我们带来了自豪、振奋和敬畏！

指导教师：杨华

品读《新民主主义论》有感

作者：毛泽东

文献简介：本文是毛泽东于1940年1月9日在陕甘宁边区文化协会第一次代表大会上所作的讲演，原为《新民主主义的政治与新民主主义的文化》（载于1940年2月15日延安出版的《中国文化》创刊号）。同年2月20日在延安出版的《解放》第九十八、九十九期合刊登载时，题目改为“新民主主义论”。文章科学、系统、全面地阐述了中国共产党对于中国民主革命的一系列基本理论和对于新中国建设的全部见解，驳斥了国民党顽固派关于抗日战争和中国前途的种种谬论，回答了全国人民所关心的中国向何处去的问题，澄清了党内外某些人的糊涂思想，统一了全党的思想认识，鼓舞了全国抗日军民的革命热情，有力地推动了中国革命的发展。

品读者：2016级财务一班　2016052114　谢熠韬

记忆最深刻的经典金句：在中国，事情非常明白，谁能领导人民推翻帝国主义和封建势力，谁就能取得人民的信仰。

品读心得体会：

读罢《新民主主义论》，我不禁再次敬佩毛主席，敬佩他的远见卓识以及扛起中国战胜侵略、走向解放大旗的魄力。

试想，在那个战火纷飞的年代，若没有毛主席对新民主主义理论的实践，中国很有可能彻底走向被奴役的结局。

“在中国，事情非常明白，谁能领导人民推翻帝国主义和封建势力，谁就能取得人民的信仰。”一国政权的确立，绝对不仅仅要依靠某政党领导人的个人能力，还要依靠全国人民的共同支持。那么，如何赢得广大人民的支持？这一向是困惑各个时代的领导人的问题。毛主席当时身为中国共产党的领导人，言简意赅，直戳核心：推翻帝国主义与封建势力。帝国主义来源于当时中国受到的外在侵略，封建势力则是中国两千年封建帝制的残余势力以及国民党官僚资本的遗毒。中国老百姓在20世纪初经历的磨难，不论是哪个政党，都看在眼里，无论是资产阶级还是无产阶级都想带领中国人民走向解放、走向富强。但是，很显然，历史充分证明所谓的资产阶级并没有这个能力，因此，毛主席斩钉截铁地说道："中国资产阶级是不能尽此责任的。"领导中国人民驱逐日本帝国主义并实施民主政治的重担自然就落到了无产阶级的肩上。

并不是历史选择了无产阶级，而是人民选择了无产阶级。究其原因，这实际上是由中国国情决定的。中国最广大的人民群众是农民，农民的觉悟需要正确的引导，并且农民需要自由、需要权利，然而当时以中国资产阶级为代表的官僚势力却压榨人民。而以毛主席为代表的无产阶级的主张，却是很有远见地提出要将中国广大的农民阶级、小部分的知识分子与小资产阶级作为决定国家命运的基本势力。农民虽然出身卑微，但是他们确实能够成为这个国家的主人。

所以，我认为，新民主主义革命的主人是中国的广大人民群众，正确的领导思想来源于无产阶级，来源于毛主席以及其他共产党领导人的智慧。从毛主席及其他共产党领导人的身上，我们可以看出一种对国家前途命运敢于做主的担当以及心系中国百姓的博爱。也正是这场由毛主席领导的新民主主义革命，才使得中国战胜了帝国主义并真正走向解放。

革命属于全体百姓。毛主席带领着中国无产阶级政党成功得到了广大民心，很大程度上正是由于新民主主义论的先进性与创造性。先进性在于其明确了中国无产阶级的历史使命，创造性在于其以理论辅佐实践，使实践的开展有了坚实的理论基础。放眼当今的中国社会，新时代的领导人习近平总书记也带领着广大中国人民走向复兴。我们生活在今天这个时代，应该铭记毛主席在那个动荡的年代提出的新民主主义论，也应该坚信，在一代又一代中国共产党人的不懈努力之下，中国的明天必定更加美好。

指导教师：屈莲华

品读《改造我们的学习》有感

作者：毛泽东

文献简介：这是毛泽东于1941年5月19日在延安干部会上所作的报告。这篇报告和《整顿党的作风》《反对党八股》，是毛泽东关于整风运动的基本著作。在这些文章里，毛泽东进一步从思想问题上总结了过去中国共产党党内路线的分歧，分析了广泛存在于党内的非马克思列宁主义思想作风，主要是主观主义的倾向、宗派主义的倾向，以及作为这两种倾向的表现形式的党八股。毛泽东号召开展全党范围内的马克思列宁主义的教育运动，即按照马克思列宁主义的思想原则整顿作风的运动。毛泽东的这个号召，很快地在中国共产党党内和党外引起了对怎样以从实际出发的观点而不是以教条主义的观点来对待马克思列宁主义原理，怎样使马克思列宁主义的基本原理和中国革命的实际相结合，以及怎样对待1931年初至1934年底这段时期党内两条路线的斗争等这样一些重大问题的大讨论，从而巩固了马克思列宁主义思想在党内外的阵地，使广大干部在思想上大大地提高了一步，使中国共产党达到了空前的团结。

品读者：2016级ACCA一班　2016022203　王朝阳

记忆最深刻的经典金句：我们走过了许多弯路，但是错误常常是正确的先导。

品读心得体会：

此篇文章作于1941年，而我身处2018年，第一次捧读这篇77年前的文章，依然具有醍醐灌顶之感。毛泽东身处战火缭绕的混局之中，依然可以从大局出发对党内问题做出清晰的判断，实属不易。

打江山容易，守江山难。其实不只是在抗战时期，现如今稳定的和平时期也存在着这样那样的问题。通读文章，毛泽东从学习方法和学习制度角度分析和指出党内存在的诸多问题，其中的教条主义引起了我的注意。学习之初，我对于学习的目的一直困惑不解：学习的知识到底该在何处应用？如此抽象的概念真的会对我们的现实生活有帮助吗？书本上的知识一定是正确的吗？随着时间的推移，我似乎找不到答案，索性也不再去思考这些问题，用文章中的话说就是“理论和实际分离”，导致的结果就是“一心向往的，就是从先生那里学来的据说是万古不变的教条”。

直到读了这篇文章，我又重新开始思考这些问题。我们所学的知识到底能否运用到日常生活当中？以我的专业——会计学来说，我们会学习宏观经济学、微观经济学等课程，上课时老师通常会说某个方法可以用来分析最近的热点问题（如二孩政策）等，然而扪心自问，谁又能在课下真正自主地运用这些方法，去分析我国新出台的政策对经济发展的影响呢？似乎分析社会现实问题成为经济学家的专属，这就是把理论和现实割离的表现。只把理论当作理论，理论就丧失了生机与活力；只有把理论应用到实践中，理论才会成为我们认识世界和改造世界的工具。

作为大学生，我们具备的知识体系虽然还不是太完善，但是我们也可以用自己现有的知识去认识这个世界，并不断地完善自己的知识网络，而不是割断它与现实的联系。从现在开始，在学习的过程中，我们可以多思考理论与现实的联系，这样做不只可以帮助我们更好地理解理论，还可以为理论和实际之间架起桥梁。

在文章中，毛泽东并没有一味地去指责和批评，而是说："我们走过了许多弯路，但是错误常常是正确的向导。"犯错误并不可怕，可怕的是你没有承认它和改正它的勇气。这句话应用到现在依然具有合理性。

品读经典的魅力就在于此：以史为鉴，开拓创新。前人为我们积累了经验，我们要善于去理解它、吸收它、利用它，才能少撞一些南墙，少走一些弯路。

指导教师：范建明

品读者：2016 级国际市场营销二班　2016041503　朱赵谒

记忆最深刻的经典金句：不注重研究现状，不注重研究历史，不注重马克思列宁主义的应用。这些都是极坏的作风。这种作风传播出去，害了我们的许多同志。

品读心得体会：

近日，我在闲暇时拜读了毛泽东同志的一篇文章——《改造我们的学习》。这篇文章是毛泽东同志 1941 年在延安干部会上做的报告。在这篇文章里，毛泽东同志主张将全党的学习方法和学习制度改造一下，并指出在党内出现的三个严重性问题，即不注重研究现状、不注重研究历史、不注重马克思列宁主义的应用。随即他在文中引出两种互相对立的态度：主观主义的态度与马克思列宁主义的态度，并分别做出了解释与分析。在文章末尾，毛泽东同志针对之前提出的三个问题提出了他自己的建议：学习应做到理论与实践相结合，实事求是，脚踏实地，做到有的放矢。

整篇文章读下来，我并不觉得枯燥乏味，反而深感受益匪浅。今天离此篇文章出世已有 77 年的光阴，在当时那批共产党人身上出现的问题如今亦出现在了整个社会环境之中，文中的句句真理在今日看来非但不过时，反而直戳要害，仍具有深刻的指导意义。

毛泽东同志认为，在当时的政党集体中，鲜有人会去注重现状的研究，不系统地收集资料，只是满足于一知半解。在当今的大学生团体里，大部分的同学也只会满足于课本里的基础知识，很少有人会在课下对知识点做一个更加深入、详细、系统的调查了解，忽略独立思考的重要性。随着大学生在社会集体中的更加普遍化，“大学生”这个称号似乎不再被赋予“天之骄子”的特殊意义，而不少大学生自身也降低了对个人的要求，只求大学修满学分，顺利拿到文凭。大家往往忽视了大学与中学时代的一个差异点：相较于教你什么学什么的中学而言，大学是一个学习智慧的阶段，大学生通过对某一专业的深入探索求得自己所需的知识。

因此在我看来，毛泽东同志的提议简短却又切中要害：学习应从客观的真实情况出发，而不是从主观愿望出发。就如我如今就读的市场营销专业是一个属于需要掌握多方面知识的学科，然而除了专业知识以外，我们对其他学科的知识的了解只是一点皮毛，所以，若只是简单地了解课本知识而不在课外强化、丰富自己，那么将来也很难在这一行业做得优秀。

在文中，毛泽东同志不止一次地提及“理论与实际相结合”“做到有的放矢”的观点，他写道：“虽然读了马克思列宁主义的普遍真理，但是消化不了，只会片面地引用马克思、恩格斯、列宁、斯大林的个别词句，而不会运用他们的立场、观点和方法来具体地研究中国的现状和中国的历史，具体地分析和解决中国革命的问题。”此话虽是批评当时的个别共产党人，但也同样适用于今日中国的学术环境。尤其是对于现在的大学生来说，处在单纯美好的大学校园与复杂多变的社会环境之间，如何将书本中的理论知识有效地运用到未来的实际工作中也一直是大学生们入校以来的疑虑。我们都知道，我们将来工作所要面临的问题就如生活一般变化无常，而书本上的概念是固定的，在遇到具体问题时，若只能拿出课本里的条条框框自然是行不通的。因此，如今大多数高校都鼓励应届生参与实习，通过实习在正式入职前将理论知识与实际操作相结合，学以致用，从而减小应届生毕业后在工作中的不适应感。同时，也正如毛泽东同志所倡导的那样，我们的学习、改进是为了更好地建设我们的祖国，我们不是为了学习而学习，而是有目的、带着问题、有方法地结合实际学习，若一切的研究都不从中国自身实际出发，连自己国家的学术历史都不曾了解，那么我们的一切改造都只能是空谈。

在文章的结尾有一句话：“我们走过了许多弯路，但是错误往往是正确的先导。在如此生动丰富的中国革命环境和世界革命环境中，我们在学习问题上的这一改造，我相信一定会有好的结果。”中国有句话：“活到老学到老。”学习是我们每个个体所必须坚持的事，而将我们的所学运用于实际之中便是最大效益。作为中国新时代的继承人，我们想要改造世界的前提是认识这个世界，而在认识世界之前，我们需要在了解情况和掌握政策的条件下改造我们的学习方式和态度。

我想，经典之所以能够世世代代地流传下来，正是因为它所散发的思想不但能推动时代的发展，同时也能顺应环境的变迁，永远都闪耀着人类智慧的光芒！

指导教师：范建明

品读者：2016级人力资源管理三班　2016032314　刘易

记忆最深刻的经典金句：墙上芦苇，头重脚轻根底浅；山间竹笋，嘴尖皮厚腹中空。

品读心得体会：

那是一个怎样的时代，依靠我浅薄的认知，我只明了马克思列宁主义是在中华民族受尽凌辱之际，在华夏儿女的心灵千疮百孔之时，像一针强心剂打进了中国共产党的心脏，于是历史唯物主义、辩证唯物主义世界观开始流进了中国人的血脉。

纵然马克思列宁主义的普遍原理与中国革命实践越发紧密地结合，纵然马克思列宁主义是我党抗日战争胜利的有力武器，纵然我党将马克思列宁主义拿起并以此拯救、解放了民族，我们也不得不承认，在这其中，党内不成熟的学习方法和学习制度曾一度使我党陷入了一个尴尬的境地。

因而，毛泽东同志在《改造我们的学习》这篇文章中这样说道："我们的问题是：不注重研究现状、不注重研究历史、不注重马克思列宁主义的应用。"

不注重系统地研究现状，浮夸的主观主义思想让共产党人满足于一知半解，拾人牙慧；不注重有组织地研究历史，提及则必言希腊，零星捡来外国故纸堆里的故事，从而不见辉煌的中国古代史和屈辱的中国近代史，陷入混沌；不注重马克思列宁主义的应用，恪守亘古不变的教条，搭建为学而学的空中楼阁，于是立足不了革命实践的土壤。这些违反马克思列宁主义思想的处事态度，脱离理论与实践统一的原则的行为作风，不仅害了我们的党员，也害了中国的革命。

毛泽东同志巧妙地运用了一个对子来形容这类人：墙上芦苇，头重脚轻根底浅；山间竹笋，嘴尖皮厚腹中空。"根底浅"，浅的是不知中国历史，不解当前实际，不明马列精神；"腹中空"，空的是研究空洞理论，凭借主观热情，脱离客观实际。对于这样华而不实的共产党人，毛泽东同志则狠下批语——他们是没有党性或者说是党性不完全的，并且劝诫他们记下对子或者张贴在墙上警醒自己。

古语有云："以铜为镜，可以正衣冠；以史为镜，可以知兴替；以人为镜，可以明得失。"读罢《改造我们的学习》此文，我不禁反思当下，我们是否还是主观主义的傀儡、教条思想的奴隶？思索许久，我想这些问题还是或多或少存在于我们之中的。

我们所面临的是21世纪的快速发展，是人才辈出的时代，是必须靠真才实学立足社会的时代，而那些还认为学习只为考试、只为成绩的人对此竟未有清醒的认识。我们所需要了解的是中国不再是曾经满目疮痍的中国，而是在稳步前行、慢慢崛起的巨龙，我们应该立足历史，规划学习，规划未来，结合当代实际，结合自身实际，把马克思列宁主义的世界观、方法论贯穿始终。

希望我们不是那墙上芦苇、山间竹笋。

指导教师：张寒梅

品读者：2016 级资产一班　2016054134　李俊洁

记忆最深刻的经典金句：马克思、恩格斯、列宁、斯大林教导我们说："应当从客观存在着的实际事物出发，从其中引出规律，作为我们行动的向导。"

品读心得体会：

读毛泽东的《改造我们的学习》让我感触很深，每一种学习方法和学习制度都应该与时俱进。以党的学习方法和学习制度为例，马克思列宁主义的普遍真理和中国革命的具体实践日益结合，才有了现在中国共产党的如此局面。

从小的方面来讲，这种党的学习态度对于我们的课程学习同等适用，将优秀的人的学习方法和学习制度与自己的实际学习状况相结合，诊断出自己的学习存在的问题，并将其改正，学习成绩必然得以提升。

从大的方面来讲，对于我们以后做的任何工作也同等适用，对周围环境做系统的、周密的研究，从实际情况出发，不单凭想当然，不凭七分热度，不凭死的知识，而凭客观存在的事实，详细地查阅资料，从这些资料中引出正确的结论，从结论中引出其固有的而不是臆造的规律性，找出周围事物的内部联系，作为我们工作的向导。

在这篇文章中，毛主席还指出了当时中国共产党存在的缺点，并讲到不纠正这类缺点，就无法使我们的工作更进一步。虽然这篇文章的写作日期已经久远，但在我看来，这些缺点如今仍然存在于我们社会中。"闭塞眼睛捉麻雀"，"瞎子摸鱼"，粗枝大叶，夸夸其谈，满足于一知半解，并未像马克思、恩格斯、列宁、斯大林教导的那样认真地研究情况，从客观的、真实的情况出发；认真地研究现状的气氛不浓厚，认真地研究历史的气氛也不浓厚。有的人学习国际的革命经验时，则是单纯地学习，没有消化，只会片面地引用马克思、恩格斯、列宁、斯大林的个别词句。

通过这篇文章，我了解到毛主席对党当时的状况剖析得很透彻，并提出了对改造学习的三条建议：系统周密地研究周围环境；对于近百年的中国史，应聚集人才，分工合作地去做，克服无组织状态；对在职干部的教育和干部学校的教育，应确立以研究中国革命的实际问题为中心，以马列主义基本原则为指导的方针，废除静止地、孤立地研究马列主义的方法。

从中我了解到，毛主席从各个方面剖析党内存在的问题并提出意见，我们也该从生活、学习、工作等方面去剖析自己的不足并想出合理的改进方法，这样才足以承担我们身上的责任。读《改造我们的学习》，使我认清了学习的方向，端正了学习的态度，学会了学习的方法。

指导教师：杨小红

品读《反对自由主义》有感

作者：毛泽东

文献简介：本文写于 1937 年 9 月，当时中国革命正处于建立国共统一战线的重要时期。毛泽东写这篇文章主要是为了警醒党员们，不要被自由主义的思想腐蚀了。毛泽东在这篇文章中列举了自由主义的十一种表现，剖析了自由主义的危害、来源以及自由主义者的思想方法，号召共产党员要用积极的思想斗争，克服思想上的自由主义。这篇文章，对于纠正党员在思想上的不正之风，起了很大的作用，后来成为延安“整风运动”和历次党内教育的重要学习文献。

品读者：2016 级财务一班　2016052122　罗宁波

记忆最深刻的经典金句：我们主张积极的思想斗争，因为它是达到党内和革命团体内的团结使之利于战斗的武器。每个共产党员和革命分子，应该拿起这个武器。但是自由主义取消思想斗争，主张无原则的和平，结果是腐朽庸俗的作风发生，使党和革命团体的某些组织和某些个人在政治上腐化起来。

品读心得体会：

看到题目时我有些疑惑，我们年轻的一代都推崇自由，都希望能够在生活上和心理上得到自由，为什么毛主席要反对自由主义呢？仔细阅读了毛主席的《反对自由主义》，我才明白原来文章所“反对”的自由主义是指党员们在政治上、思想上、组织上、作风上的自由主义。

毛主席列出了 11 种自由主义的表现，句句一针见血，令人深思。

第一种：“因为是熟人、同乡、同学、知心朋友、亲爱者、老同事、老部下，明知不对，也不同他们作原则上的争论，任其下去，求得和平和亲热。或者轻描淡写地说一顿，不作彻底解决，保持一团和气。结果是有害于团体，也有害于个人。”这是组织上的自由主义，看到第一条我就不得不思考，这样子看来我不就是一个组织上的自由主义者吗？我们活在一个人情社会里，谁能保证自己会没有那些行为呢？熟人、老乡、同学、好朋友或者室友，当他们犯了错误，我们真的能做到批评吗？保持和气多好啊！但没想到一味地保持这种和气不仅不利于个人，也不利于团体。看到这里我就想到了寝室生活。室友们晚上开起了“卧谈会”，聊得越来越起劲，但你却想睡觉了。你提醒了他们你要睡了，但他们依旧兴致高昂地在高谈阔论。此时想要睡觉却又睡不着的你，会怎么办呢？

“办事不认真，无一定计划，无一定方向，敷衍了事，得过且过，做一天和尚撞一天钟。这是第九种。”这是作风上的自由主义，他告诉了党员们要踏实做好本分工作，不可懒散懈慢。尽管这句话是毛主席当时写给党员同志们的，但对于现在我们的大学生不也值得警醒吗？大学的学习生活更加自由，没有高中老师每天逼着你去学习，留给你的课余时间更加的多。很多同学在这样的环境下得到解放，被“自由主义”侵蚀。这些同学没有自己的学习目标与规划，对学习变得懈怠，每天一有时间便窝在宿舍追剧、打游戏，直到期末时，才突击复习一下。他们整个大学四年都过得浑浑噩噩，无所事事，直到最后发现自己这四年似乎什么都没有学到，才又开始感到后悔。

“自己错了，也已经懂得，又不想改正，自己对自己采取自由主义。这是第十一种。”《左传》中有这句话：“知错能改，善莫大焉。”这句话每个人都知道，但很多人都不放在心里。其实很多人生道理在自己不狠狠地摔个跟斗前是记不住的。就像抽烟的人，烟盒上写着抽烟有害身体健康，但他就是不能够戒烟。你明知道自己不应该沉迷于游戏，但你还是一有时间便把精力奉献给游戏。

《反对自由主义》让我感触很多，每句话都值得我借鉴与反思。

指导教师：屈莲华

品读《实践论》有感

作者：毛泽东

文献简介：本文写于1937年7月，是毛泽东为了用马克思主义的认识论观点去揭露党内的教条主义和经验主义（特别是教条主义）这些主观主义的错误而写的。因为文章的重点是揭露看轻实践的教条主义这种主观主义，故题为“实践论”。

品读者：2016级国际市场营销二班　2016041522　苏渝

记忆最深刻的经典金句：通过实践而发现真理，又通过实践而证实真理和发展真理。从感性认识而能动地发展到理性认识，又从理性认识而能动地指导革命实践，改造主观世界和客观世界。实践、认识、再实践、再认识，这种形式，循环往复以至无穷，而实践和认识之每一循环的内容，都比较地进到了高一级的程度。这就是辩证唯物论的全部认识论，这就是辩证唯物论的知行统一观。

品读心得体会：

以前因为学习政治，我对于“实践”二字有了一些了解，但是并不深刻。不过这次在反复阅读了毛主席的《实践论》之后，我感触颇深。因为这一次的阅读，我第一次很深刻地认识和了解到了实践与理论的关系，受益无穷。

《实践论》主要讲述的是理论和实践的关系，指出认识是依赖于实践的，与人的历史发展密切相关，一旦脱离人的实践活动，认识将会变得没有任何支撑力。

文中提到，马克思主义者认为人类的生产活动是最基本的实践活动，是决定其他一切活动的东西。这就告诉我们：人类的一切认识都来源于生产活动，而人类的生活问题的解决又都是基于这些认识，同时生产活动也为人类的认识发展奠定了基础。不可否认的是，马克思主义理论较之于其他理论更加先进的最主要原因就在于它将理论与实践相结合，在实践中检验真理、丰富真理、不断发展真理，而不是如其他理论一样泛泛而谈。与此同时，毛主席在文中还提到，战争的领导者如果没有一点点战争的经验是不可能带领军队胜利的，往往都是经历了战败，再在战败中吸取教训、总结经验，形成了一套较好的、完善的战争理论，才能更好地带领军队胜利。我们伟大的先辈、将领们也正是在一场场的失败战争中吸取教训、总结经验，形成了一套好的理论，才能在后面的一场场战争中带领军队取得胜利，才有了新中国；也正是因为毛主席把中国的实际情况和理论相结合，才走出了一条具有中国特色的革命道路，带领着中国走上了一个更好的台阶。

而文中的“只有人们的社会实践，才是人们认识外界的真理性的标准”，就告诉了我们，一切事物的各个方面都必须要符合客观外界的规律，如果不符合，就会在实践中失败，就好比一个人若是空想，却不贴合实际，终究只会是空想。当然，认识或理论是否正确，不是依主观上觉得如何而定，而是依客观上的社会实践的结果如何而定。

文中还提到了关于认识的过程，其步骤为：“第一步，是开始接触外界事情，属于感觉阶段。第二步，是综合感觉的材料加以整理和改造，属于概念、判断和推理的阶段。”这告诉我们，感觉到了的东西，我们并不能立刻理解它，只能从外表进行简单的猜测，而只有理解了之后才能深刻地感觉它，知道它的本质。感觉只能解决现象问题，而理论才能解决本质问题。不过，归根结底，所有问题的解决都离不开实践活动，实践活动才是解决问题最主要的源头。除此之外，感性和理性二者的性质虽不同，但又紧密联系，当它们在实践的基础上时就会变得统一起来。我们应当明白，感性是认识的初级阶段，理性则是认识的深入阶段，从感性到理性，便是一个由浅入深的阶段。文章更是指出：“认识有待于深化，认识的感性阶段有待于发展到理性阶段——这就是认识论的辩证法。”这就教导我们，无论做什么事情，都不能停留在感性的层面，须将感性的认识经过深入的思考，形成理性的认识。

众所周知，实践是检验真理的唯一标准。真理一定是符合逻辑的，但符合逻辑的却不一定是真理。理论究竟是不是真理，最终还要靠实践来检验，靠实践来证明其是否可以站住脚。

作为当代大学生，我们要学会在生活中总结经验，在实践中检验理论的可行性，更应该明白：课本上面的理论并不一定全是正确的，我们应该将其与如今的实际情况相结合，进行实时更新，不能形成“前人的就是正确的”的固有观念，要勤于思考、敢于推翻，只有这样，才能更好地推动社会的发展与进步。

指导教师：范建明

品读者：2016级经济统计二班　2016105241　钱鑫

记忆最深刻的经典金句：实践高于（理论的）认识，因为它不但有普遍性的品格，而且还有直接现实性的品格。

品读心得体会：

只有感官的认知是模糊的，离开行动的实践是空洞的，而在我看来，《实践论》便是对马克思辩证唯物认识论的解释与升华。

《实践论》指出，人的认知从根本上来源于实践，人们只有从社会实践中，才能获得对于外界认知的真理。而现实中的实际情况也是这样的，只有在社会实践过程中，现实达到了思想中所预想的结果时，人们的认知才被证实。例如，小时候听妈妈讲故事，我知道青蛙是由小蝌蚪变成的，但是我对于这件事只有模糊的认知，并不知道其变化的过程。而后，我通过一定时间的观察，了解蝌蚪成长的过程，才真正地了解了小蝌蚪变青蛙的过程。通过做实验的方式，用自己的行动从实践中把模糊的认知弄清楚，这便是我所理解的“实践出真理”。

而人类的实践则是从认识开始的，开始看到各个事物的表象方面，看到这个事物的各个片面，有了首要的印象与感觉认知，这便是认识的感觉与印象阶段。而通过首要的感觉认知，大脑里面有了很多印象，再经过社会实践的继续，使这种印象反复，于是在人们脑子里面有了一个突破，产生了概念，抓住了事物的本质、内部的联系。正是有了这个过程，才使得社会生产力不断发展，人类社会不断地进步。例如车的演变，六千多年前，人们发现运石头时，圆木滑动更加省力，便有了滚木拖运。五千多年前有了独轮车和马车。随着人们的认知水平不断提升和实践经验不断累积，后来有了四轮马车、蒸汽汽车等，而现在更是有了环保电瓶车、天然气机车、磁悬浮列车。从车的演变也能说明，人们从认知到实践到行动的过程，也就是理论联系实际。

在人们对于一个事物的整个认识过程中，最重要的阶段也就是理性认识的阶段。而认识的真正目的在于经过认知逐步了解客观事物的内部矛盾，了解它的内部规律，了解通过外部感官而深度了解的内在联系，即到达于伦理的认识，也就是理性的存在。也就是说，伦理的认识之所以和感性的认识不同，是因为感性的认识是属于事物之片面的、现象的、外部联系的东西，实践的过程则推进了一大步，达到了事物的全体的、本质的、内部联系的东西，因而让人能在周围世界的总体上、在其内部联系上把握这个世界的发展与价值。例如，爱迪生在发明电灯时，在实验室中不断进行各种材料试验，最初的时候，尝试了碳和钌材料进行实验，但成果并不理想，只是使灯泡亮了起来，仍存在材料的程度不够、易被烧断的问题。但是他仍不放弃，面对失败不气馁，仍然继续着灯丝实验。最终其六千多次的实验，既体现了这个事情的难度，也体现了爱迪生通过实践认知真理的决心。也正如“功夫不负有心人”这句谚语所说，在这么多次的实验之后，他终于发现了钨丝可以作为电灯材料，而且这种材料是灯泡的绝佳材料，因为其发出的光十分明亮，不易烧断，适合长期使用。如此，灯泡便慢慢进入了寻常百姓家，成为黑夜中必备的照明工具。所谓“失败是成功之母”便是这样，实践出真理。

总的来说，通过实践来发现真理，又通过实践来验实真理和发展真理。人们认知、重复、内部探究、再全面认识，也便是从表面认知到理性认知，达到了一个反复认知的循环，从而更加深切地认知事物，达到全面认知，甚至更高一级的认知。

不过认识运动至此还没有完结，对于马克思主义的哲学来说，这只是所谓的理论依据产生的非常重要的那一半。马克思主义的哲学认为非常重要的问题，不在于客观规律性能够解释世界，而在于用这种对于客观规律性的认识去能动地改造世界。

同样，这也是我们所需要学习的精神，不仅要彻底贯彻马克思主义思想，更要把马克思主义思想付诸行动，全面认知事物，探究事物，得出真理，并用于生活实践！

用认知带来真理，用行动带来力量！

指导教师：钱晓东

品读者：2016级人力资源管理三班　2016032343　邱方媛

记忆最深刻的经典金句：认识的真正任务在于经过感觉而到达于思维，到达于逐步了解客观事物的内部矛盾，了解它的规律性，了解这一过程和那一过程间的内部联系，即到达于伦理的认识。

品读心得体会：

从小就知道，中国的首都是北京，北京有个天安门，天安门上挂着的，是伟大主席毛泽东的画像。从《为人民服务》里的“人固有一死，或重于泰山，或轻于鸿毛”，到《沁园春·雪》里霸气的“数风流人物，还看今朝”，又有《沁园春·长沙》里豪迈的“问苍茫大地，谁主沉浮”……在我心中，毛泽东永远是自信伟岸、意气风发的。到大学我上了中国近现代史纲要课、毛泽东思想和中国特色社会主义理论体系概论课、马克思主义基本原理概论课，老师们深入分析了毛泽东思想的形成与发展，结合各类资料文章，我在老师的带领下一点点走进伟人的生平，对毛主席也有了新的认知。

这是一个全新的机会，我安静地在电脑前阅读毛泽东的著作。在《毛泽东文集》《毛泽东选集》《毛泽东军事文集》里，我选择了选集。一来是因为其他著作都深奥晦涩，不好读，二来是因为毛泽东选集里的内容都是频繁出现在书本上的，是可以看出毛泽东思想进步发展的重要文献。在选集中，我选择了《实践论》。

社会实践是人们对于外界认识的真理性的标准。只有在社会实践过程（包括物质生产过程、阶级斗争过程、科学实验过程）中，人们达到了思想中所预想的结果时，人们的认识才会被证实。这段话在高中课本上虽然用了非常简单的举例以及多到难言的论述来解释，可仍然让我似懂非懂。当我用了一个小时认真读完《实践论》全文之后，才发现这篇文章真可谓字字珠玑，意味深长。毛主席论述了各个历史时期的各个意识形态下的社会实践是怎样的，具有哪些弊端和何种进步性，表明了一个观点：实践是由浅入深的。在实践不断深入的过程中，人们的认识由感性片面的逐步上升为伦理概念性的，最后二者又统一于实践中，指导实践的发展。在文中，毛主席强调的是知行合一，是反对本本主义、教条主义和经验主义，强调由现有认识首先进行实践，在实践中发现问题、解决问题，并改变固有的认识，之后再不断升华认识，形成适合当前阶段的较为精准的理论。我印象最深刻的就是近几年国家大力开展的扶贫工作，由最初的一区一片的无针对性的扶贫，到最近卓有成效的精准扶贫。在第一阶段的扶贫工作中，人们发现笼统的措施不一定对每一个地区或每一户人家有效，由此产生了需要政府解决的问题，而后因地制宜，实地考察，并结合当地人的诉求，才逐渐针对每一村、每一户形成了高效的、正确的扶贫政策。这就是在物质生产过程中，感性的、粗浅的扶贫认识逐渐发展为科学的、理性的政策性认识。

学习了《实践论》，我明白了：

第一，没有实践，就没有发言权。今年暑假的社会实践调研很有力地证明了这一观点。没有走出家门去和不同年龄层、社会层的人交谈，走到社会中去采集数据，我是不可能形成自己的报告的，我的想法和观点也就是没有实践支持的、虚伪的数据，是独自臆想的没有意义的结论。只有在实践中，才能检验认识的正确性，进而形成真理性认识。就像每次国家新的发展规划总是试点先行，就是要发现问题，总结经验，完善理论制度，再在全国范围内推行。

第二，实践是不断发展的，认识也是不断进步的，理性的认识最终要回到社会的实践中去，实践、认识、再实践、再认识，这种形式是螺旋式循环而上升的过程。例如，毛泽东思想的形成和成熟有诸多阶段，在每个阶段中国的具体国情不同，由此形成的思想也就不同。《湖南农民运动考察报告》《井冈山的斗争》《星星之火，可以燎原》《论持久战》《新民主主义论》《论十大关系》《关于正确处理人民内部矛盾的问题》等，每一篇文章的诞生都有它适合的时代背景，指导的也是特定环境下的实践活动。正是毛主席关注革命态势，不断更新思想观念，明确新的革命任务，提出新的工作方案，他才能协同全党，不断领导中国革命走向成功。

第三，真理是具体的，有条件的，任何真理性的认识都有自己的适用范围。现阶段的中国，多民族，多地势类型，情况复杂而多变，所以理论制度也具有多样化特征。“实现东部新跨越”“西部大开发”“中部崛起”这三大战略是国家对不同地区制定的不同的发展规划，针对不同地区的不同实际情况而产生的。这三大战略因为适合各个地方的风土人情、矿物资源、人力物力和历史沿革等地方性因素，才会有如今的这般作用，带动了三部分经济体全新发力，再创辉煌。如果罔顾真理的适用条件，将三大地域的振兴战略乱用一气或只有一套方案，还能取得如此效果吗？结果显然是不行的。

第四，实践才是推动个人以及社会发展的直接动力，离开实践的认识也是不可能的。这句话对我的学习有很大的启发性和激励性。如果我只是上课听听讲，不去通过做题、读书和通过专业实践来检验，是很难完全理解知识并形成自己的认识的。在实践失败之后，我才能从失败中取得教训，改正自己的认识，使之适合外界的规律性。

这是我第一次认真研读毛主席著作，细细品味，私下阅读获得的理解和课本上硬性死板的概念还是不同的。我不只在主观世界上受到了极大冲击，在写作上也是受益匪浅。毛主席的文章中那种严密的逻辑性、强有力的论证、层层递进的分析方法、深入浅出的案例说理等，都使文章做到了通俗易懂、平易近人。

大多数事都是说来容易，做来百倍艰难。进而方知实践是必需的，认识是要进步的。

指导教师：张寒梅

品读者：2016 级人力资源管理三班　2016032343　邱方媛

记忆最深刻的经典金句：通过实践而发现真理，又通过实践而证实真理和发展真理。

品读心得体会：

一部不朽的著作的诞生，必有历史长流集汇弯转，奋发之情怀欲破天际。

毛泽东的《实践论》便是在“说难孤愤”之时挥笔作下的一篇历史著作。

在“左倾”教条主义逐渐“包围”党内正确理论，“山沟里出不了马列主义”的思想大风席卷全党时，在经验主义片面错误地指导党内工作盲目前行时，毛泽东用一篇《实践论》，把党的思想和行动拉回了正确轨道，将马克思主义哲学与中国革命实际紧密结合，注入了党的灵魂。

毛泽东对马克思主义哲学准确把握，不把马克思主义理论的只言片语当作理论指导，不唯书、不唯上，而是将理论与具体的革命实际结合，用简单易懂的文字解释实践和认识的关系，分析认识发展的过程，指导革命任务。

实践性是马克思主义哲学最显著的特点之一。在《实践论》中，毛泽东将实践的观点贯穿其中，并且将实践论和认识论相结合，针对现阶段出现的错误，阐述了自己对辩证法的认识。毛泽东首先阐述了实践对认识的作用，强调人类的生产活动是最基本的实践活动，并且认识随着生产活动由低级向高级不断发展。人们需要通过社会实践，检验认识的真理性，即“真理的标准只能是社会的实践”。接着，毛泽东论述了认识发展的过程，最主要的是感性认识和理性认识的辩证关系，“认识有待于深化，认识的感性阶段有待于发展到理性阶段——这就是认识论的辩证法”，“理性认识依赖于感性认识，感性认识有待于发展到理性认识，这就是辩证唯物论的认识论”，并指出唯理论和经验论是错误的。最后，毛泽东指出认识会随着内部矛盾和斗争而不断发展，并反对机会主义和冒险主义，主张将主观和客观、理论和实践、知和行具体的历史的统一起来。

我每一次阅读毛主席的《实践论》，都会有新的感受和认识；每一次通览《实践论》，都会对“知行合一”有更深刻的认识；每一次反复品味文章里的段落和细节，对毛主席的敬佩都会油然而生，认为其确如所说——“非一般人所及”。在我所读过的毛主席的文章里，我最喜欢《实践论》。第一次读《实践论》，我便能清晰地理解“通过实践而发现真理，又通过实践而证实真理和发展真理”这样的道理。接着每重读一次《实践论》，结合革命大背景的实际情况，细细品味每一个经典片段和分析，我都会对实践与认识的关系有更深刻、更形象的理解。《实践论》指导着革命方向，在过去和现在甚至将来都占有重要地位。

在过去，《实践论》针对党内只是生吞活剥马克思主义的教条主义者，以及把目光局限于过去经验的经验主义者，指出他们的错误与局限，用浅显易懂的语言，并通过历史事件和一般现象指导着革命实践者。

在现在，《实践论》仍具有不可替代的指导意义。从个人层面讲，与我们息息相关的学习、生活以及未来的就业等，非常需要《实践论》的指导。如果我们能正确认识实践和认识的关系，理解感性认识到理性认识的过程，就可以正确对待生活里的谜题与困难。就大学生主要的任务——学习来讲，在这个过程中我们会被各式各样的问题难住。然而，如果我们不去实践、不去查资料、不去动手练习，我们仍然会处于困惑之中。好比一道应用分析题，如果不了解题目的实际内容，只把“光条条的”理论写上就不能算作正确答案。从我们未来一定会面临的就业来看，每一位应届毕业生都可以从前辈那里得到很多经验，但是，你无法预测未来你将面临什么，只有通过实践，你才能从自己的实际经历里总结出更多的认识。“不入虎穴，焉得虎子”便是这个道理。进入公司后，你渐渐了解公司的规章制度、部门关系、运作机制等，再逐渐形成联系，有了最初的感性认识。从职场“菜鸟”到专业精英，都需要以实践为主导，通过实践，分析当前的主要问题，形成自己的认识，用此认识再去指导下次实践，并检验自己的认识是否具有真理性。反复实践，不断更新自己的认识是一个循环的过程。在这个过程里，感性认识会向着理性认识靠拢，实践会产生真知并不断提升我们的认识。正如毛主席提到的“吃一堑，长一智”。

从集体甚至国家的层面来讲，中华民族也是《实践论》的受惠者。习近平总书记指出：“改革开放是我们党的历史上一次伟大觉醒，正是这个伟大觉醒孕育了新时期从理论到实践的伟大创造。”我们必须在实践中找到发展方向，解决遇到的困难，不断寻找发展契机，从而彻底地解放社会生产力。只有用《实践论》的知识武装自己，才能有更加自信的面貌，坚持走中国特色社会主义道路，坚持对社会主义的不断探索。正如习近平总书记所说，“现在，我们比历史上任何时期都更接近中华民族伟大复兴的目标，比历史上任何时期都更有信心、有能力实现这个目标”。

《实践论》发表至今已有超过 80 年了。它在党国危难之际为中华民族开辟了一条新的道路，它的现实意义不仅没有随着时间的流逝而逐渐褪去，反而经受住了历史的考验，为后人增添了一份文化瑰宝。我们需要学习《实践论》，需要反复学习《实践论》，你若乘舟，它便助你顺风、顺水。

指导教师：张寒梅

品读《团结到底》有感

作者： 毛泽东

文献简介： 本文是毛泽东于 1940 年 7 月 5 日为延安《新中华报》写的纪念抗日战争三周年的文章。毛泽东指出："抗战的第四周年将是最困难的一年。我们的任务是团结一切抗日力量，反对投降分子，战胜一切困难，坚持全国抗战。一切共产党员必须和友党友军团结一致去完成这个任务。我们相信，在我党全体党员和友党友军及全体人民共同努力之下，克服投降，战胜困难，驱除日寇，还我河山的目的，是能够达到的，抗战的前途是光明的。"

品读者： 2016 级会计五班　2016051504　张翠

记忆最深刻的经典金句： 一切共产党员须知：只有抗战到底，才能团结到底，也只有团结到底，才能抗战到底。

品读心得体会：

通过阅读《毛泽东选集》中一篇名为《团结到底》的文章，我颇有感触。俗话说："团结一条心，石头变成金。"以前我对这句话耳熟能详却又体会不深。但在毛主席的笔下，描绘了一幅抗战时期中华民族团结一心、一致对外的生动画面，使我深刻地体会到了团结的力量。毛主席在文章中告诉我们团结就是力量，在面对敌人时，只有团结到底，斗争到底，不畏强暴，统一战线，才能战胜和驱逐敌人，维护我国的大好河山，实现中华民族的伟大复兴。家是最小国，国是千万家，我们是相亲相爱的一家人，我们要团结在一起，共同守护我们的美好家园。

毛主席在文章中说道："中华民族的兴亡，是一切抗日党派的责任，是全国人民的责任，但在我们共产党人看来，我们的责任是更大的。"天下兴亡，匹夫有责。共产党员在任何情况下都要发挥先锋模范作用，在人民群众面前起着带头作用，因此他们承担着更大的责任，但是我们每个中华儿女都有着自己的责任和使命。国之所以为国，家之所以为家，都在于我们的共同努力和拼搏。富有责任感和团结心对于每一位当代大学生来说都是不可缺少的品质，它们会在学习、工作和生活中发挥着潜移默化的作用，甚至成为在择业和就业过程中被领导者关注的重点，所以培养责任感和团结心是当代大学生的一堂必修课。

毛主席在抗日战争激烈进行的第三年写下了这篇文章，其中有着深刻的内涵和意蕴。对内，这篇文章有着激励和鼓舞人心的作用。虽然抗战时间漫长，抗战过程艰难，但是面对敌人的连番追击，我们依然坚信抗战的前途是光明的。对外，这篇文章有着震慑四方的功效。中华民族的坚韧已经深深地埋入了每个中华儿女的血液之中，代代相传，不可磨灭。虽然当时的国内外环境十分险恶，用“前有狼，后有虎”来形容再贴切不过，但是我们依然顽强不屈，迎难而上，奋勇杀敌，因为在中国人的字典里没有“投降”二字。

历史课本上对于抗日战争这段历史着墨较多，这是我们成长历程中的必学内容。抗日战争被称为中华民族历史上最伟大的卫国战争，是中国人民奋起抵抗和反击侵略势力的重要事件，更为世界各国人民夺取反法西斯战争的胜利、维护世界的和平与正义做出了重要的历史贡献。对于当代大学生而言，学习这段历史，领悟这段精神，应该是尤为重要的。在日常生活中，我们常常也会遇到困难，经历痛苦与失望的双重折磨，萌生放弃的念头，但只要想起先辈们在抗战中的英勇表现与永不言弃的精神，我们就没有理由放弃。我们应秉承先辈们的优良精神，在人生的旅途中披荆斩棘，勇往直前。

毛主席在文末号召我们通过共同的努力，达到克服投降，战胜困难，驱除日寇，还我河山的目的。我们是一个集体，我们是一个团队，我们更是一个大家庭中的成员之一，只有我们团结一心，每个人都意志坚定，才能创造属于我们的幸福，才能建设社会的和谐繁荣。历史，我们无法改变，但未来属于我们，由我们掌握。我们要将抗战精神尤其是团结到底的精神落实到以后的学习与生活中去，内化于心，外化于形，做到德智体美劳全面发展，为实现中国梦贡献自己的一分力量。

指导教师：秦筱萌

品读《关于纠正党内的错误思想》有感

作者：毛泽东

文献简介：本文是毛泽东于1929年12月为中国共产党红军第四军第九次代表大会写的决议的第一部分。中国红军从1927年8月1日南昌起义创始，到1929年12月，经过了两年多的时间。在这个时期内，红军中的共产党和各种错误思想作斗争，学到了许多东西，积累了相当丰富的经验。毛泽东写的这个决议，一方面是总结经验，另一方面是指出四军党内各种非无产阶级思想的表现、来源及其纠正的方法，并号召同志们起来彻底地加以肃清。

品读者：2016级贸易经济一班　2016012107　杨兰

记忆最深刻的经典金句：主观主义，在某些党员中浓厚地存在，这对分析政治形势和指导工作，都非常不利。因为对于政治形势的主观主义的分析和对于工作的主观主义的指导，其必然的结果，不是机会主义，就是盲动主义。

品读心得体会：

1929年古田会议通过了毛泽东所写的这篇《关于纠正党内的错误思想》。此篇文章总结了自1927年南昌起义以来红军的建设经验，批评了党内的各种错误思想，坚持以无产阶级思想来建设党和人民军队。此文章是中国共产党和红军建设的纲领性文件，后来对党和军队的建设发挥了重大作用。

对历史有所了解的我，知道自1927年南昌起义及秋收起义后，中共根据自身对马克思主义理论的经验所得，总结出来一条适合中国自身革命的发展道路，即工农武装割据道路。众所周知，任何新生事物的开始都会经历一个不断自我批评、自我完善的过程。《关于纠正党内的错误思想》是毛泽东等领导人对中国红军自建队以来的一次在思想上的大洗礼。其实，可以看出，那个时候的领导人对思想路线、思想培养、思想建树很重视，从思想的纠正方向与举措来看，马克思主义在思想指导上始终发挥着基础性、领导性作用，指导并引领着党内各种错误思想的纠正。这篇文章无论是在单纯军事观点、极端民主化、非组织观点、绝对平均主义、主观主义、个人主义，还是在流寇思想、盲动主义等错误思想的纠正上，都发挥了巨大作用。

最让我感兴趣的是对单纯军事观点的纠正。在 19 世纪上半叶，中国处于一个战火连绵中，不论是对于抗日战争还是国共内战，军队及其军事力量无疑是制胜的关键所在。自古以来，军队建设只有先正军心，明确军队宗旨，方可建设一支有组织、有纪律、有素质的战斗力强的军队，方能提升一个国家最根本的军事力量。此文章总结了自 1927 年南昌起义以来，中共红军存在的各种错误思想，纠清了其错误思想的来源以及表现，对症下药地提出了纠正措施。我想，对于当时的军事参与者来说，这一文章无疑解答了他们内心的许多疑惑，让他们找准了自己在中共红军中的前进方向，也能更好地约束自身行为，更好地将中共红军建设强大。不可否认地说，这次单纯军事观点的纠正让中共红军变得更为强大，为战争的胜利打下了必胜的思想基础。时至今日，军事力量依然是一个国家强大与否的重要判别指标，在党的正确思想的领导下，中国已然成为世界军事强国。不论何时，中共领导的马克思主义思想都是我们最强有力的思想武器。

回想先有马克思主义引领俄国十月革命成功，再有新文化运动将马克思主义思想传入中国，优秀的中共领导人在马克思主义思想的熏陶下，先后开展了多次革命。文章利用先进的马克思主义思想对自 1927 年以来的错误思想进行纠正，为以后的革命道路提供了正确的思想指导。说实话，我很敬佩那个时期的中国领导人，很崇敬领导人毛泽东，因为他能够将从未接触过的外来马克思主义思想变为己用，利用马克思主义的科学性与革命性将中国革命带上一个新的转折点。中国革命的成功离不开马克思主义，中国特色社会主义思想理论体系离不开马克思主义，马克思主义的科学性与革命性将会继续指导中国的发展，引领中国走向更好的未来，指导中国更好地进行社会主义现代化建设。

指导教师：谢书楠

品读《两个中国之命运》有感

作者：毛泽东

文献简介：本文是毛泽东于1945年4月23日在中国共产党第七次全国代表大会上发表的开幕词。毛泽东指出："在中国人民面前摆着两条路，光明的路和黑暗的路。有两种中国之命运，光明的中国之命运和黑暗的中国之命运。或者是一个独立、自由、民主、统一、富强的中国，就是说，光明的中国，中国人民得到解放的新中国；或者是另一个中国，半殖民地半封建的、分裂的、贫弱的中国，就是说，一个老中国……我们应当用全力去争取光明的前途和光明的命运，反对另外一种黑暗的前途和黑暗的命运。"

品读者：2016级策划一班　2016063106　黄彬

记忆最深刻的经典金句：我们的任务不是别的，就是放手发动群众，壮大人民力量，团结全国一切可能团结的力量。

品读心得体会：

这篇文章是毛主席在中国共产党第七次全国代表大会上发表的开幕词，主要阐述了两个中国之命运，在批判了蒋介石《中国之命运》一书中所鼓吹的中国命运的同时，明确论述了中国共产党所主张与追求的光明的中国命运。蒋介石企图通过污蔑共产党，分裂抗日民族统一战线，他所谓的中国命运，是半殖民地半封建的、黑暗的命运。相反，何为光明的中国命运？它是指在中国共产党的领导下，建设一个独立、自由、民主、统一、富强的新中国，使全国人民真正得到解放，使国家朝繁荣富强的方向发展。这是一次思想的论战，毛主席分析了当时国际和国内的形势，有力地驳斥了以蒋介石为首的国民党的反共宣传，对推翻国民党的第三次反共高潮起到了重要的作用。在此次大会的开幕词中，毛主席不仅对蒋介石的中国命运论进行了反击以及对抗日战争进行了总结，还为中国共产党、为中华民族及全国人民指明了战后发展的目标和方向。这篇文章振奋了人心，鼓舞了人民的斗志，为建设光明的新中国奠定了思想基础，也有利于团结世界人民，争取最后的胜利。

在那个时候，无论是从国际的形势还是从国内的情况来看，都是一个和平发展的难得时机。一方面，西方的世界反法西斯战争及东方的打倒日本帝国主义战争都即将取得胜利，国际环境将进入一个相对稳定的阶段；另一方面，在抗战的洗礼之后，中国共产党已经积累下很多经验，变得更加成熟、强大，在人民群众中的威信空前提高，我们还有面积超过 100 万平方千米的强大的解放区，有广大人民的支持和拥护以及世界人民特别是苏联人民的援助。毛主席胸有成竹，他坚信在中国已经具备这一系列前所未有的完备的条件的时刻，打败日本侵略者，建立独立、富强的新中国是完全可能实现的。

中国共产党成立于 1921 年，走到这时已经有 24 年之久了。其间，中国共产党带领中国人民经历了北伐战争、土地革命战争还有抗日战争，自始至终都为着亿万人民、为着挽救中华民族于危亡之中毫不懈怠地战斗着，接受着人民群众的考验，也因此在人民的心中渐渐树立起了威信。只有经得住历史考验的政党才是靠得住的政党，中国共产党做到了，它是中国人民解放及建设新中国的重心。追求光明的中国命运，就要坚持中国共产党的领导，团结全国一切可以团结的力量，集中全力向着同一个目标而奋勇前进。中国共产党始终秉承着全心全意为人民服务的宗旨，在建设新民主主义国家的工作中始终处于领导和核心地位。

指导教师：陈刚

品读《解放思想，实事求是，团结一致向前看》有感

作者：邓小平

文献简介：本文是邓小平同志在1978年12月13日的中共中央工作会议闭幕会上发表的讲话。这次中央工作会议为随即召开的十一届三中全会做了充分准备。邓小平同志的这个讲话实际上是十一届三中全会的主题报告。在这篇报告中，邓小平同志从解放思想是当前的一个重大政治问题，民主是解放思想的重要条件，处理遗留问题为的是向前看，研究新情况、解决新问题这四个方面回答和阐述了面对新的历史环境，我们的国家、民族应该怎么做以及为什么要这么做这个重大问题。

品读者：2016级策划一班　2016041627　黄伶俐

记忆最深刻的经典金句：只要我们大家团结一致，同心同德，解放思想，开动脑筋，学会原来不懂的东西，我们就一定能够加快新长征的步伐。

品读心得体会：

《解放思想，实事求是，团结一致向前看》是邓小平同志在1978年12月13日的中共中央工作会议闭幕会上发表的讲话。此次讲话为十一届三中全会做了充分准备，也就是为改革开放做足了准备。可以这样说，没有改革开放，就没有如今的中国，这足以看出此次讲话和改革开放对于中国的重大意义。

解放思想就是让我们不要被习惯势力和主观偏见束缚，要敢于突破旧思维、旧观念，发挥意识的主观能动作用来认识世界、改造世界。就比如说，当老师给我们布置一个我们从来没有做过的、极具挑战性的任务时，我们不要一开始就打退堂鼓，认为我们一定完不成。此时就要求我们解放思想，发挥意识的能动作用，不要一遇到困难就习惯性地退缩，而是要相信我们一定能够完成任务，只有这样我们才能真正地完成好老师布置的任务。

“实事求是，是无产阶级世界观的基础，是马克思主义的思想基础。过去我们搞革命所取得的一切胜利，是靠实事求是；现在我们要实现四个现代化，同样要靠实事求是。”这是原文中的一段话，我对这段话印象较深。在中华人民共和国成立后出现的“大跃进”和人民公社化运动，都是盲目求快、急于求成的错误行为，严重地违背了经济发展的客观

规律，极大地破坏了我国的工农业生产，导致国民经济发展严重失调，大大地打乱了人民生活秩序，给我国的经济发展带来了极大的阻碍。如果当时人们能够意识到这些行为不符合实际，而坚持实事求是，也许就不会出现这些现在在我们看来荒谬滑稽的行为。

此讲话虽然写于 1978 年，但是对于当今的中国仍然适用。在中国特色社会主义理论体系的指导下，不论是在政治、经济、文化方面，还是在科学技术方面，我们都应该坚持解放思想，实事求是，团结一致向前看。就以最近的中美贸易战为例，美国禁止未来七年中兴从美国进口芯片。中兴面对此种境况，应该要解放思想，实事求是，相信自己也可以研发出品质优良的芯片，从而加大对芯片研发的科技投入，减少对进口的依赖，只有靠自己才是硬道理，这样不仅可以提高自己的实力，还可以减少别人对自己的威胁。

解放思想，实事求是，不仅对于国家、对于企业、对于任何人都有重大作用，而且对于我们广大大学生来说，解放思想，实事求是同样重要。当今的时代是一个“不断创造机遇”的时代，身处这样的时代，我们的学习、交通、获取信息等方式，相比以前都有了翻天覆地的变化。为了更好地与时代接轨，我们需要不断适应新社会、新时代、新技术的发展，努力发现机遇、创造机遇，积极响应国家“大众创业，万众创新”的政策，解放思想，实事求是，团结一致向前看，发现适合自己的机遇，并努力抓住、把握住；找到自己努力的方向，制定相应的学习计划，只有这样才能学有所成，将来成为对社会、对国家有用的人。

指导教师：陈刚

品读者：2016 级国际贸易四班　2016013447　姜文婷

记忆最深刻的经典金句：一个党，一个国家，一个民族，如果一切从本本出发，思想僵化，迷信盛行，那它就不能前进，它的生机就停止了，就要亡党亡国。

品读心得体会：

此次，我阅读了邓小平的报告文《解放思想，实事求是，团结一致向前看》。毋庸置疑，这篇文章在历史上具有举足轻重的地位。它不仅是 1978 年邓小平在中共中央工作会议闭幕会上的讲话，也是十一届三中全会的主题报告。

在这篇报告中，邓小平从解放思想是当前的一个重大政治问题，民主是解放思想的重要条件，处理遗留问题为的是向前看，研究新情况、解决新问题这四个方面来回答和阐述了面对新的历史环境，我们的国家、民族应该怎么做以及为什么要这么做这个重大问题。

其中，令我记忆最为深刻的一句话就是：“一个党，一个国家，一个民族，如果一切从本本出发，思想僵化，迷信盛行，那它就不能前进，它的生机就停止了，就要亡党亡国。”这是毛泽东在整风运动中反复讲到过的，也是邓小平在文章中着重强调的一句话。

只有解放思想，坚持实事求是，一切从实际出发，理论联系实际，我们的社会主义现代化建设才能顺利进行，我们党的马列主义、毛泽东思想的理论也才能顺利发展。

邓小平强调：思想僵化，迷信盛行，就会亡党亡国！在我看来，这句话主要指明了思想和文化的重要性。

首先是思想。思想是民族之魂、民族之根。一个民族的思想就是一个民族生命的源泉。思想枯竭，民族就会失去活力；而对于一个人而言，只有能思想的人才真正是一个力量无穷的人！苏霍姆林斯基曾经说过："精神空虚、思想枯竭、志趣低下、愚昧无知等，绝不会焕发和孕育出真正的爱。"无论是对个人抑或是一个民族，思想的重要性可见一斑。思想落后必将导致制度落后，而制度落后必定会导致一个国家的落后。

回顾历史，我们不难发现，从清末的闭关锁国，到林则徐"睁眼看世界"，其中因为思想落后而历经的各种辛酸苦痛让国人不堪回首。

晚清视器物、科研为"奇技淫巧"，认为对器物的研究改进都是"玩物丧志"，而此时的西方正大力发展科技，蒸汽机的出现更是拉动了世界的发展进程；清朝对于现状不思改变，不自我反省，依然坚持着落后的封建制度，认为祖宗之法不可变，而此时人权意识已经成为西方社会的共识；在清朝统治者夜郎自大、闭关锁国之时，世界上已经掀起了浩浩荡荡的工业革命的热潮。因为思想不同、观念不同，中西方走向了两条截然不同的道路，而我们也为落后付出了惨重的代价。

正因为我们受过制度落后、思想落后的苦，吃过落后就要挨打的亏，所以我们在血泪的教训中明白了解放思想、开放思想的重要性。改革开放谱写了新时代的序章，但改革的不仅是制度，开放的不仅是国门，更重要的是眼界，是心胸，是思想！什么是思想？就是要敢思敢想，敢把不可能变成可能，能把不存在变成事实。

然后是文化。中华文化，源远流长。在中国长期的封建社会中，中国人民创造了灿烂的古代文化。四书五经、四大发明、书法绘画等，不胜枚举，这些都是我们珍贵的遗产。党的十八大强调，文化是民族的血脉，是人民的精神家园。如果一个民族失去了文化，无异于丢失了过去，那该是多么苍凉啊！而人民没有了文化，便会精神贫瘠，又该是多么悲哀！

我们应该做一个守卫者，保护我们的文化。我们应该做一个继承者，坚持文化自信，让我们的优秀文化继续传承下去。但是，同时我们也应该认识并甄别出文化中腐朽封建的那部分。不可否认，有些地方仍存在着一些传统陋习，有些封建迷信更是耸人听闻，不知残害了多少人的心灵和性命，让多少家庭变得支离破碎。对于文化，我们应当给以总结，去其糟粕，取其精华，继承这一份珍贵的遗产。现在这个日新月异、高速发展的时代更加要求我们勇于接受新事物、新思想。但这个"新"并不是标新立异，或是避俗趋新。为了彰显独立，一味地追求与众不同是不可取的；为了表现自主，鄙视和背弃老祖宗传承下来的文化更是愚昧的。我们要求实，更要创新！对待客观事物，我们应该实事求是，做到客观公正；对待旧事物，我们要学会判断、能够甄别，既不一味否决也不全盘接受。只有这样，才是一个真正会思想的人。

我们要拓宽视野，不囿于一方天地；我们要包容思想，去其糟粕，取其精华；我们要传承文化，也要崇尚科学，剔除封建迷信的一面，在继承中学会发展！

指导教师：沈顺祥

品读者：2016 级国际贸易一班　2016013132　王胡琪

记忆最深刻的经典金句：在党内和人民群众中，肯动脑筋、肯想问题的人愈多，对我们的事业就愈有利。干革命、搞建设，都要有一批勇于思考、勇于探索、勇于创新的闯将。

品读心得体会：

1978 年 12 月 13 日，邓小平同志在中共中央会议闭幕式上做出了此番重要讲话。那是中华人民共和国在中国共产党的有力领导下取得抗战胜利后的一个重要的过渡时期，中国共产党的政权在来自国内国外的各种阻挠之下终于得到了全国人民的支持和拥护，中国共产党党员和全国人民的思想和民族意识不断觉醒，渴望国家强盛的愿望深深根植于每个人民的心中。而百年以来的战争带来了中国社会的巨大改变，打破了封建时期闭关锁国、自以为国力强盛的局面，国家衰弱，问题和险阻一道又一道，机遇和挑战也接踵而至，中华民族复兴之路依旧艰难和漫长。

针对当时中国面临的种种急迫问题，邓小平同志带领全党在 1978 年召开的中共中央会议无疑是中国国力恢复和高速发展以及中华民族复兴的水墨画上不可忽视的一笔，而邓小平同志的这番发言更是这笔的点睛之处。“解放思想，开动脑筋，实事求是，团结一致向前看”的主题完全契合了中国发展的根本需要和主要方向。其中着重强调了四个问题：解放思想是当前的一个重大政治问题，民主是解放思想的重要条件，处理遗留问题为的是向前看，研究新情况、解决新问题。

首先，邓小平同志提出在党内和人民群众中都要解放思想，开动脑筋想问题、办事情，拒绝思想禁锢、因循守旧。对于民主思想刚刚发展起来的中国人民来说，西方的思想观念给我们带来了巨大的冲击，而我们依旧还禁锢在封建社会的旧思想里，要去除党内和人民的固化观念，解放思想是最重要的一步。而如今，我国人民的思想观念基本上已经解放，但封建时期的某些旧观念仍然存在，以及仍有过于吸收外来文化、不分糟粕的情况，解放思想、开动脑筋、实事求是依旧是目前我国发展的重要内容。

其次，讲话中强调，这个时期一定要着重完善民主集中制，保障人民权利、加强法制建设，做到功过分明、赏罚分明、伸张正气、打击邪气；工农阶级作为抗战胜利的主要力量，这一点针对人民的权益出发，着重体现了全心全意为人民服务的党的根本宗旨，以人民利益为重，作出的一切规划都考虑到人民生活质量的发展，着重强调要听取人民的好意见，做到“三不主义”，保障工农阶级的权利，同时要健全法制、完善法律体系以保证人民权利得到更好的保障。而如今，中国共产党依旧坚持着全心全意为人民服务的宗旨，在各个领域为人民奋斗着，切实做到了保障人民权利，把民生国计放在第一位；根据不断变化的实际国情完善已有法律的漏洞，增加更适应中国特色的法律条款，以更好地保障人民大众的权利。

再次，邓小平同志提出对于历史遗留下来的冤案、错案、假案，一定要有错必纠，对于“文化大革命”等问题要科学地、历史地来看，改正错误，向前看，真正实现全党工作重心的转变。这一点主要针对当时中国发展方向和途径的错误判断而进行了说明，虽然我国需要急切地发展以巩固成果和提升综合国力，但依旧要考虑到我国国情，从实际情况出发、实事求是，不能急功近利，要选择适合我国的道路和途径。既然错了，我们就不能视而不见，而是应该从中吸取经验教训，以更好地确定未来的发展方向。而就习近平同志提出的“一带一路”的新政策而言，便是中国共产党根据我国国情以及世界发展形势所做出的与时俱进的转变，契合了中国目前的和平发展的大国发展理念，加强了中国与世界各国的友好关系。

最后，邓小平同志强调全党全国人民更要积极研究新情况和解决新问题，克服官僚主义，加强责任制，实行先富带动后富的经济政策，最终实现四个现代化的伟大目标。这一点主要强调了在经济方面应该怎样管理和发展的问题。经济方面的管理要绝对消除官僚主义，用经济的方式进行更加有效、合理的管理，而管理制度主要依靠责任制。而要健全责任制，发挥责任制的作用，有三点需要做到：一要扩大管理人员的权限；二要善于选用人员，量才授予职责；三要严格考核，赏罚分明。经济发展不能一蹴而就，要慢慢地脚踏实地地发展，针对此情况，邓小平同志提出了允许一部分地区、一部分人生活先好起来、富裕起来的想法，根据当时我国经济发展的状况作出了正确的路线安排，努力实现四个现代化。而如今我们也看到了，邓小平同志的“先富带动后富”的政策目标已经基本实现，“先富”的东部地区经济发展速度快、质量高，而“后富”西部内陆地区也紧追不舍，2020 年的全国小康目标也即将完成。而目前中国共产党的新政策、方针的落实，也是按照先局部、后整体，先试点、后全局的方式来不断完善的，分清主次矛盾，把握好发展方向和方式是当今中国发展的重要一环。

时隔多年再回顾邓小平同志的这番讲话，依旧发人深省、令人沉思。这次讲话从思想观念、政策发展、经济发展、党内发展等方面切入，全方位地总结了当时中国所存在的问题，也清晰准确地提出了解决办法和中国未来发展的方向。同时在邓小平同志的正确领导下，讲话中的每一个目标都得以完成，改革开放的巨轮得以顺利前进，让我们看到了中国如此强盛的国力。我为中华之崛起而骄傲！

指导教师：胡万钦

品读者：2016 级国际贸易一班　2016013136　刘欣鑫

记忆最深刻的经典金句：只要我们大家团结一致，同心同德，解放思想，开动脑筋，学会原来不懂的东西，我们就一定能够加快新长征的步伐。

品读心得体会：

解放思想，实事求是，团结一致向前看是由邓小平提出的。邓小平一直是深受全国人民爱戴和尊敬的，我也经常阅读他的文献，每每都深有感触。其中“解放思想，实事求是，团结一致向前”是他在 1978 年的中共中央工作会议闭幕会上提出来的，相关的讲话实际上是十一届三中全会的主题报告。十一届三中全会是中国共产党历史上具有深远意义的转折点（这我在高中的时候就大致了解了），它完成了党的思想路线、政治路线、组织路线上的拨乱反正，开启了改革开放的序幕。解放思想，实事求是，是我党克敌制胜的法宝，是社会主义事业不断前进的法宝。实践证明，什么时候坚持了解放思想、实事求是的思想路线，党的事业就发展、就前进；什么时候背离了这条思想路线，党的事业就会出现偏差、遭受挫折。

解放思想就是要我们摆脱传统观念的束缚，而邓小平提出的解放思想就是要我们开动脑筋，独立思考问题，勇于思考、勇于探索、勇于创新，要克服保守主义和本本主义，让思想如泉水般自由奔放。只有思想解放了，我们才能够做到实事求是，一切从实际出发，因此我认为思想解放是前提条件。

实事求是需要我们从客观事物中探寻规律，主观思想要与客观实际相符合，尊重客观实际，不以人的意志为转移，探求真理。这些思想不仅是党的思想路线，对我们每个人也都能起到思想解放的作用。

团结一致向前看。在我看来，一个人的力量总是有限的，因此，我们必须团结一致，积聚力量。只有把个人融入集体，把思想和国家紧密联系在一起，才能真正为国家做出奉献。正如古人所说，“人心齐，泰山移”，“天时不如地利，地利不如人和”。

解放思想，实事求是，团结一致向前看这三者之间是密切联系的，只有把它们有机结合，才能更好地服务社会、服务人民。

真正理解这个思想，把它融会贯通也是有一定难度的，就算是理解了，也是很难做到的。在我们身边，又有多少人会时刻把实事求是贯穿于生活、学习和工作之中呢？但我们身为大学生，是国家的新鲜血液，应该把这些思想铭记在脑海中，并在日常生活中加以运用，让自己各个方面都得到提升。

每个人读书都有每个人的方法，在我看来，读一本书，读一部经典，就像品茶一样，要细细地品，慢慢地了解作者想要传达的是什么，需要走进作者的心灵，理解他的写作目的以及文章主题。爱读书的人一般都会做一点笔记，记下自己深有体会的句子，或能激励自己，或与他人共勉，我也会如此。就如读这个《解放思想，实事求是，团结一致向前看》，其中就有很多能在我迷茫的时候指导我的句子，我都手抄下来，我对自己非常有用。

把前人的智慧与经验留存下来，对于我们后生来说应当是弥足珍贵的。但凡经典，总是有勾起人兴趣的地方，总是有警醒世人的地方，总是有它的可读之处。在我读完一篇文章后，足够经典、令人回味的地方我都会翻读数次，因为这值得让人花时间。在漫长无聊的闲暇里，何不利用时间品味经典之作，充实自己呢?

指导教师：胡万钦

品读者：2016级土地管理二班　2016063218　吴春燕

记忆最深刻的经典金句：不打破思想僵化，不大大解放干部和群众的思想，四个现代化就没有希望。

品读心得体会：

邓小平同志在这篇讲话中主要讲了一个问题，那就是“解放思想，开动脑筋，实事求是，团结一致向前看”。学习和掌握这篇讲话的精神，对于坚持解放思想、实事求是的思想路线，不断研究新情况、解决新问题，开拓马克思主义的新境界，建设有中国特色社会主义的新局面，意义十分重大。

该次讲话分为四个部分：第一部分，解放思想是当前的一个重大政治问题；第二部分，民主是解放思想的重要条件；第三部分，处理遗留问题为的是向前看；第四部分，研究新情况，解决新问题。其中让我感触最多的就是关于“解放思想，实事求是”的阐述。

解放思想是指在马克思主义的指导下打破习惯势力和主观偏见的束缚，研究新情况，解决新问题。习惯势力的一个显著特点，就是因循守旧，安于现状，思想僵化，不求发展，不求进步，不愿接受新事物。思想一僵化，不从实际出发的本本主义也就严重起来了。而邓小平提出的解放思想就是要我们开动脑筋，独立思考问题，勇于思考、勇于探索、勇于创新，要克服保守主义和本本主义。只有思想解放了，我们才能够做到实事求是，一切从实际出发。

解放思想，实事求是不仅是政治问题，还和我们的生活密切相关。就如思想政治理论课综合实践的初衷一样，我们应“做真事，讲真话，写真文”，我们在学习和生活中要脚踏实地，实事求是，解放思想，勇于创新。从这门课中，我学到了要认真踏实地去做每一个阶段的作业，这样才会有所收获；在实践中，要勤于动脑，这样你的实践成果才会具有吸引力；要挖掘新的点子，有自己的想法和见解，有辩证思维，这正是这门课想让我们学会的知识，通过实践去发现、分析、解决问题。

通过体认自信、传递真情、品味经典、激荡理性、明晰意见、感悟使命这六个相对独立的实践环节，我意识到作为大学生不可以安于现状，拘泥于现在，而要有长远的目光，实事求是，勇于创新。

指导教师：杨华

品读《用社会主义核心价值观凝心聚力——关于建设社会主义文化强国》有感

作者：习近平

文献简介：本文是《习近平总书记系列重要讲话读本（2016 年版）》（由中共中央宣传部组织编著，学习出版社、人民出版社出版）的第十一个专题。《习近平总书记系列重要讲话读本（2016 年版）》围绕实现中华民族伟大复兴的中国梦、坚持和发展中国特色社会主义，围绕协调推进全面建成小康社会、全面深化改革、全面依法治国、全面从严治党这“四个全面”战略布局，围绕牢固树立创新、协调、绿色、开放、共享的发展理念，统筹推进经济、政治、文化、社会、生态文明五位一体建设，围绕加强国防和军队建设，推动构建以合作共赢为核心的新型国际关系，学习掌握科学的思想方法和工作方法等十六个专题，全面、准确、深入地阐释了以习近平同志为核心的党中央治国理政的新理念、新思想、新战略。

品读者：2016 级审计二班　2016053201　夏伟峻

记忆最深刻的经典金句：一个国家要实现奋斗目标，既要不断地丰富物质财富，也要不断地丰富精神财富。一个民族要实现复兴，既需要强大的物质力量，也需要强大的精神力量。

品读心得体会：

本文包括七个方面，每个方面都是对中国特色社会主义道路的阐述。中国以其独特的文化被列为四大文明古国之一，而且其文化还依然保留至今。为了文化的传承和保留，我们必须践行科学发展观，坚持建设中国特色社会主义。

文化是一个国家强盛之路的基础。文中向我们介绍了推动社会主义文明文化建设的八个方面，分别是推动物质文明和精神文明协调发展、培育和践行社会主义核心价值观、牢牢掌握意识形态工作领导权和话语权、坚持以人民为中心的创作导向、传承和弘扬中华优秀传统文化、使网络空间清朗起来、提高国家文化软实力、讲好中国故事。文章又分别对每个方面进行了战略性的分析，可以说恰到好处。

一个国家只有物质文明而无精神文明是不可能建设好的。物质文明是和精神文明相辅相成的，我们要以辩证的、全面的、平衡的观点正确处理两者之间的关系。创新也是当代精神文明所必需的，没有中国创造，就不能获得更大的发展空间，也就很难让中国从国际社会中脱颖而出。

我国始终以人民为核心，通过人民代表大会选举领导人在很大程度上提高了我国的民主性，这是空前的民主自由。开展文化活动，能引领一个时代的风气。推动文艺繁荣发展，要牢固树立马克思主义文艺观，始终坚持以人民为中心的创作导向，创造出无愧于我们这个伟大民族、伟大时代的优秀作品。中国文化就是通过这种文化向世界传播的，我们有义务来发扬光大。

古往今来，任何一个大国的发展进程，既是经济总量、军事力量等硬实力提高的过程，也是价值观念、思想文化等软实力提高的进程。中国故事现在是由我们这些年轻的一代在书写，希望我们不负所托，成为国民形象的新的代表。

指导教师：陈艳宇

品读者：2016 级审计一班　2016053119　陈佳玲

记忆最深刻的经典金句：必须通过教育引导、舆论宣传、文化熏陶、行为实践、制度保障等，使社会主义核心价值观内化于心、外化于行。

品读心得体会：

在日常生活中，我们经常能通过报刊、电视、网络等途径，看到关于建设社会主义文化强国的讯息，其中出现频率最高的，应该就是弘扬社会主义核心价值观了。但是，大家除了知道社会主义核心价值观的内容外，对其他方面又了解多少呢？

这篇文章更深入全面地阐述了如何建设社会主义文化强国，主要分为八个重点：

1. 推动物质文明和精神文明协调发展。
2. 培育和践行社会主义核心价值观。
3. 牢牢掌握意识形态工作领导权和话语权。
4. 坚持以人民为中心的创作导向。
5. 传承和弘扬中华优秀传统文化。
6. 使网络空间清朗起来。
7. 提高国家文化软实力。
8. 讲好中国故事。

读完全文，我对培育和践行社会主义核心价值观、传承和弘扬中华优秀传统文化这两点的感触最深。同时，我也认为这两点在人们的生活中表现得更为明显。所以，我将主要讲述我个人对这两点的看法和感受。

社会主义核心价值观，在近几年是非常流行的一个热点词，似乎在全中国处处都能看见这九个字。为什么要用社会主义核心价值观凝心聚力呢？首先，我们要明白，核心价值观在一定社会的文化中是起中轴作用的，是决定文化性质和方向的最深层次要素，是一个国家的重要稳定器。其次，我们一直坚持走有中国特色的社会主义道路，因此，核心价值观也必然是社会主义的。最后，科学理论对于实践具有巨大的指导作用，社会主义核心价值观作为科学的理论，自然能够从国家、社会、个人这三个层面给实践带来积极影响，从而推进我国建设社会主义文化强国的进程。

关于社会主义核心价值观，我们除了了解其出发点与内容之外，更要学会实践。要用实际行动，使其内化于心，外化于行。

为什么要传承与弘扬中华优秀传统文化呢？中华优秀传统文化是中华民族的“根”和“魂”。纵观历史，我们可以发现，它对中华文明的形成与发展，对形成和丰富中华民族精神，对激励中华儿女、维护民族独立、反抗外来侵略，对加快我国的现代化进程、建设社会主义文化强国，都发挥了十分重要的作用。可以说，从古至今，中华优秀传统文化一直推动着我国社会的进步与发展。

无论是孝敬长辈、尊敬师长，还是勤俭节约、勤劳勇敢，都是中华优秀传统文化的体现。文化不分大小，只分精华与糟粕。只有从小事做起，从身边做起，在继承的基础上不断创新，才能将中华优秀传统文化发展得更好。

那么，作为当代大学生，我们应该如何具体地践行社会主义核心价值观、传承和弘扬中华优秀传统文化，从而为建设文化强国献出一分力量呢？

在我个人看来，我们可以从理论与实践这两个方面入手。

在理论上，一方面要自己理解、体会社会主义核心价值观与中华优秀传统文化，领悟其精髓，通过这些精神来提升自己的思想境界和个人能力；另一方面，在理解它们后，要结合时代潮流加入自己的感悟，从而实现理论上的创新。

在实践中，我们可以从学习和生活上去践行它们。比如，参加以中国梦为主题的征文比赛、做一场以弘扬中华优秀传统文化为主题的演讲；又比如，力所能及地帮助他人、每天给爸妈打个电话。作为大学生，我们并不是必须得做“大事”才算践行了社会主义核心价值观，才算弘扬了传统文化，只要我们有行动，哪怕是很微小的事，也会对这个世界做出一些真实的改变。星星之火，可以燎原，只要我们迈出了行动的第一步，那就不是无意义的。

这篇文章让我对习近平总书记的讲话有了更深刻的理解，也让我更加感受到了精神文化的重要性。同时，我相信，中国的文化将会发展得越来越繁荣。这份自信，来源于我国源远流长、博大精深的文化，来源于我国的文化道路，来源于为建设社会主义文化强国而不断努力的人民群众。期待我国更辉煌的明天！

指导教师：黄伟

品读者：2016级知识产权　2016093103　邓梓涵

记忆最深刻的经典金句：中华民族创造了源远流长的中华文化，也一定能够创造出中华文化新的辉煌。

品读心得体会：

所谓社会主义核心价值观，即“富强、民主、文明、和谐、自由、平等、公正、法制、爱国、敬业、诚信、友善”二十四字箴言，其中诠释了我国对于以经济建设为中心的多元化发展的价值观理念，自然我们在进行建设的时候也应该按照这样的价值观开展工作。一个国家的文化源头是最能够体现一个国家的精气神和大气象的，所以我们的文化强国之路就应该坚定地按照社会主义核心价值观来一步一步走。其中对于文化强国的建设最为重要的一环就是对外展示我国的文化软实力。

就文化软实力而言，我们中华文化博大精深，而我认为在这个信息时代能够快速直观地表现我们的价值观的则非电影莫属了。

怎样在电影中传播宣扬我们的社会主义核心价值观呢？就是通过电影形式与内容的推广。一步一步走向成熟的中国电影能够承载的精神与文化内涵是与日俱增的。原来我们的电影被吐槽、被抨击，都不能影响我们探索的决心，时至今日，我们更是看到了出口与希望。

前一阵吴京导演的《战狼2》让国民无不为之热血沸腾，五十多亿的票房让人感受到的不仅仅是国人对于演员精湛的表演与扣人心弦的剧情的喜爱，更多的是民族自尊心的凝聚与爱国情怀的倾泻，不得不说这是天时地利人和以及社会主义核心价值观的加持所共同打造的一个中国电影史上的神话。

我将谈谈我个人对社会主义核心价值观的理解。第一层次的核心价值观，即富强、民主、文明、和谐，诠释了只有富强才有话语权来保障一切建设的进行。在富强的基础上，我们引申出了民主、文明、和谐。有了富强作为保证，我们才有资格去享受民主，而民主制度带给我们的是一个受世界认可并且被敬仰的文明；有了一个文明的国家，才有一个和谐的社会。第二层次的核心价值观，即自由、平等、公正、法制。社会上的自然人是自由的，都有自己的人身权，是为天赋人权，并自由地行使，因为每个人都是自由地行使自己的权利，所以每个个体之间是作为平等主体的关系存续于这个社会的，又是因为平等，才可能使大家都在一个平台上得到公正的待遇，而保障这个平台的稳定性的就是法制。第三层次的核心价值观，即爱国、敬业、诚信、友善。爱国是最基础的，因为爱国你才会对这个国家充满热情，从而积极地完成自己的工作。而有了敬业精神你才会诚信对待你周围的人，从而形成一个友善的环境。

在我看来，《战狼2》这部电影将这三个层次的价值观表现得淋漓尽致。首先，一句“中华人民共和国的公民，当你在海外遇到危险，不要放弃！请记住，在你的身后，有一个强大的祖国”就简洁明了地说明了我们国家繁荣富强并且人民当家做主，有一个文明和谐的社会。其次，还是一句话——“犯我中华者，虽远必诛”直截了当地宣示了我国对于保护公民的决心与态度。然后就是爱国、敬业、诚信、友善。《战狼2》本身身为爱国主义题材的电影，再加上剧组人员对于工作的责任心，也展示了何为敬业，还有剧组人员对当地人的态度，诚信、友善的言行……这些无不让我们动容。

回望中国的影视史，一般是优秀的军事题材的作品达到这样的效果，从《亮剑》到《我是特种兵》再到《战狼》，都是军人、部队给人留下的感动与激动，那这又是为什么呢？我想，是因为军人纯粹，军人是最纯粹地践行社会主义核心价值观的人，他们真正地体会到了这样的价值观，因此带给我们共鸣与振动。

指导教师：刘朋

品读《之江新语》有感

作者：习近平

文献简介：“之江新语”本是《浙江日报》头版的特色栏目，由时任浙江省委书记的习近平撰稿，自2003年2月25日开始持续到2007年3月25日，累计232篇短评。2007年5月，应读者要求，浙江日报社以《之江新语》为书名，将该专栏文章结集出版。图书《之江新语》，篇幅不长但意味深长。书中习近平告诫党员干部“要怀着强烈的责任感认真干事，怀着如临如履的心态保持干净”。该书在2007年出版后于2014年初在图书界走红火爆。

品读者：2016级机电工程二班　2016113218　李辰辉

记忆最深刻的经典金句：心无百姓莫为“官”，领导干部要放下“架子”、做好“样子”。

品读心得体会：

我一直都很喜欢习近平总书记的一句话：“绿水青山就是金山银山。”所以我在本次的选题里面选择了这本《之江新语》。在第一篇选登文章中习近平写道，领导干部要放下“架子”，做好“样子”。这句话我认为是超级对的。我这短短20年的记忆里面出现过各种架子大的领导。当一所小学的所有学生在雨中站着等待的时候，有的“领导”在别人为他撑起的伞里姗姗来迟；在一场重大车祸发生的现场，当所有人为生者担忧、为死者哀叹的时候，有的“领导”戴着百万的豪表与其他人“谈笑风生”。这就是中国过去的状态，大量的官员并非是为了成为邓小平爷爷口中的“中国人民的儿子”，而是为了自己的利益，为了更多的钱、更多的权而走上了这一条路。在七八年前，中国有不少年轻人想要成为公务员，因为成为公务员能够得到更加稳定的工作、较好的工资收入、较高的社会地位、长远的发展、较轻松的工作，以及后期可以获得巨大的权利，而现在想要成为公务员的人许多是对党忠诚，想要将自己的青春贡献给国家的人，因为公务员的各项福利降低了，这将不少投机者挡在门外。我认为现在的人才开始正式地面对公务员这个职业，也开始面对“官”这个词，开始用现代的眼光、现代人的视野去看待现代的官员们，而并非用前人的视角。

2017 年年度感动中国人物，卢丽安教授，生于中国台湾省高雄市，从小受家人影响对大陆有着特殊感情。在我国台湾“绿化”严重的情况下，她选择举家前往复旦大学，她在党的十九大“党代表”通道上说：“我以台湾的女儿为荣，我以生为中国人为傲。”党的十九大会议结束后，“卢丽安效应”慢慢蔓延。很多台胞朋友为她点赞，因为她说出了广大台胞们的心声。卢丽安的父母表示，只要女儿做的是对社会、民族、国家有益的事，能够促进我们两岸的和平发展、促进岛内同胞在大陆的发展，他们就都会支持。这是一位值得尊敬的党员，她用她的行动来证明了一位党员对党的忠诚可以感染更多的人。

我们需要像习近平总书记在文章中所讲的一样，要用人格魅力管好自己，不求“官”有多大，但求无愧于民，莫把制度当“稻草人”摆设。我们的制度就是为了使得贪官污吏们惧怕这些后果，让他们知道结局，让他们知道尽心尽力地为人民服务又能够得到什么。我想这是习近平总书记想要在这本书里面告诉我们的，也是告诉那些为官者应该以一个怎样的心态去看待“官”，应该以什么样的心态去做官。

指导教师：杨华

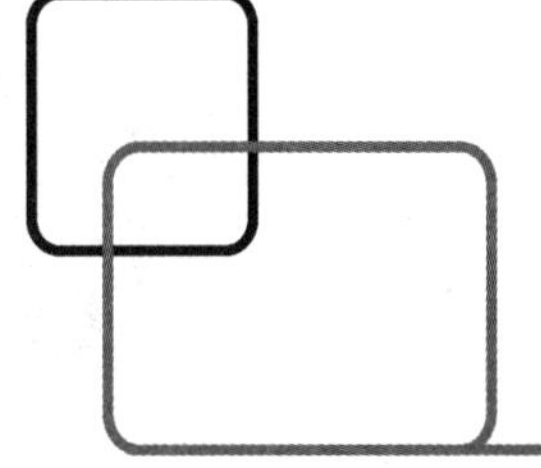

下篇　激荡理性

聆听“中国：一个文明型国家的崛起”有感

中国在短短几十年里，从一个倍受欺凌的国家成长为世界第二大经济体，中国的故事实在是非常精彩。但是，在这个世界上，总有一些拥有话语权的人老是在骂我们。所以讲好中国故事、发出中国声音，是历史赋予我们这一代人的神圣使命。张维为以“中国：一个文明型国家的崛起”为主题，来与我们分享中国故事。

演讲者：张维为

张维为，中国政治学者、作家，复旦大学特聘教授，复旦大学中国研究院院长，国家高端智库理事会理事，上海春秋研究院高级研究员，中国发展模式研究中心主任，瑞士日内瓦外交与国际关系学院访问教授，春秋研究院高级研究员，上海社科院世界中国学研究所所长，日内瓦外交与国际关系学院亚洲研究中心高级研究员，邓小平高级翻译。

聆听人：2016 级财务一班　2016052114　谢熠韬

聆听时间、地点：2017 年 11 月 20 日于重庆工商大学图书馆

激荡与共鸣：

我出生在 20 世纪末，成长在 21 世纪的中国——我认为这是我这辈子最幸运的事之一。如今中国的发展举世共睹，而我，身处于当今中国万千青年群体之中，成为中国高速发展的亲身经历者与见证者。

今天聆听了张维为教授的关于中国崛起的演讲，我不由感到满心的自豪与骄傲。

年轻人，是最容易受外来思想影响的一类人。外来思想，尤其是那些西方思想，通过网络等媒介传播到中国当代年轻人的眼中、耳中，就潜移默化地给当代中国人灌输一种观念：你们生活的国家，还不够好，或者说，正在变得更差。的确，我坦言，曾经的我，脑海中时时会有这种观念产生。犀利的话语仿佛字字见血，那些被扭曲后的中国的方方面面成为西方媒体大肆宣扬他们所谓的西方模式优秀的得力工具。中国年轻人中，逐渐分裂出一部分“愤青”，赞同、支持着西方媒体的论调，开始用一种鄙夷的目光看待自己的国家，

从政治制度到经济模式，从传统习俗到文明文化。我曾经似乎也陷入了那个群体中，最严重的时候，甚至对自己的国家失去了希望。

随着年龄的增长，我开始更加理性与客观，今天聆听了张维为教授的演讲，我更加肯定了理性与客观的重要性——尤其是在看待一个国家的发展时。

中国模式，已经足够让西方世界折服。中国已经成为当今世界最大的外汇储备国，中国的外汇储备比前社会主义国家（苏联、东欧等国）的 GDP 总量还要大。这很明显地说明西方模式给那些前社会主义国家带来了什么——从我的角度来看，是一种退步与落后；中国城镇的家庭净资产已经逼近美国，上海的城镇家庭净资产的中位数甚至已经超过美国纽约，中国拥有着当今世界最大的中产阶层；西方学者过去提出的“西方中心论”“历史终结论”正在接受着当今中国发展现实的一次又一次“拷问”；中国独有的社会主义市场经济使中国从没有经历过金融危机、财政危机、经济危机……

何为文明型国家？张维为教授提出了文明型国家的四个特征：超大型的人口规模、超广阔的疆域国土、超悠久的历史传统、超丰富的文化传统。这四个特征显然是中国都具有的，有人质疑这四个特征就是基于中国现实提出的，不够客观。但我反问，连这四个特征都无法具备的国家有什么资格号称自己是当今的文明型国家？17~18 世纪崛起的英国、法国是千万级别的人口规模，20 世纪崛起的日本、美国是上亿级别的人口规模，而如今 21 世纪正在崛起的中国，是十亿级别的人口规模，这是史无前例的。反观同样的人口大国印度，践行着西方模式，却被中国远远甩开。从古至今，中国一以贯之的政治文化传统——民本主义，使中国老百姓有着最纯真、最朴实的人权，全民养老、全民医保已经实现，西方世界还在思考着中国人无所谓的“人权”……

西方世界的某些话语不能成为当今我们中国人的话语，西方世界的一些意识形态的偏见不能成为我们当今中国人意识心态的标杆。因为我们生活在这个我们自己最了解的国度，我们需要有自己的思想、自己的话语。即使当你认为西方世界的话语有分量，西方世界的思想有意义，你举双手赞成，口口附和，殊不知你也已经失去了自我思考的能力，失去了拥有理性的权利。

不过，我们也应该承认自己的国家并不是十全十美，对西方国家的一些言论不能“一棒子全部打死”，至少，很多我们忽视或是隐藏的问题在他们眼中就显得异常尖锐。诚然，拥有自信并不代表狂妄自大。我们仍有着多达几千万的贫困人口，但我们的政府承诺到 2020 年会消灭所有贫困人口；我们仍有一些孩子无法实现上学的梦想，但越来越多的青年教师愿意走进大山深处；我们的政府中仍然存在“老虎”和“苍蝇”，但我们反腐的力度越来越大……我们承认，中国仍然有着不少不足，但是我们从未停止过努力改善自己的脚步。

道路自信、理论自信、制度自信、文化自信，这“四个自信”我们耳熟能详，但我觉得这对于我们年轻人来说还是有点空洞，或者说，“高大上”。我们现在，只要记住一个自信：祖国正在崛起的自信。

年轻人只有对自己的国家有着真正的自信，才能对自己的国家充满希望。只有对自己的国家充满希望，我们才会愿意尽自己的所能提升自己，日后投入各行各业的工作中，实现自己的价值，为国家、为自己创造更多的财富。这何尝不是一种对未来奋斗的动力呢？

中国人，你要自信。中国年轻人，你凭什么，不自信？

指导教师：曲莲华

聆听人：2016级法学二班　2016091218　马格格

聆听时间、地点：2017年11月20日于重庆工商大学图书馆

激荡与共鸣：

自小我们就被教导，不能戴着有色眼镜对待别人，要以客观的立场看待一个人。识人待人尚且如此，看待一个国家更是需要尽量地客观。然而，从我的成长经历来看，对于中国这几十年来的巨变，无论是国内还是国外，始终充斥着不真实甚至黑白颠倒的声音。

小时候，西方的文化大量地输入中国，我们从好莱坞电影中欣赏洛杉矶的阳光、沙滩和美人；我们从琳琅满目的商场里挑选国外的“高级玩具”；我们从大人的口中了解到西方的“民主”。这一切，足以使一个心智尚未成熟的孩子坚定地认为，自己的祖国是多么贫穷和落后，而西方的世界，是多么令人向往。以至于在很长一段时间里，我的内心对于中国，一直处于一种长期“自卑”的状态。作为一个“90后”，我个人曾经对中国的认识，或许在某种程度上代表了一部分与我同龄的年轻人在心理上形成的“自卑”与“偏见”。

记得第一次观看张维为老师的演讲视频，是在高中的一节政治课上。那场演讲的题目是“中国人，你要自信”。在那之前，我和其他高中生一样，懵懂、幼稚，每天沉浸在习题和书本中，对于祖国的了解，都来自于电视和网络的报道，鲜有自己的思考。正是因为从未独立地去认识中国，从未以自己的观点去思考过中国到底是个什么样的国家，因此，在看了张维为老师的演讲视频之后，我思想上所受到的震撼，是我记事以来从未有过的。上了大学之后，我也机缘巧合地又看了几遍《中国人，你要自信》这个演讲视频。这个时候，我已经在心里渐渐地给曾经印在我大脑中的“落后中国”打了个叉，而一个全新的且更加客观的中国，正在我脑海中慢慢地形成。

如今的我已不同于高中时的我。随着阅历的增长，我的思想也逐渐成熟。对于中国的认知，也随着阅读更多优秀的书籍、报道以及个人的经常性思考，发生着些许改变。但是，尽管如此，我仍避免不了对于中国国情有片面认知。距高中时期观看演讲视频后，又过了几年，我在社会实践课上，观看了张维为老师的另一个演讲视频——《中国：一个文

明型国家的崛起》。短短的几年，中国发生了很多变化，我自然也需要再一次更新自己的认知。而这一次，我能够更切身地感受到张维为老师所讲的中国的崛起。

这场演讲给我带来的震撼与思考主要有三点：

首先，是对西方国家发明的类似 GDP 这样的经济或社会指标的质疑。不是说 GDP 是错误的，而是西方国家总以同样的指标来衡量中国，进而得出中国经济远远落后于西方这样的结论，这实在太过于片面乃至错误了。相比较而言，我更赞同张维为老师提出的“板块”标准。张维为老师从事社会研究三十多年，访问了一百多个国家。与那些没有经过实地考察得出的一些虚头巴脑的论断相比，我更愿意相信张维为老师这“脚底板走出来的学问”。

事实上，一味地抓着 GDP 这一指标来衡量一个国家的经济水平，着实不够客观。一国的经济发展是一个复杂的现象，而以单一的标准评价一个充满变量的现象，得出的结论往往是片面的，甚至是相反的。

其次，张维为老师把中国的崛起定义为“文明型”国家的崛起，我认为这样的定义很到位。17~18 世纪，大不列颠崛起，它只有一两千万的人口。20 世纪，美国、日本崛起，其全国人口上升至几亿。而到了 21 世纪，拥有十几亿人口的中国开始崛起。中国是一个文明型国家，历史上类似于中国崛起的先例从未有过。而一个文明型国家的崛起，一定是社会的各个方面——从经济、政治到文化、生活的全方位崛起。这样的国家的崛起，一定是非常精彩的。

正因为我深刻地了解过自己国家的历史，切身地感受着中华文化的博大精深，所以我对于中国的崛起，充满着信心。作为新时代的青年人，我很期待见证一个正在崛起的中国。

最后，演讲结束后，听众给张维为老师抛出了很多犀利的问题，他都做出了回答。我认为，当今社会存在着诸多关乎国计民生的棘手问题，这是毋庸置疑的。但我们不能像西方媒体看中国一样，死抓着问题不放，却看不到中国正在日渐壮大。我们要做的，是正视问题，继而解决问题。

这场演讲的主题集中在“话语权”上。当今的中国面临着一个十分尴尬的境况，即国家实力的增强与国内外对其认识的严重不匹配。如何提高中国在国际上的话语权？对于这个问题，我认为也要从内外两方面着手。在国内，需要更多像张维为这样的学者，为中国发声，以正视听。在国外，需要更多的优质文化输出，让外国的民众和媒体了解现在的中国。消除人的偏见很难，消除一个国家的民众对另一个国家的偏见更难。因此，这将是一场艰难的战役，需要一代又一代的媒体人和社科学者以及普通国民的努力。

张维为老师在演讲的结尾，表达了他对中国未来的期盼，也传达了他对于中国青年的期盼。张维为老师用实在的数据和真实的事实，告诉我们，中国青年会随着中国崛起而崛起，同样地，中国的崛起也离不开中国青年。诗人艾青曾写道：“为什么我的眼里常含泪水？因为我对这土地爱得深沉。”中国，一个文明型国家的崛起，注定是一部精彩绝伦的故事。而我们每一个中国人，都将是这个故事中的主角。

指导教师：兰丽娟

聆听人：2016 级审计二班 2016053205 鲍慧璐

聆听时间、地点：2017 年 11 月 18 日于重庆工商大学博智楼

激荡与共鸣：

2017 年 11 月 18 日晚，我打开了电脑，开始聆听张维为教授的演讲——“中国：一个文明型国家的崛起”。

中国人，为什么要自信？在我听到这句话的时候，我陷入了沉思。在我看来：第一，中国拥有上下五千年的历史，虽然这段历史中不乏崎岖与坎坷，但每一段历程都是中国历史不可缺少的部分；第二，中国已成为世界第二大经济体，这表明中国在世界的地位已经越发显著，随着“一带一路”的建设和“G20 杭州峰会”的顺利召开，中国对这个世界的影响力也会渐渐扩大。

在这个媒体和网络把中国的地位放得很低的时代，张维为老师在他的演讲中陈述了他的答案。他从最近对欧洲的一次访问谈起，被问起“中国模式”和西方的关系，他讲了三个故事。2010 年“阿拉伯之春”爆发，这次事件使 120 万中东难民涌入欧洲，导致了欧洲的很多危机，而中国有一亿两千万人口出境，99.99%的出境人口最后都回到了中国，这是中国具有人权的证明。第二个故事，25 年前，苏联崩溃，东欧崩溃，但是 25 年之后，前社会主义国家和中国现在的发展完全没得比。第三个故事，中国的中位家庭净资产一直在逐渐增加，缩小了与美国的差距。另外，比起美国青年，中国人对中国未来的发展更具有希望和期待。张维为老师指出，中国的 GDP 被低估了，我们的成绩足以使我们中国人感到自豪，而中国现在的道路也被张老师称为“中国模式”。

“中国模式”在经济上是社会主义市场经济，现在这个状态，我们完全可以与资本主义国家抗衡。在社会领域，“中国模式”是指社会与国家的良好互动。在政治领域，“中国模式”是指选拔加选举。张维为老师指出，中国是一个文明型国家，因为中国具有文明型国家的四个特点：超大型的人口规模、超广阔的疆域国土、超悠久的历史传统、超丰富的文化积淀。历史上，中国领先西方，今天中国重新赶超西方，中国崛起的逻辑，一脉相承。这就是张维为老师所理解的“中国模式”，从中华人民共和国成立初期，我们国家就被比作是沉睡的巨龙，而如今这沉睡的巨龙已经苏醒，它的发展和崛起足以震惊世界，足以让每一个中国人引以为傲。在演讲的最后，张维为老师提到中国人要自信，中国的年轻人更要自信，中国崛起的深度、广度、厚度、强度、力度，中国发展所能提供的机遇和机

会是前所未有的，所以张维为老师说道："只要你努力奋斗，一定能梦想成真。"

曾经，中国一次次被迫站上签字台，签订了一份份屈辱的不平等条约。曾经，我们的国土被侵略者践踏，我们的国人被侵略者屠杀。曾经的历史告诉我们"弱国无外交"，只有我们真正强大，才能掌握足够的话语权。我们并未生活在一个和平的年代，这个世界依旧有地方战火交加，叙利亚的事实就摆在我们面前，或许现在的叙利亚就是过去的中国，我们也应该庆幸我们生活在了一个强大的中国。没有发展，何谈主权？没有进步，何谈自由？这个世界正在发生翻天覆地的变化。我们中国古有造纸、指南针、火药、印刷术四大发明，现有高铁、扫码支付、共享单车和网购新四大发明，中国人的创新和成就已被世界肯定。而我们作为即将步入社会的一代，更应该不断地创新、不断地学习，为祖国的美好未来添砖加瓦，为祖国的发展尽心尽力，成为一个对社会、对国家有用的人才。

未来中国的发展走向，已经交在了我们每一个年轻人的手中，我们应当感谢前辈为我们所创造的一切，为我们打下的夯实基础，而我们该做的，就是不断地提升自己，使自己成为一个自信、有实力的中国青年！机会与机遇摆在眼前，国家主席习近平也曾在新年贺词中说道："只要坚持，梦想总是可以实现的。"

曾经，我们被侵略、被打压、被侮辱。如今，我们的发展让世界震惊，我们用高速发展和科技创新向世界证明，中国是一个值得国人骄傲的国家。历史不容更改，未来前途无量，中国的建设还在路上，中国的青年也不容小觑！

指导教师：陈艳宇

聆听人：2016 级审计二班　2016053231　郑新渝

聆听时间、地点：2017 年 11 月 25 日于重庆工商大学慧智楼

激荡与共鸣：

中国在短短 70 年里，从一个倍受欺凌的国家成长为世界第二大经济体，人民生活水平明显改善，经济实力和综合国力显著增强，国际地位逐步提高，这是所有人有目共睹的事实。正如张维为教授所说的那样："中国的崛起改变了中国，也改变了世界。"《中国：一个文明型国家的崛起》从多个角度，用确凿的事实展现了一位学者以独特的眼光探究中国崛起之谜。中国的崛起不是一个普通国家的崛起，而是代表了一种不同性质的国家的崛起，"其崛起的主要原因是坚持了自己的发展道路，既学习了别人之长，又发挥了自己的优势，实现了一种对西方模式的超越，也实现了一个五千年文明与现代国家重叠的'文明型国家'的崛起"。这个见解基于多年来我国改革开放和现代化建设所取得的成就，为中国未来的发展和前景画下了宏大的蓝图。张维为教授认为"中国崛起的背后是自己独特的发展模式"，也是一种"发展模式的崛起"。他把中国的发展模式概括为八大特点，即"实

践理性、强势政府、稳定优先、民生为大、渐进改革、顺序差异、混合经济、对外开放”。

听了张教授的报告，我有如下体会：

第一，人类理性有两种功能：一是认识功能，二是意志功能。康德称前者为理论理性，称后者为实践理性。所谓实践理性，就是指与我们的行动和选择有关的理性。在 1978 年 12 月的十一届三中全会后，中国开始实行对内改革、对外开放的政策。正是从这一年开始，中国走向了全新的时代，摒弃了以往的封闭和落后，开辟了中国特色社会主义道路，形成了中国特色社会主义理论体系。这就是国家崛起的“实践理性”。改革开放后的成就、几代领导人的理论观点都成了中国发展成一个文明型国家的推动力。

第二，1921 年 7 月，中国共产党成立为文明型国家的崛起提供了政治保障。作为中国工人阶级的先锋队、中华人民和中华民族的先锋队，共产党武装夺取了政权。新中国的成立，也带来了一个强有力的政府的出现，无论是对内整治还是对外抵抗，政府以强势的政治手段将中国发展成了一个经济、政治、文化、军事全面繁荣昌盛的国家。迅速的经济发展为文明型国家的转型提供了强大的经济基础，两者相辅相成，使中国朝着更强盛的方向前进。健全的政党制度打造了国内稳定的政治环境，为文明型国家的建设提供了政治保障。中国——这个文明国家的崛起，离不开这些基础条件的支撑。

第三，文明型国家崛起最重要的就是要拥有信心，包括制度自信、文化自信、理论自信等。中国作为社会主义国家，结合中国国情，实行中国特色社会主义制度。人民民主专政制度、人民代表大会制度使得人民当家做主。中国，一个依靠社会主义制度重生的国家，一个靠着群众、靠着基层力量站起来的国家，其执政党深刻知晓群众的重要性、民主的重要性。中国的党政制度以为人民服务为宗旨，打造群众与党的友好关系；中国的法律政策保护着国内及海外的每一个公民。坚持“协商民主”的中国，必然会依靠民主成为一个文明型国家。

第四，世上拥有过很多有悠久历史的文明，但是许多文明，例如古埃及文明、古印度文明由于种种原因都中断了，只有中国不断继承着的文化流传至今，并跟随世界的潮流不断地发展和进步。“取其精华，去其糟粕”，中国在传承自身优秀文化的同时，也吸收了现代优秀文明，是没有中断过的五千年文明和一个超大型的现代国家结合在一起的国家。而这也成了一个文明型国家崛起的资本。

第五，中国梦是实现中华文明的复兴，现在中国已经走上了文明复兴道路，走在了发展文明国家的前沿。中国，作为当今备受瞩目的一个国家，其经济、政治、文化、军事等方面都处于不断上升的阶段。而要建设和丰富文明型国家，最重要的便是要树立高度的国家自信，对制度的自信、对文化的自信，以及对国家、对社会、对自己的自信，要充分地认识到如今的中国，在崛起的深度、广度、力度等任何方面的条件都是历史上不曾存在过的机遇，只有这样，中国民众才能众志成城、团结一心，为建设文明型国家不断奋勇前进！

指导教师：陈艳宇

聆听人：2016 级数学与应用数学 2016102125 罗雯文

聆听时间、地点：2017 年 11 月 23 日于重庆工商大学图书馆

激荡与共鸣：

听了张维为老师所演讲的“中国：一个文明型国家的崛起”，我更为深刻地感受到了中国的飞速发展，我为自己是一中国人而感到自豪。张维为老师在演讲开始便提到了新社会发展指数的四个指标：中位家庭净资产、人均预期寿命、社会治安水平、对国家发展方向是否满意。从这四个指标可以看出，中国的社会发展水平在日益提高。接着他便提到一个词——“中国模式”。“中国模式”在经济上，是混合经济，准确地来讲就是社会主义市场经济；在社会上，我国强调社会与国家的良性互动；在政治上，中国选出领导人是选拔加选举，中国选举更能为国家选出合适的领导人。中国是历史上没有被中断的古老文明和一个超大型的现代国家叠合在一起的文明型国家，它拥有超大型的人口规模、超广阔的疆域国土、超悠久的历史传统和超丰富的文化积淀。

中国是唯一一个延续至今的文明古国，却因曾经的萧条，有人说：“中国有历史却没有未来，而美国没有历史却有未来。”现在看来，这种说法完全错误——中国不仅有未来，而且中国的未来辉煌且强大。在近几年里，中国经济建设取得重大成就，全面深化改革取得重大突破，民主法治建设迈出重大步伐，思想文化建设取得重大进展，人民生活水平不断改善，生态文明建设成效显著，强军兴军开创新局面，港澳台工作取得新进展，全方位外交布局深入展开，全面从严治党成效卓著。现在的中国已不同于 20 世纪八九十年代的中国，现在不论是在经济上、政治上，还是在文化传播方面，中国都取得了巨大的成功。

随着互联网时代的到来，现代中国的“新四大发明”也应运而生，分别是高铁、扫码支付、共享单车、网购。这新四大发明表明中国已经步入了一个新时代，在吃穿住行上，它们为人们提供了很大的便利。仅仅在这四个方面，中国就比许多国家要好。我国从古至今一直是以民为本。现在的人们老有所依、弱有所扶、难有所帮、医有所保、少有所助、孤有所养。如我国实行的全民养老、全民医保，这些是许多西方国家没有的。我们国家把重心放到了民生上，使人们在物质以及精神需求上得到了很好的保障。从这些成就可以看出中国的日益强大。我作为一个普通的百姓，中国的发展给我最直观的感受是：人们越来越富裕了，慢慢地从追求物质变成了追求精神，其追求从吃饱穿暖变为吃好穿好，从现金支付变为移动支付；国民的素质在逐步提高，蓝天白云也变多了……我为这样的变化而高兴，更为这样的变化而自豪。

以前中国人走出国门，可能或多或少会受到他国人的歧视或不优待。而现在，随着中国不断地发展，他国人看待中国已是一种全新的目光：中国力量不可忽视，中国影响不同凡响，中国文化源远流长……在社会治安上，许多国家做得也许还没中国好，在某些国家，你也许会害怕出门遇到抢劫或者暴动，但在中国，这种情况的发生简直微乎其微。当某个国家发生了恐怖袭击，中国会在第一时间开始撤侨行动，即使是远在海外的侨民也能

感受到祖国在背后的安全感。

习近平总书记在原先的道路自信、理论自信、制度自信上加上了文化自信。谈到文化自信，我觉得更多的是一种爱国情怀，就是我们应该因身为中国人而感到自豪，因中国悠悠五千年文化而感到骄傲。比起西方国家的节日，我们更应注重中国的传统节日。虽然西方节日可能会使我们感到新颖有趣，但中国传统节日包含了浓浓的文化底蕴，是五千年来的文化结晶，我们更应注重其传播与弘扬。如今，我们的祖国不断地繁荣昌盛，世界上已经有越来越多的人学习中国字、了解中国文化、赞赏中国河山。

中国如今已步入一个新时代，习近平总书记曾在党的十九大上讲道："这个新时代，是承前启后、继往开来、在新的历史条件下继续夺取中国特色社会主义伟大胜利的时代，是决胜全面建成小康社会、进而全面建设社会主义现代化强国的时代，是全国各族人民团结奋斗、不断创造美好生活、逐步实现全体人民共同富裕的时代，是全体中华儿女勠力同心、奋力实现中华民族伟大复兴中国梦的时代，是我国日益走近世界舞台中央、不断为人类做出更大贡献的时代。"的确，中国已经以一种全新的姿态出现在世界面前。作为当代青年人，我们应以实现中华民族伟大复兴为己任，为将我国建成富强、民主、文明、和谐、美丽的社会主义现代化强国而努力奋斗。

指导教师：陈艳宇

聆听人：2016级人力资源管理三班　2016032341　方香源

聆听时间、地点：2017年12月20日于重庆工商大学慧智楼

激荡与共鸣：

毛泽东时代我们解决的是"挨打"的问题；邓小平时代我们解决的是"挨饿"的问题；今天我们需要解决的是"挨骂"的问题。一个文明型国家的崛起必然会带来许多争议，西方话语存偏见，中国叙事更靠谱，中国已经崛起到今天这个地步了，但西方国家仍把这么精彩的一个中国，描绘成漆黑一团。这时，中国需要话语权，中国的崛起更需要话语权！

前不久，我在网上聆听了张维为教授的"一个文明型国家的崛起"的主题报告，在报告中给我印象最深的就是，张维为教授并不是一味地在"说"，而是有实例，有对比地阐述今天中国的崛起。在经济上，中国采用社会主义市场经济模式，西方采用新自由主义经济模式，虽然今天中国经济发展的速度放缓，但是在过去的20多年里中国是世界上唯一一个从未经历过经济危机、财政危机的国家；在政治上，中国采用的选贤任能制度，要求一个领导人至少治理过1亿人口，对比西方的大众选举也是颇具竞争力的；在文化上，中国五千年的文化积淀形成的民为邦本的思想指导着中国全面建成小康社会，而对比西方的

个人本位思想带来的富者锦衣玉食、贫者饿殍遍野的现象，中国的思想显然更胜一筹。中国从历史上的远远领先于西方，到近代的没落，而今中国要做的就是逐渐崛起甚至赶超西方，这一天，我们等得太久了，“中国梦”该是时候去实现了。

一路走来，中国在很多方面都已经赶上其他国家，甚至比它们做得更好。“中国人你为什么不自信，是因为落后太久了吗？中国人你为什么不自信，是因为没底气吗？”张维为教授这样一场演讲，就是要给予我们自信，给予我们底气。中华民族能在古代屹立于世界民族之林，就有同样的能力再崛起，这一点是无可置疑的。

2001年，中国加入世贸组织，西方便用“中国崩溃论”预测中国，中国默不作声；2015年，人民币加入SDR（特别提款权），中国经济融入全球金融体系，人民币国际化，中国终于逐渐得到世界的认可。这些年，中国总是在默默地做，极少有机会抬头说，当东方的这头雄狮逐渐觉醒的时候，定当绝不再任人鱼肉。众所周知，美国世界霸权依靠之一——原油，一直以来，其控制权都掌握在美国手中，中国作为原油进口量世界第一的国家，没有定价权，一直以来就像被美帝卡着脖子一样。终于，在2018年，我国原油期货上市，以人民币结算，这一历时17年的筹备终于开花结果，此举必将逐渐打破美国的霸权。再说，近年来，中国经济增速逐渐放缓，呈“L”形走势，从2010年的10.4%，放缓到了2015年的6.9%，这也是自1990年以来中国经济的最低增速，于是便有美国华裔律师章家敦预测中国2016年将经济崩溃，但事实证明，西方话语存偏见，中国叙事更靠谱，将西方发展的经验，套用在中国的身上，显然是不合理的。

中国的政治近年来一直暗流涌动，其中一个较大的影响因素便是中美关系的发展问题。在此我赞同张维为教授“中美利益远大于分歧，互利双赢可预期”的观点。21世纪是一个和平与发展的世纪，即使是出于国家利益或者形势所趋，中美关系都应该朝着合作共赢的方向发展。在G20杭州峰会上，习近平与美国前任总统奥巴马就气候问题达成合作，通过了《巴黎协定》，这就从另一个方面证明了，中美两国的合作不仅仅局限于经济，在许多方面都可以实现合作共赢；另外，最近美国新上任的总统特朗普携他最喜爱的孙女拜访中国，这也是在党的十九大之后第一位到访中国的外国元首，在拜访期间，特朗普的孙女用中文向习近平主席问好，并且背诵三字经等，给我留下了深刻的印象，即使现今中国在东海、南海问题上与美国存在冲突，但是特朗普以这种“另类”的外交方式缓解中美关系，促成合作，也证明了中美关系问题是两任总统不可忽视的问题，也只有促进合作才能实现共赢。

中国人，你要自信。中国已经崛起到今天这个地位了，有些媒体仍然妄自菲薄，追捧着其他国家的文化，而《战狼2》就是要对这个现象说“不”。这部票房超过50亿元的电影，这部赢得业内、业外一致好评的电影，这部激起无数爱国心的电影，就是要向韩流说“不”，就是要向好莱坞大片说“不”。《战狼2》告诉我们，中国也能制造出自己的大片，一味引进，唯其他国家影片马首是瞻的时代该结束了。不仅如此，我国在芯片行业也有了我们自己的骄傲。高性能芯片被誉为“工业粮草”，代表了一个国家信息技术的水平。一直以来，我们在高性能数字信号处理器方面始终依赖进口。2018 年 4 月 23 日，中国电科 38 所发布“魂芯二号 A”芯片。该芯片完全由 38 所自主设计，在一秒内能完成千亿次浮点操作运算，单核性能超过当前国际市场上同类芯片 4 倍，这一自主研发标志着我国芯片产业正逐步向好。有业内人士说：“一个长期无芯的国家，只能被动地选择全球产业链的下层位置。”虽然中国芯片产业一直发展缓慢，尤其在 CPU 方面几乎是一片空白，但我相信随着“魂芯二号 A”芯片的发布，随着中国在科技领域不断做出努力，我国芯片产业定将走出一条独立自主发展之路！

以“中国崩溃论”预测中国，而中国却是连续九年为世界经济贡献最大的国家；以“中国威胁论”预测中国，而中国却是帮助中非修建高铁的唯一国家。中国已经崛起如斯。

中国人，你要自信！

指导教师：张寒梅

聆听人：2016 级物流管理四班　2016042411　田恬

聆听时间、地点：2017 年 11 月 20 日于重庆工商大学博智楼

激荡与共鸣：

张维为通过纵向的历史比较和横向的国际比较，针对中国崛起这一话题与大家进行了讨论，并用以“中国：一个文明型国家的崛起”为题的演讲，对我们要走什么道路、我们将往何处去，提供了他的答案。张维为先从“数据”入手，解释分析了中国在发展方向上的成功。

张维为认为一个国家的崛起，这背后是有一个逻辑的。他这样说道：“如果你们看西方的大部分解读中国的逻辑，叫作‘历史终结论’的逻辑，就是所谓的极权主义到威权主义，威权主义到民主化。用这个逻辑来读中国的话，总是误读和读错的。”而中国的逻辑是不同的，它到底是怎样的一种逻辑呢？中国是一个文明型的国家，这种国家的崛起，它的深度、广度、厚度、强度、力度，它所能够提供的机遇、机会，在整个人类历史上都没有见到过。“中国人，你要自信”这是张维为经常讲的一句话。在节目现场他还补充道：“中国的年轻人更要自信，只要你努力奋斗，一定能够梦想成真。”

“中国：一个文明型国家的崛起”，看到这个标题的那一刻，我感受到的是一种叫作自豪和信心的东西。如果一个国家的公民对自己的国家充满了信心，那么这个国家就是一个充满了希望的国家、一个有前途的国家。毫无疑问，中国是一个有前途的国家、一个正在崛起的国家。中国，为什么是一个文明型国家呢？张维为在演讲中提到了以下八点内容。

第一，我们有占世界 1/5 的人口，约等于 100 个欧洲中等国家的规模。

第二，我们有幅员辽阔的国土，这使我们具有其他国家难以比拟的地缘优势和战略纵深。

第三，我们使用的是历史悠久、生生不息的汉语。

第四，中国具有自己独立的思想体系和文化内源性。

第五，中国有海纳百川、融多样性为一体的能力。

第六，中国具有独特的政治文化观。

第七，在经济领域内，我们不仅掌握了西方的“数目字管理”，并在这个方面有所创新和超越，同时我们还发展了自己的“宏观整合力”。

第八，中国的崛起也是中国文化进入全面繁荣和复兴的新时代。

以上八种是张维为对于中国作为文明型国家的几点特征的总结，但是不难看出，中国之所以可以作为文明型国家而崛起，最重要的原因是中国拥有几千年的历史，它底蕴深厚，有自己的历史价值和独立的思想文化。近几年，中国在国际社会上的影响力逐渐上升，我们早已经成为那个不可被忽视的国家，甚至是可以影响全世界的国家。曾经我们所经历的苦难正在不断地得到应有的回报，而我们这一代人以及以后的每一代人都应该对这个不断创造奇迹的国家充满信心，并为之不断努力。

中国的未来，我们理应相信它很光明。世界上许多国家都在期待我们华夏之子的崛起，我们又还有什么理由妄自菲薄呢？现在我们最需要做的就是：对自己、对国家、对未来充满信心。同时，这份信心不是盲目的，而是可以让自己变得足够优秀的、能够为祖国出力的！

请相信，我们的奇迹还在路上！

指导教师：邓龙奎

聆听人：2016级国贸三班　2016013344　李佳雯

聆听时间、地点：2017年12月20日于重庆工商大学慧智楼

激荡与共鸣：

随着习近平主席对中国梦的阐述，中国梦已在社会上广泛流传。之所以提出中国梦，我想他的基础必然是中国的崛起，一个拥有五千年文化，生生不息，源远流长的中华民族的崛起。

经好友推荐，我看了张维为的《中国：一个文明型国家的崛起》的演讲视频，对其内容有所了解。

初看演讲，便有感慨。演讲中的思维、新的特色、新的认知，让我突然间有了一种触动，它真真切切地震撼到了我的心灵。

在这次演讲中，张维为提出“文明型国家”的概念。所谓“文明型国家”，就是摆脱了西方学者把“民族国家”与“文明国家”对立起来的思维方法，能够把这两类国家的长处结合在一起的国家。这是张维为先生的创见。他认为，今日中国的崛起不是一个普通国家的崛起，而是代表了一种不同性质国家的崛起，是一个五千年文明与现代国家重叠的“文明型国家”的崛起。他通过大量的事实突出说明了一个道理，没有一个非西方国家取得过西方模式的成功。对于这种说法，我深以为然。这不仅仅是一种振奋人心的说法，更是一种充分认识自我的结论。

演讲开头“不再误读自己”的话题令我印象深刻。初看标题，未想到国家发展，先联想到自己——我们在平时学习中也不要误读自己，过于夸耀、过于自卑都是对自己的误读。只有清楚自己的实力，正视自己的缺点，才能取得成功。

张维为在演讲中提到，他更强调先肯定自己的成绩，在此基础上再逐步解决困难，正是有了发展，才能再谈下一步解决问题的资本。总之，正视自己的成绩，正视发展过程中存在的问题，是无论国家、企业、个人都应重视的态度。

演讲中着重比较中西方国家发展的差异，西方国家的政权大多用血肉白骨筑成：为自身利益而对中国发动的鸦片战争、八国联军侵华战争、第一次世界大战、第二次世界大战……反观中国，以和为贵，以和为同：春秋时期孔子提出的“以和为贵”、新中国的外交政策——和平共处五项原则，无不体现中国的“和”。

“中国梦”是一种极为宝贵的精神资源，凸显了时代主旋律，是中华民族追逐梦想的民族精神在新时代的具体展现，让中华民族不朽的追梦精神焕发出时代的光辉。

每个人都在追逐自己的梦想，这些梦想，构成了“中国梦”一块块的基石，构成了中国的伟大崛起。中国崛起，表现在经济、科技、军事、文化等多个领域。

在经济上，经过一代人就崛起的中国，经济总值已经位居世界第二；在科技上，各种先进技术在中国人的不懈探索下被掌握；在军事上，我们有自主研发的隐形战斗机，人数众多的纪律严明的军队；在文化上，我们博大精深的中华传统文化在新时代被赋予了新的内涵……一切都在崛起。

中国梦，靠的是我们每个人的梦。

我的梦，是平凡的人不平凡的梦。我的梦，是愿祖国昌盛久安，国力富强；我的梦，是愿天下每个人幸福快乐；我的梦，以一颗感恩的心，感谢世界，感恩你我……

指导教师：李千五

聆听人：2016级国贸三班　2016013319　王茜

聆听时间、地点：2017年12月18日于重庆工商大学博智楼

激荡与共鸣：

今天我终于听了张维为教授的讲座“中国：一个文明型国家的崛起”。网上一直说听张维为教授的讲座、看他的书会增强自己的幸福感，我一直不相信，但是听了这次的讲座之后我仿佛明白了为什么会有这种说法——因为张维为教授一直竭力从四个方面告诉我们，中国越来越强大。

张维为教授的演讲分别讲了以下几个方面的内容：

（1）以往国外对中国的看法：中国以西方不认可的模式迅速地崛起，给世界带来了相当大的震撼。西方在1989年预测中国要崩溃，在苏联解体时又预测中国要崩溃，在邓小平离世时又预测中国要崩溃，在香港回归、非典爆发、中国加入世贸组织、金融海啸爆发时他们都预测中国要崩溃了，但是这一切都成了笑话，中国不仅没有如其所言地崩溃，还变得更加坚强，屹立在世界的舞台上闪闪发亮。

（2）国内对中国的看法：由于各种原因，国内不少人对自己国家的崛起仍心存疑虑。一些只认同西方模式的人甚至认为：如果中国不朝着西方模式演变，只能是死路一条。甚至好事之徒在各方面打击中国的发展，认为日本、美国的模式才是世界上完美的模式。

（3）中国作为一个文明古国不需要别人来认可中国是不是一个文明古国，因为我们从始至终都是文明国家。中国崛起的步伐令人震撼：自1979年以来，中国的GDP增加了18倍，中国一跃成为世界第二大经济体，这还是按照官方汇率计算的。如果用购买力平价来计算，一般认为中国在1992年就是世界第二大经济体了。中国还于2009年超越德国成为世界最大的出口国。中国2009年对世界经济和贸易增长的贡献率达50%。美国前财政部长劳伦斯·萨默斯（Lawrence H. Summers）作了估算：如果说英国工业革命期间，一个人的生活水平在自己的生命周期里翻了一倍的话，那么在中国当今这场现代化大潮中，一个中国人的生活水平在自己的生命周期内可翻7倍。

（4）许多人认为我们国家还存在许多的问题，他们说：“中国存在城乡差距问题、贫富差距问题、腐败问题等，我们中国真的有你们说的那么好吗?”美国学者塞缪尔·亨廷顿（Samuel P. Huntington）在其名著《变化社会中的政治秩序》（*Political Order in Changing Societies*）中提出一个观点：“不论是在哪一种文化中，腐化都是在现代化进行得最激烈的阶段最为严重。”为什么一个国家的现代化上升时期往往也是腐败严重的时期?其主要原因就是在社会财富迅速增加的同时，国家的法治水平和监管水平一时还跟不上，这种情况可以说是大国崛起的阵痛，确实需要些时日才能解决，而且即使解决了老的腐败问题，还会出现新的腐败问题。美国2008年开始的金融危机就暴露出大量的“第二代腐败”问题，华尔街的金融欺诈和监管套利令人发指，祸害了全世界。总之，反腐败是个长期过程，最终我们还是需要通过法治建设、经济和教育的发展等，从源头上和制度上决定

性地减少腐败。

听了这些话题之后，我的内心不禁也充满了幸福感，超级演说家上经常有这样的人在台上赞美我们的国家，他们往往是那种在异国他乡求过学、做过工作的人，因为战争或者自然灾害而回不了家，但是祖国却马不停蹄地接他们回家，每次听这个话题的时候我都忍不住泪流满面。但是有的人可能因为没有经历过而无法体会到那种热血沸腾。张维为教授让我们站在中国的土地上就产生了幸福感、自豪感。

指导教师：李千五

聆听人：2016 级法学一班　2016091112　罗庆

聆听时间、地点：2017 年 12 月 28 日于重庆工商大学图书馆

激荡与共鸣：

张维为教授的这次演讲主要从五个大的方面来讲述：

（1）将中国分别与发展中国家、转型经济国家和西方发达国家作比较。首先是跟发展中国家比较，他的基本评价是，中国自改革开放后 30 多年的成绩超过了其他发展中国家成绩的总和。其次是和转型经济国家比较，他的结论也是一样，就是我们所取得的成绩超过了这些国家成绩的总和。最后和西方发达国家比较，中国国内已经形成了一种张维为教授称之为“准发达国家板块”的情况，从京津唐地区，到长三角，到珠三角，到辽东半岛，到我们内地的一些主要的城市，它们的硬件全面地超过了发达国家的平均水平，我们的硬件是世界一流的，软件的关键指标，比方说人均寿命、婴儿死亡率，也都达到了发达国家的水平。例如，上海、北京的人均寿命都比纽约高三到四岁，社会治安普遍比西方国家要好。所以，我们对西方可以平视，而不用再仰视。平视最大的好处就是可以看得比较清楚。

（2）从新的视角看懂中国的崛起。他认为我们国家通过改革开放经济发展得很快，现在已经是世界第二大经济体，仅次于美国，但是论人均 GDP 我们还排在很后面。具体可以从四个视角来看中国。第一，中国可以分成不同的板块，至少可分为两个大的板块，一个是发达板块，或者是准发达国家板块；另一个是新兴经济体板块。第二，从购买力平价来计算，中国的经济规模可能会超过美国。第三，中国通过自己的努力，现在已经是世界上住房自有率最高的国家之一，中国的住房自有率超过了所有的发达国家。第四，随着中国的崛起，越来越多的人可以出境旅游或者出境办事情了，出境人数增长明显。

（3）“中国：一个文明型国家的崛起”的概念。没有中断的五千年的文明和一个超大型的现代国家结合在一起，重叠在一起，这样的国家，世界上只有中国一个。

（4）文明型国家的制度安排即“一国四方”。“一国”就是一个文明型国家，“四方”

就是四个方面的制度安排。在政党制度方面，它主要是“国家型政党”，就是这个政党是代表一个国家和一个民族的整体利益的政党；在组织制度方面，它的特点是选贤任能；在民主制度方面，它的特点是协商民主；在经济制度方面，它的特点是混合经济。

（5）谈两种逻辑。一是美国学者福山的观点：东亚国家一般是从集权走到威权，再走到民主化，或者说是从集权体制到半集权体制，然后到民主化，这个逻辑是历史终结论的逻辑，这背后的哲学是，历史是一条直线，一个线性的从低到高，最后发展为西方这样的模式，然后历史就终结了。二是张教授的观点：他说“我把我们历史上领先西方的原因称为原因一，把我们现在三十多年、六十多年的赶超的原因，称为原因二。原因二和原因一之间是有继承关系的，这就是一个文明型国家崛起的逻辑”。

看了张教授的演讲视频，我不由自主地从心底产生一种民族自豪感，为身在这个不断进步、不断前行的国家而感到骄傲。我很庆幸我是一个中国人。张维为教授总结了中国崛起这个不争的事实。他告诉国人，中国发展至今日，我们已没有理由缺乏信心。对于腐败、环境污染、贫富差距这些中国目前存在的问题，他也没有回避，而是通过不同国家的对比分析，告诉我们这既是发展中的矛盾，也是许多发达国家还没有解决的普遍矛盾。自改革开放以来，中国在各方面取得的成就是让全世界都惊讶和感叹的。作为中国人，在这一点上我们应该毫不犹豫地对自己的国家表示肯定并以此为傲，同时也应该让中国这一路走来用艰辛和努力换来的成果成为我们每个中国人自信的资本。

指导教师：龙睿赟

聆听人：2016级会计四班　2016051434　彭媛

聆听时间、地点：2017年12月28日于重庆工商大学慧智楼

激荡与共鸣：

中国在短短的七十年里，从一个倍受欺凌的国家成长为世界第二大经济体，中国的故事实在是非常精彩。但是，在这个世界上，总有一些拥有话语权的人老是在骂我们。所以讲好中国故事，发出中国声音，是历史赋予我们这一代人的神圣使命。

这次的演讲让我想起了曾经看过的一本书，那是大一的时候我偶然到家乡的书店里看到的。当时只是被书的题目——“中国震撼”吸引，于是我就顺手买回家看看。作为一个理科生，我本不喜欢学历史，不过由于故事的吸引力，我喜欢上了看讲解历史进程的书籍，我觉得这样不仅能让我了解我的专业没涉及的知识，还可以学习一下他人对于一件事情或是一个进程的独到见解，丰富自己的见识，开阔自己的视野。《中国震撼》开篇之首，就是以翔实的资料和确凿的事实讲述了中国的发展和崛起。尽管这一进程还存在着发展不平衡、分配差距拉大、资源环境约束、权钱交易腐败等种种问题，尽管还会有各种各样的

质疑和想法，尽管抱有偏见和别有用心的“唱衰中国”的声音也从来没有中断过，但中国的发展和崛起却是不争的事实。这正如同本次我所聆听的演讲中讲到的。张维为把当代中国的发展和崛起置放在几千年的中国文明历史的大背景下来考察，因而有了“中国：一个文明型国家的崛起”这个主题。有着没有中断的五千多年文明历史而又在现代发展、崛起的国家，世界上只有中国一个。正如张维为所讲：“数千年古老文明与现代国家形态几乎完全重合的国家只有一个，那就是中国。”《中国震撼》一书认为“一个‘文明型国家’的崛起”，也是一种“发展模式的崛起”。这也如同本次演讲中所讲的。其实一个文明的中国能崛起是偶然也是必然，一个群体要想长久存在，首先必须要有悠久的文化底蕴，还要有文明传承，有了这些才有所谓的信仰，一个民族要强大就得有坚定不移的信仰，并为此做出不断努力，这样才有存活下去的前提；其次还得有好的领导来带领这个民族，优秀的团队也是必不可少的。这些中华民族都具备了，有了历史进程的推动，再加上正确的决策方针，所以中国这个文明型国家的崛起是令人震撼的。

张维为把中国发展模式概括为八大特点，即实践理性、强势政府、稳定优先、民生为大、渐进改革、顺序差异、混合经济、对外开放。显然，张维为认为，中国模式及其八大特点指的就是中国发展道路的基本特征、中国发展经验的基本概括。这告诉我们，中国的崛起的确是令人震惊的。

指导教师：罗琼

聆听人：2016级经济统计学二班　2016105221　白煜倩

聆听时间、地点：2017年12月18日于重庆工商大学图书馆

激荡与共鸣：

21世纪，中国作为文明型国家的崛起，应该使我们自信。张维为老师用三个例子向我们展示了中国模式和西方模式的关系，告诉我们应该自信了、我们可以自信了。

例子1：“阿拉伯之春”的爆发使西方民主进入阿拉伯，证明了西方模式、欧洲模式在中东并未成功，但是中国模式却在中国取得了巨大的成功。

例子2：东欧剧变、苏联解体，使西方民主模式降临到了“铁幕国家”，经过了27年，前社会主义国家和中国已无法相比。在苏联解体的时候，俄罗斯的经济规模比中国大，但是，现在还没有达到中国的五分之一。这显然已是一个鲜明的对比，这些历史都证明了中国模式是一条可行之路，也证明了西方模式在中国、在东欧并不适合。

例子3：张维为老师比较了中国和美国。他用中位家庭净资产、人均预算寿命、社会治安的水准、对国家发展方向是否满意这四个指标对中美两国进行对比。2010年中国城镇家庭净资产比美国低一万美元，但自2010年之后，中国的城镇家庭净资产在不断增加，

但是美国却没有超过2010年。上海比纽约人均寿命高四岁，社会治安更好4~5倍，人民对国家发展方向的满意度以及乐观程度也要比纽约的好。

这三个例子全都证明了中国模式的可行性，证明了中国特色社会主义道路是一条成功的道路。缘由一：我国是社会主义国家中最大的经济体，根据购买力平价创造了世界最大的中产阶层，成为世界最大的外汇储备国家，向世界输出了最多的游客，而且基本建立了全民养老、全民医保。这些都是中国模式所取得的成就。缘由二：在这条道路上我们从没有经历过金融危机，但是，走西方模式的许多西方国家出现过财政危机、经济危机。缘由三：我国拥有世界上最好、最大、最多的交通道路、交通工具，这也为中国模式的可行性提供了有力的证据。

张维为老师的演讲让我更加了解祖国的现状，也让我因我国的进步而自信许多，我为自己是一名中国人而感到庆幸，为我的祖国取得如此大的进步感到骄傲，为祖国多年“赶考”取得优异的成绩而感到自豪。在张维为老师的演讲中，他用可靠的数据，用实事求是的历史事件为我们解释并展示了什么是中国模式，通过中国模式我们取得了哪些成就，同时也讲明了西方模式和中国模式的区别。我国的进步、我国的成就充分地证明了中国模式已经赶上了西方模式，甚至已经超越了西方模式，这些数据、这些资料都证明了我国崛起了，我们应该自信了。我非常赞同他的观点，即我们应该为我们祖国的崛起而自信，更应该为祖国的崛起而自豪，但自信不等于骄傲，因而我们也绝不能因为取得的巨大成就而松懈、止步不前，我们只是在“赶考”的路上喘一喘气，抬一抬头。我们将会带着这份信心继续前进、继续努力，让“赶考”的这条道路走得更好，走得更直，走得更远。我国的崛起不仅仅是经济上崛起，我国的国际地位、发言权也取得了巨大的进步。

中国，作为世界文明古国之一的国家，经历过挨打，经历过挨饿，经历过挨骂，这些我们都因为坚持了中国模式而一一克服了，难道这些历史还不能说明中国模式的可行性吗？难道它给我国带来的巨大变化还要受西方国家的否定吗？如今的中国，世界已经离不开它了，这就是真正的崛起，是经济的崛起，是话语权的崛起，是国际地位的崛起。这些都应该是我们自信的理由、自信的资本。

指导教师：钱晓东

聆听人：2016级国贸四班　2016013417　司慧旻

聆听时间、地点：2017年12月18日于重庆工商大学博智楼

激荡与共鸣：

演讲者首创了“文明型国家”的概念。所谓“文明型国家”，就是摆脱了西方学者把“民族国家”与“文明国家”对立起来的思维方法，能够把这两类国家的长处结合在一起

的国家，这是他的创见。当然这是很学术性的观点，我并不知道什么是真正意义上的“民族国家”，也对“文明”没有更深刻的理解。相比之下，他后面的一句话就容易理解多了。他认为，今日中国的崛起不是一个普通国家的崛起，而是代表了一种不同性质国家的崛起，是一个五千年文明与现代国家重叠的“文明型国家”的崛起，是一种新的发展模式的崛起。与此相对应地，演讲者通过大量的事实说明了一个道理：“没有一个非西方国家取得过模仿西方模式的成功。”

“没有一个非西方国家取得过模仿西方模式的成功”，突然而有力地戳中了我心里的某个点，简直是不能再完美的一句话了。这么多年，我们中总是有人边走边怀疑自己是不是走错路了，还有些人的想法并没有达到这么深刻的程度，只是充当“喷子”。在雾霾出现的时候，在“红黄蓝”事件在微博热搜榜消失的时候，酸溜溜的言论在网络上开始出现。不可否认，到今天为止我们国家出现过各种大大小小的恶劣事件，有来自环境保护的，有关于教育体制的，这些都是。对于这些问题，我们不能忽视，不能逃避，但是更不能做的是所谓的“跟风”，盲目地、不加思考地用酸溜溜的言论为不法分子蛊惑人民开路。

说到盲目，我很想说说理性。这个环节叫作“激荡理性”。那什么是理性呢？我以前写过一篇演讲稿——《金字塔尖的利己主义》。“利己”有两种：其一是谋求金钱财富，是事不关己高高挂起的态度；其二就高尚很多了，是谋求内心道德层面的满足。这里的理性，我觉得就是两种“利己”的和，即独立思考之后做有利于自身发展的判断，客观公正地看待问题。但是这似乎缺少了什么。极端化的理性让人麻木，就像一个没什么感情的机器，仔细想来，我们现代人的理性中缺少的其实是感性的“情怀”。

我有很多朋友，他们都是各自领域的佼佼者。专业第一名、演讲比赛冠军、学生会主席……每个人每天都是非常忙的，我约他们一起吃饭这种事都要被安排到一周甚至两周以后。相比之下，我觉得我像是一事无成加上无所事事的“垃圾”了。在一年的相处里，他们从未提及当下的热点事件，甚至对于“萨德”这种大家伙儿都知道的事情知之甚少。我想这就是“金字塔尖”的人的缩影吧。如果职业从未涉及政治、经济和军事，那自己看到的可能就真的只是摆在桌上的文案。

再来回到我们的国家，如果我们能用带着“人文情怀”的理性来看待它的发展，那纵然出现各种问题，我们也可以是自信的。

爱国不是盲目自信，但是理性也不是否定和批判。我们应该给祖国时间，也给我们时间，因为“没有一个非西方国家取得过模仿西方模式的成功”。

指导教师：沈顺祥

聆听人：2016级经济学一班　2016011146　付文

聆听时间、地点：2017年12月18日于重庆工商大学博智楼

激荡与共鸣：

在中共十九大闭幕后不久，习总书记做报告的声音依旧环绕在世界东方的上空。这次党的十九大备受关注，因为这次大会将是我国实现“两个百年目标”之一的决胜大会，将会在全局上带领我们建成全面小康社会，进一步实现中华民族的伟大复兴。

中国，四大文明古国之一，也是唯一延续至今的文明古国。我们曾经在古代取得了巨大的成就：世界上最大的经济体、流传千年不断的文化、养育了世界上最多的人口。但是我们在近代也领悟到了落后就要挨打的滋味。整个中国的近代史就是一部侵略史和抗争史。四万万人民被西方列强与帝国主义蹂躏，无数先贤慷慨赴死，最终在中国共产党的带领下，我们取得了抗日战争和解放战争的胜利，建立了中华人民共和国。从此，古老的东方巨龙开始了它的和平苏醒的旅程。

以十一届三中全会作为近代的转折点，中国人民找到了属于自己的特色道路——改革开放。自1949年以来，共产党带领全国各族人民在探索的道路中艰难前行，有过成就，也有曲折。但实践证明改革开放的道路是完全正确的。对内改革，家庭联产承包责任制极大地调动了农村生产积极性；对外开放，“引进来”与“走出去”，中国特色社会主义市场机制让人民的钱袋子日益鼓起来。可以看到，我们每一个人都成了改革开放的受益人，祖国在慢慢强大，人民在渐渐富裕。

可是社会上总有一些不和谐的声音。一些人享受着国家带来的好处，却否定国家的成绩。这群人向往着西方的生活，问其原因，多半都是从媒体和网络上了解到西方是多么的好。我们既不能全面否定西方，也不能全面肯定西方的制度。有些中国人似乎天生埋怨自己是中国人，崇洋媚外。对于这些人，我只能说：“中国人，你要自信。”作为唯一延续下来的文明古国，中国的文化差了吗？作为世界经济最重要的增长极，中国不是在奋起直追吗？对任何问题都要辩证地来看，我们有不足之处，西方也有其不足之处。然而我们正在努力地改进这些不足，甚至比大多数西方国家都要做得好。你看我们的高铁，你看我们的移动支付，你看我们的量子技术，你看我们的生物技术，你看我们的C919，你看我们的外汇储备量……如此巨大的进步难道不是中国近年来的成绩？我相信，只要我们团结一心、踏实苦干，中国成为世界上最耀眼的国家只是时间问题。所以，中国人啊，你要自信，炎黄子孙怎么可能比别人差？我们与别的国家的差距在一点点地缩小，甚至在有的领域我国已处于世界顶尖地位。

就像张维为教授说的，中国的崛起是一个文明古国的文明崛起，中国的崛起受益的不仅是中国人民，还有全世界的人。我们现在应该做的不是去羡慕外国的好，而是要仰望星空，脚踏实地，做好自己，最终实现中华民族的伟大复兴。

中国人，你要自信！

指导教师：沈顺祥

聆听人：2016级贸易经济一班　2016012140　韩银露

聆听时间、地点：2017年12月18日于重庆工商大学慧智楼

激荡与共鸣：

在一个有着几千年文明史，并且幅员辽阔而经济文化落后的东方大国，实现现代化、实现振兴和崛起，无疑是一个时代前沿的大课题。中国的迅速发展和崛起，特别是改革开放和现代化建设的40年所取得的成就，吸引着国内外许多人的目光。尽管在这当中有各种各样的质疑，尽管国内外抱有顽固偏见和别有用心的“唱衰中国”的声音从来没有中断过，但是中国在短短的几十年内，从贫穷落后的国家一跃成为世界第二大经济体，人民生活明显改善，经济实力和综合国力显著增强，国际地位大幅提升，这是不争的事实。正如张维为教授所说的那样，“中国的崛起改变了中国，也改变了世界”。

张维为教授的整个演讲可以分为三个部分：中国的现状为什么算是崛起？为什么是文明型崛起？中国是如何崛起的？

张维为教授用三十年内的比较——中国与发展中国家、转型经济国家以及西方发达国家的比较证明了中国的崛起。首先是跟发展中国家比较，中国过去三十多年的成绩超过了其他发展中国家成绩的总和。把印度、巴西、埃及等国家的成绩都加在一起，也不如中国，因为发展中国家最大的挑战都是消除贫困，而中国在消除贫困方面做得是最好的。六亿多人脱离了贫困，这是了不起的成绩。就算相对弱势一些的农民群体，基本上都有土地和房子。贵州、云南、四川相对贫困的地方的农民，照我们国家的算法，他们还算是扶贫的对象，但如果到埃及，或者到印度去的话，他们应该属于中产阶级。其次是和转型经济国家比较，也就是与从中央计划经济转到市场经济这一类型的国家相比，特别是与中东欧的国家相比，结论也是一样，就是我们所取得的成绩超过了这些国家成绩的总和。在苏联刚解体时，俄罗斯的经济规模比中国还大，现在满打满算，俄罗斯的经济规模仅为中国的四分之一。张维为教授做了一个粗略的计算，我国现在外汇储备是将近四万亿美元，这大概等于中东欧国家的GDP加上俄罗斯的GDP，并且我们还多一点。最后是与西方发达国家比较，实际上中国的进步完全可以和它们比。中国国内已经形成一种被张教授称为“准发达国家板块”的地区，只要仔细去观察，我国发达地区的硬件全面地超过了发达国家的平均水平，我们的硬件是世界一流的，机场、铁路，甚至商业设施都是如此。对于软件的关键指标，比方说人均寿命、婴儿死亡率等，我们也都达到了发达国家的水平。

从与其他国家的比较中已看出如今中国的变化，但为什么中国的崛起是文明型崛起？文明型国家有四个非常鲜明的特色，即“四超”，就是超大型的人口规模、超广阔的疆域、超悠久的历史传统、超丰富的文化积淀。中国的人口规模自不用说，超大型的人口规模既是挑战也是机遇；“海阔凭鱼跃，天高任鸟飞”，广阔的疆域给中国带来了战略纵深的条件；而悠久的历史传统以及丰富的文化积淀都折射着中国的文明崛起。西方国家的崛起大多伴随着血雨与尸骨，是在战争的基础上的崛起，而中国则是和平的崛起，是文明型

崛起。

中国是如何崛起的？这要归功于制度安排，即政党制度、组织制度、民主制度、经济制度。我国的执政党是中国共产党，我国实行一党制，从而保证了政治权力的稳定。组织制度的核心是选贤任能。我国的民主制度即民主集中制是符合中国国情的，不同于西方的票决制，比方说在任何一个国家，如果你被 90% 的人同意，10% 的人不同意，那压倒少数，90%胜利了。但在中国这个超大型的国家，即使 10%的人也是一亿多人，这是不能被忽视的声音。这也是为什么要多协商才能比较好地解决问题，而不是采用简单的票决制。中国的民主集中制决定了国家重要的事件要花一年半的时间谨慎决定，这让国家建设免于走弯路，从而更快地崛起。

中国现在已经崛起了，我们应该改变自己的观点去看待中国的崛起。中国与西方发达国家并不是差之千里，比较也不应以其长比我短。张维为教授的演讲告诉我们，应以另外的视角来看中国的崛起，中国正在中国特色的发展道路上越走越好。

正如张教授说的一句话："中国人，你要自信。我们要把不自信的帽子送给我们的对手。"

指导教师：谢书楠

聆听人：2016 级策划二班　秦绍发

聆听时间、地点：2017 年 12 月 28 日于重庆工商大学启智楼

激荡与共鸣：

中国从几十年前的一个饱受欺凌的国家成长为目前世界上的第二大经济体，这是中华民族在这七十几年来不懈努力奋斗与探索的结果。中国找到了一条适合自身的发展模式——中国特色社会主义道路。如今的中国综合实力显著提高，在国际上的地位日益提升。但是由于意识形态的偏差，许多西方国家并不认可也不承认中国取得的成果，宣扬"历史终结论"，更有甚者宣扬"中国威胁论""中国衰退论"，宣称中国的发展会影响世界各国的利益甚至带来灾难，宣称中国经济与社会已经进入衰退时期，经济不再具有增长活力，社会也进入混乱。对于这样的现象，复旦大学中国研究院院长——张维为有自己的见解，他为中国的发展与对全球的贡献正名，否认"历史终结论""中国威胁论""中国衰退论"。

张维为教授指出中国的崛起是文明的崛起，是不靠输出武力与军力取得发展的国家崛起。他指出中国的发展有自己的逻辑，有自己的"中国模式"，他通过三个事例来说明中国的和平崛起：将欧洲难民危机与中国每年出警人口数作比较；与苏联的政治体系作比较；从中位家庭净资产方面和美国进行了比较，指出目前中国拥有世界上最大的中产阶级

与最多的外汇储备，做到了超大型国家的和平崛起。他还指出新社会发展不能仅仅靠人均GDP来衡量，应该用新的指标来衡量：中位家庭净资产、人均预期寿命、社会治安水平、国民对国家发展方向是否满意。以这几个指标来衡量中国的发展时，中国在有些方面较发达国家不仅不差，反而更好。中国的发展依靠的是中国道路与“中国模式”。对于中国模式张维为教授有着自己的理解：经济上，实行混合经济——社会主义市场经济，这样的经济模式使得中国从未经历金融、财政、经济危机，并且老百姓的财富实现了爆发性增长，这样的模式是可以和西方的经济模式竞争的；社会上，社会与国家良性互动，这种互动是一种非对抗性的，有着更大的活力与凝聚力；政治上，从如何产生国家领导人的方面对中西方的民主政治做了比较：西方模式依靠选举或者大众选举，中国讲究“任人唯贤”，通过“选拔+选举”的模式选出国家领导人，张维为教授指出这是世界上最有竞争力的制度。在对文明型国家的理解上，张维为也有自己的见解，他认为文明型国家有“四超”：超大型人口规模、超广阔的疆域国土、超悠久的历史传统、超丰富的文化积淀。他指出，中国的文明崛起的逻辑与几百年落后和现在反超的逻辑是一脉相承的。中国的崛起有她的政治文化传统——民本主义（把民生放在第一位），有她的战略纵深——巨大的地缘政治、地缘经济、地缘战略的优势。中国不仅自己发展起来了，也对世界产生了重要的影响，做出了极大的贡献。虽然中国在发展和崛起的过程中存在一定的问题，但是成绩大于问题。我们认识一个国家要从整体上把握，世界各国要承认中国的发展与贡献，不应该存在任何的偏见。

中国的文明崛起也是为世界各国所见证的，我们在发展与崛起的过程中与西方国家存在着巨大的差异，我们不用武力与军力去谋取发展，这不仅仅是由我们的文化传统所决定的，更是由我们现实的智慧所决定的，在发展中我们谋求“合作共赢”。中国谋求的不仅仅是自身的发展，还希望通过自己的能力带动全世界经济的发展，构造一个国际“命运共同体”，并通过自己的实践向落后国家传授发展的经验。在全球博弈激烈的今天，在现实中仍可以见到很多实例去论证中国的文明崛起。在2016年的G20杭州峰会上，中国对于全球治理提出了“中国方案”，提出了“构建创新、活力、联动、包容的世界经济”的主题，这对于与会各国乃至世界各国产生了极大的影响。“一带一路”的战略规划，不但推动了中国的发展，而且也拉动了沿线国家经济的发展，促进了各国之间的经济与文化的交流。“亚投行”的建设，不仅仅让中国受益，也让许多发展中国家受益。“要想富，先修路”，中国高铁已经走向了世界，中国人为全世界完善基础设施，许多亚非国家得到中国的援建，修建了国家的第一条铁路，打通了全国的经济网络，打开了与世界沟通的桥梁。中国始终坚持爱好和平的文化传统与和平发展的外交政策，中国是世界上签署与世界和平相关的条约最多的国家，中国也是联合国维和部队中派出维和人员最多的国家。从中国内部的发展来说，中国通过创新驱动与供给侧结构性改革刺激了经济发展而非对外扩张性的发展，通过完善全国的交通运输网络，为经济增长提供了坚实的基础。中国通过自己的规划蓝图，一步一步地坚实地向前发展，我们有“十三五”规划，有“实现中华民族伟大复兴”的中国梦。在近期的中共十九大上，党和国家又提出了新的发展目标，未来中国必将在和平崛起的道路上越走越远。

对于类似针对中国的“历史终结论”“中国威胁论”“中国衰退论”的言论，中国会用实际来一一反驳。我们自古以来就是爱好和平、讲求“天下大同”的国家，我们不会以任何方式去威胁别国的主权、安全与发展利益，我们并不想成为称霸全球的国家——这向来不是我们的价值取向。我们讲求的是“命运共同体”，全世界各个国家团结起来，一起治理全球，一起发展。我们希望看到的世界是和平的、共赢的与包容的，世界能够越来越好。中国的崛起从来都不靠武力，我们有自己的“中国模式”与“中国道路”，中国的崛起是和平的崛起，最终将为世界人民所认可。

指导教师：杨华

聆听“不忘初心，继续长征”有感

长征历时之久、规模之大、行程之远、环境之险恶、战斗之惨烈，在中国历史上是绝无仅有的，在世界战争史乃至人类文明史上也是极为罕见的。在长征的时候，毛主席很清楚中国的敌人是谁，而现在中国的“敌人”中，有些其实也是全人类共同的敌人，就像气候变化，或者核武器扩散等问题。八十年前，中国工农红军用信仰和生命为中华民族闯出了一条浴火重生之路；八十年后，在新长征路上，我们依然在“赶考”。贯彻习近平总书记纪念红军长征胜利80周年的讲话精神，北京大学教授韩毓海为你解读长征精神对当下的启示。

演讲者：韩毓海

韩毓海，男，1965年11月4日生于山东烟台，中共党员。北京大学文学博士，北京大学中国语言文学系教授，博士生导师；曾担任美国纽约大学东亚系访问教授（2008年）、日本东京大学教育教养学部特任助教授（2005年）、韩国高丽大学人文学部客座教授（2000年），并曾在美国普林斯顿大学等学术机构从事学术研究；入选北京市新世纪社科理论人才百人工程（2008年）。韩毓海的主要研究领域为中国现当代文学、人文地理学、中国现代思想史。

聆听人：2016级土地管理一班　2016063111　王玉冰

聆听时间、地点：2017年11月8日于重庆工商大学图书馆

激荡与共鸣：

长征，是中国革命历史上的一次转折。长征历时之久、规模之大、行程之远、环境之险恶、战斗之惨烈，在中国历史上是绝无仅有的。在长征的时候，毛主席很清楚中国的敌人是谁，而现在我们“中国的敌人”中，有些其实是全人类共同面对的敌人。八十年前，中国工农红军用信仰和生命为中华民族闯出了一条浴火重生之路。八十年后，在新长征路上，我们依然在“赶考”。贯彻习近平总书记纪念长征胜利80周年讲话精神，就要不忘初

心、继续前进，走好新时期的长征路。

作为一名入党积极分子，我刚参加完党课培训，对中国共产党有了更加深刻的认识，对于中国共产党领导下的红军长征也认识颇深。

长征，是一部中国工农红军艰苦卓绝的战争史书。长征精神之所以历久弥新，就在于它不是静止的。“今天，有一条道路，把后来者与在座的英雄前辈们联系起来，中国人民把这条道路叫作长征。习近平总书记说：每一代人都要走好自己的长征路。”这是韩毓海教授在演讲之初说的一句话。听到这句话，我不禁想到了毛主席的《七律·长征》：红军不怕远征难，万水千山只等闲。五岭逶迤腾细浪，乌蒙磅礴走泥丸。金沙水拍云崖暖，大渡桥横铁索寒。更喜岷山千里雪，三军过后尽开颜。毛主席用一首短短的七律诗浓缩了两万五千里的漫漫长征路，其中充满了多少惊险、多少曲折、多少悲壮、多少惊天地泣鬼神的故事，足以让人牢牢地铭记一生。这正是革命先烈们艰苦长征的真实写照！

红军长征，是在党的正确领导下取得胜利的。

红军长征，彰显了中国共产党的力量。

红军长征，使我们党更加成熟、更加有力量。

红军长征，是中国革命历史上的一次重大转折。它改变了中国工农红军的命运，改变了中国共产党的命运，也改变了中华民族的命运。

红军长征已然成为遥远的历史，但是长征留下的精神财富是永恒的，这就是中国共产党人和红军将士用生命和热血铸就的伟大长征精神。伟大的长征精神，概括起来就是胸怀目标、矢志不移的坚定信念；无所畏惧、勇往直前的英雄气概；实事求是、独立自主的创新胆略；顾全大局、紧密团结的革命风格；心系群众、患难与共的高尚情怀。伟大的长征精神，已经成为中国共产党人的红色基因和精神族谱的重要组成部分，深深融入了中华民族的血脉和灵魂，成为社会主义核心价值观的丰富滋养，成为鼓舞和激励中国人民不断攻坚克难、从胜利走向更大胜利的强大精神动力。

今天，战争硝烟已经远去，但和平发展的天空并非晴空万里。在实现中华民族伟大复兴的道路上，新的长征与当年的红军长征一样将是山水重重的漫漫征程，将面临严峻的困难和考验。

决定长征命运的是千千万万个红军战士的坚持和人民群众的支持，得到人民群众的支持是战争胜利的重要因素。因此，为了人民的事业，我们这一代人要走好长征路，要有“看齐意识”，向以习近平同志为核心的党中央看齐；不要走封闭僵化的老路，也不要走改旗易帜的邪路。在新世纪、新阶段，我们应高举长征精神的火炬，让曾经推动中国革命取得成功的光荣传统在新的长征中焕发出时代光芒，激励我们开创新的局面。每一代人都有每一代人的长征路，每一代人都要走好自己的长征路。当代中国共产党人的长征路，就是要实现“两个一百年”奋斗目标、实现中华民族伟大复兴的中国梦。

指导教师：陈刚

聆听人：2016级国际营销二班　2016041205　陈泽建

聆听时间、地点：2017年11月18日于重庆工商大学南十九栋

激荡与共鸣：

在国内国际形势严峻的当今社会，有很多人迷失了自我，忘记了自己的初衷。也有很多人于庸庸碌碌中停滞不前，这样的人忘记了初心，不敢前行。幸而，我们能找回初心，也能守住自己的初心，进而激励自己、砥砺前行。

聆听了韩毓海教授的讲座，我对于“不忘初心，继续长征”，有诸多感悟。第一个方面，关于初心。从中国共产党来看，无论是八十年前的红军长征，还是八十年后的今天，党的初心就是全心全意为人民服务，代表最广大人民的根本利益，坚持走群众路线；从当代年轻人来看，年轻人的初心是他们的理想，可能他们在追逐理想的路途中遇到了困难或是错误的引导，从而偏离了自己的理想，但是他们没有忘掉自己的初心，于是继续前行。第二个方面，关于长征。学过高中历史的我，对长征的意义可以说是背得滚瓜烂熟，但也只是能够背诵而已，却没有真正地了解。到现在我才明白，长征并不仅仅是使中国革命转危为安的道路，还是中国人民创造历史的道路，它不是博古、王明走教条主义、“左”倾僵化的道路，也不是张国焘投降逃避的道路，更不是改旗易帜的邪路，而是一条具有中国智慧的道路，是真正正确的领导党和红军走向胜利的路。

在韩毓海教授的演讲中，关于长征的意义，我印象最深刻的就是创新。他从近代中国的一小部分历史出发，讲述了当时中国农业文明对战西方工业文明的必然失败，而中国也采取了措施，模仿西方，购进西方武器建立军队（譬如北洋水师），却还是出现了惨败的情况，因为那是“东施效颦”罢了。但是长征却是一次真正的创新，是中国特有的一次征途，是中国工农红军坚持自己的初心，进行的一次在军事、思想和路线上的创新。当代的青年人，每一个人都有自己的理想，我们也面临着自己的长征路，在自己“长征”的路途中也应坚持实事求是，不忘初心，砥砺前行。长征的另一个意义即长征的胜利是人民的胜利也让我感触颇深。所谓“水能载舟，亦能覆舟”，正是懂得这个道理，共产党充分认识到人民群众的力量，并得到了广大人民群众的支持，我们才能走过艰难的革命岁月，最后建立起新中国。

而在四位嘉宾对韩毓海教授的提问里，我也发现了一些确确实实存在的问题。首先，当代的一些青年人并不是十分了解和关注长征精神，一部分年轻人要么忙碌地工作，要么享受安逸的生活，不知道为了什么而活着，他们可能会辜负先辈烈士的牺牲，这或许就是初心的缺失。其次，八十年前毛主席能确切地知道谁是中国革命的敌人，而今天中国革命的敌人是全人类的共同敌人，譬如全球气候变化，那么对于在这种条件下中国应该如何“长征”，党的十八大、十九大都在提出措施，不断完善。面对错综复杂的国内外环境，政府又该如何“长征”，这是我特别关注的问题。

不忘初心，方得始终，而始终还需砥砺前行，那就让我们继续“长征”。年轻人要记得最初的梦想，即使前方困难重重，即使被迷雾蒙蔽了双眼，也要有“良知”和初心，砥砺前行。中国共产党、中国人民只要不忘初心，就能持续推进实现中华民族伟大复兴，走好新时代的新长征路。

指导教师：范建明

聆听人：2016级城市管理　2016285110　梁思丹

聆听时间、地点：2017年11月26日于重庆工商大学慧智楼

激荡与共鸣：

“红军不怕远征难，万水千山只等闲。”八十年前的两万五千里长征虽然已成为久远的记忆，但是那段英雄岁月是不可磨灭的，那种英雄气概直到今日还激励着我们迎难而上，成为我们生生不息的精神力量。

韩毓海教授说长征首先是人民的胜利，其次是创新的胜利，再次是领导力量的胜利。长征是一次伟大的历史转折，它改变了中国工农红军的命运，改变了中国共产党的命运，也改变了中华民族的命运，使中国革命由失败走向胜利，也开启了中华民族伟大复兴的大门。当时中国处于一种落后挨打的局面，其重要原因就是工业的落后。西方已经在进行工业革命的时候，中国还停留在农业文明当中，没有工业体系，军事力量薄弱，难以抵挡西方列强的洋枪洋炮。在韩教授看来，中国只学习、不创新，仍然无法崛起。这场悲剧的真正终结，是在那个寒冷的冬天，当长征红军到广西全州时，实施了不惜一切的渡江行动，结果湘江战役损失严重。由此失败，韩教授指出，从西方购买的武器不能击溃发明这个武器的西方列强，学习西方的战争技术不足以对抗发明这些技术的西方列强及其走狗。要想从根本上解决这一问题，中国除非发生一次军事革命、一次思想革命、一次路线革命，这就是长征的意义。

长征胜利后，中国革命逐步走向胜利。习近平指出，弘扬伟大的长征精神，走好今天的长征路，必须把人民放在心中的最高位置，坚持一切为了人民、一切依靠人民，为人民过上更加美好的生活而矢志奋斗。我们这代人也要走好我们的长征路。发展是为了人民，而人民创造历史。我们不能走封闭僵化的老路，更不能走改旗易帜的邪路。不忘初心，继续长征是我们每个中华儿女的使命。

中国特色社会主义进入新时代，是新长征的一个新起点，在中华人民共和国发展史上、中华民族发展史上具有重大意义，在世界社会主义发展史上、人类社会发展史上也具有重大意义。新时代意味着新起点、新任务、新要求。我们要提高战略思维能力，不断增

强工作的原则性、系统性、预见性、创造性，按照新时代的要求完善发展战略和各项政策，进行伟大斗争，建设伟大工程，推进伟大事业，实现伟大梦想，将中国特色社会主义事业的长征推向前进。不忘初心，牢记使命，走好新时代的长征路！

指导教师：何莉

聆听人：2016 级经济学三班　2016041103　陈慧蓉

聆听时间、地点：2017 年 11 月 19 日于重庆工商大学南十九栋

激荡与共鸣：

在演讲视频中，韩老师对长征的讲解让我感到非常震撼，更让我对为建立新中国而付出生命的无数先辈充满敬意。长征是人民的胜利、创造的胜利，还有领导力量的胜利。确实如此，长征的战争因素是人民，成功更是因为人民的力量，最终目的就是为了让人民摆脱落后挨打的局面。长征是迫于严酷的形势而不得不进行的一次无奈的战略大转移。但是，正是在这个战略大转移的过程中，一次次失败的教训和血的事实，使我们的党和军队认清了错误路线的本质和危害，从而确立了毛泽东同志在党内的领导地位。毛泽东同志用他那政治家的敏锐目光洞察形势，用他那军事家的雄才大略指挥红军，使红军战胜了无数的艰难险阻，终于到达了陕北，取得了长征的伟大胜利，也使中国革命走向了一个新的起点，从此踏上了胜利的坦途。

在长征胜利以后的岁月里，中国共产党和毛泽东同志领导着中国人民前赴后继，用不屈不挠的革命精神，又经过了艰苦卓绝的斗争，终于推翻了三座大山，建立了社会主义新中国。可以毫不夸张地说，没有长征，就没有中国革命的胜利，就没有改革开放的今天。而在艰苦卓绝的长征过程中所形成的长征精神，正是我们中国共产党人能够领导中国人民取得辉煌胜利的强大精神保证。没有长征的胜利，人民就不能摆脱“人如草芥”的状态。长征就是中国的一个转折点，它让处于落后阶段的中国进入了一个新的阶段，为中国的进一步解放奠定了基础。

岁月悠悠，当年那支衣衫褴褛、疲惫不堪，依靠着坚贞不屈的革命精神和实现共产主义、建立社会主义新中国、让全中国人民过上好日子的坚定信念而走出雪山、草地的军队，已经成为一支强大的、现代化的国家武装力量，成为一支所向披靡的威武之师。抚今追昔，我们深深地感到，人是要有理想和信念的，正因为有了理想和信念的支撑，红军才走出了雪山、草地，完成了艰苦卓绝的二万五千里长征。理想和信念，是革命胜利的可靠保证！尽管现在中国发展得越来越好，但是我们也要牢记长征精神。就像习近平总书记说的：“我们这一代要走好我们的长征路。”

现在，我们新的党中央领导集体，正在率领全党和全国人民，为把我们国家建设成为

伟大的社会主义强国，让人民都过上更加幸福美满的生活而进行着新的长征。随着党的十九大的召开，全国人民都已经认识到我国近几年的发展状况，“我国社会主要矛盾已经转化为人民日益增长的美好生活需要和不平衡不充分的发展之间的矛盾。”这表明中国进入了新的发展阶段，但还有许多未知的挑战在等着我们。我们所能做的就是听从党的领导，在党的领导下继续长征，去创造属于自己的美好明天。要有“看齐意识”，向以习近平同志为核心的党中央看齐。相信在党中央的领导下，中国的发展会越来越好。不忘初心，继续长征！

指导教师：刘富胜

聆听人：2016 级会计六班　2016051611　陈萍

聆听时间、地点：2017 年 11 月 12 日于重庆工商大学图书馆

激荡与共鸣：

听完讲座后，我更加了解到长征历时之长、规模之大、行程之远、环境之险恶、战斗之惨烈。八十年前，中国工农红军用信仰和生命为中华民族闯出了一条浴火重生之路；八十年后，在新长征路上，我们依然在“赶考”。“红军打胜仗，人民是靠山。”习近平总书记指出，长征的胜利，充分说明了中国共产党，必须在人民中间生根开花，必须紧紧依靠人民来克服困难、赢得胜利。弘扬长征精神，走好今天的长征路，必须把人民放在最高位置，坚持一切为了人民、一切依靠人民，为人民过上更加美好的生活而矢志奋斗。韩教授认为，中国共产党凝聚全体人民的智慧力量，将其从一盘散沙变成铜墙铁壁，这是中国历史上破天荒的创举，也是中华民族实现伟大复兴的强大动力。保持党和人民群众的血肉关系，这就是我们的初心。我们今天纪念长征，就是因为中国的发展正在影响世界。对于我们这一代人要怎样走好长征路，韩教授分享了三点启示。第一点，人民是国家的主人。我们的发展不是为了 GDP，而是为了人民。他认为，长征就是人民创造历史，没有人民就没有胜利。第二点就是创新。长征代表了军事路线、思想路线的创新。他提出我们不能走“左”的僵化的老路，但是我们更不能走改旗易帜的邪路。第三点是“看齐意识”。韩教授认为我们应该向以习近平同志为核心的党中央看齐，向代表人民利益、代表人类发展方向的这样一个领导集体看齐。此外，在提问环节里，他又向我们分享了以下观点：长征是年轻人的革命——理想是青春的底色；革命理想高于天；群众路线是到人民群众中发现天理和良知的过程；反思全球性根源问题，中美人民应共同面对；坚决走社会主义道路，达到共同富裕。总之，韩教授的许多观点让我受益匪浅。

长征是中华民族不屈不挠精神的典范，是人类史上艰苦奋斗精神的楷模，是充满无私奉献精神的史诗。一个国家、一个民族，只要有艰苦奋斗的精神，实事求是、无私奉献，就能够成就事业、创造辉煌。

长征路是艰苦漫长的，新的长征路会更漫长、更艰难。因此，我们回忆长征、纪念长征，就是要更好地继承和弘扬红军长征精神，把红军长征留给我们的宝贵精神财富一代一代地传下去，万众一心、艰苦奋斗，争取社会主义现代化建设“新长征”的胜利。艰苦奋斗是中华民族的传统美德，是我们党领导和团结人民进行革命、建设和改革的强大精神动力。贪图安逸、追求享乐要不得，在改革开放的今天，我们仍然要靠艰苦奋斗精神战胜前进道路上的各种困难，并不断丰富艰苦奋斗的内涵，将崇高理想与现实工作统一起来，使之不断地与时俱进。今天，在历史机遇和挑战面前，我们要有勇气战胜各种挑战，在世界范围内的综合国力的激烈较量中迎头赶上，决不可半途而废。艰苦奋斗也是一种忧患意识的体现，更是成熟的表现。“生于忧患，死于安乐”，艰苦奋斗的精神不可失，对长征精神必须加以传承。

长征路，亦是创新路、强国路。正如韩教授所说，革命先辈们走过那漫漫长征路，也走出了新的革命军事路线、思想路线，此番开辟佳径正是为最后的胜利奠定了基础。如今，我们国家也大力倡导创新精神，跟随时代弄潮。改革开放和社会主义现代化建设是人民群众的事业，也只有人民群众广泛参与，才能取得成功。大力推进各项创新，就要不折不挠地走群众路线，真正做到“执政为民”。党和国家只有尊重群众的创新精神，保护好并发挥好人民群众的创造精神，才能使中国的建设事业更好更快地发展。创新是一种精神，更是成就个人梦想乃至中国梦的希望源泉。因此，在传承长征精神的过程中，创新必不可少。

在讲座中韩教授提到了“看齐意识”的重要性。而长征历史向我们昭示：正是因为有先进政党的领导，有先进政党顺应历史潮流、勇担历史重任、敢于做出巨大牺牲，中华民族才能彻底改变命运、焕发蓬勃生机。毫无疑问，历史和人民选择中国共产党领导中华民族的伟大事业是正确的。我们要坚持党的领导不动摇，在新的历史条件下，紧密团结起来，大力弘扬长征精神，为实现中华民族伟大复兴的中国梦而努力奋斗。

“长征是年轻人的革命，理想是青春的底色”，韩教授这样认为。“路漫漫其修远兮，吾将上下而求索”，作为当代大学生，我们应该勇担复兴民族的历史使命，传承长征精神，把中国梦铭记于心、付诸行动。不忘初心，继续长征！

指导教师：刘朋

聆听人：2016 级法学三班　2016091310　吴令

聆听时间、地点：2017 年 11 月 26 日于重庆工商大学慧智楼

激荡与共鸣：

韩毓海教授的讲座主要讲的就是“初心”。如何保持党与人民群众的血肉联系，怎样避免官僚主义和腐败，怎样坚持群众路线，即依靠、发动人民一起解决中国面临的各种危

机和难局，在实现中华民族伟大复兴的同时，建设一个社会主义的新社会，这关乎党的生死存亡，关乎伟大的中国革命、建设的正义性与合法性。

当习近平总书记告诫我们要“不忘初心，继续前进”的时候，我认为，他所说的“初心”，就是指坚持中国特色社会主义道路，以及保持党全心全意为人民服务的宗旨这两个重要方面。我们要做的就是牢记我们的初心，勇敢向前迈进，只有这样，才能让国家更富强、人民更幸福。韩毓海教授在演讲中提到了一部电影——邻居。该片讲述了在一所大学的党委书记接待他许久未见的美国朋友时，为了避免尴尬，学校决定让他从较为拥挤的筒子楼搬到王府，但他在接待朋友时却打不开王府大门，从而不得不把朋友领进自己真正的家，而邻居们都热情欢迎这位远方客人的故事。这位美国朋友说他从一个人的客人变成了所有人的客人，这就是因为他们一起把自己当成国家的主人，把大家的事当成自己的事。正如毛泽东主席所说的那样，是人民团结起来帮助共产党推翻了“三座大山”。正如歌词“团结就是力量，这力量是铁，这力量是钢，比铁还硬，比钢还强”，我们只要团结一心，就没有我们中国人民干不成的事。不管环境再艰苦，只要我们牢记初心，肩并肩、手拉手，一起咬牙努力坚持下去，就一定能成功。

作为中国公民，我倍感自豪。我们要不忘初心，继续长征，坚持中国特色社会主义道路自信、理论自信、制度自信、文化自信，坚持党的基本路线不动摇。作为合格的大学生，我们要不忘初心，继续长征，牢记自己的梦想，勇敢前进，不要让大学成为我们堕落的温床，而是要让它成为我们梦想起航的助推器。我们要时刻谨记：不忘初心，方得始终。

指导教师：秦筱萌

聆听人：2016级经济学二班　2016011216　杨艺云

聆听时间、地点：2017年11月23日于重庆工商大学南五栋

激荡与共鸣：

观看完《不忘初心，继续长征》，我最深的感悟是三个重要性，即人民群众的重要性、创新的重要性，以及继续中国长征的重要性。就如主持人吴学兰女士一开始所讲的那样，“红军不怕远征难，万水千山只等闲”，两万五千里的长征是一段不可磨灭的英雄岁月。是的，我们不但要记住这段岁月，更要明白这段岁月的意义和精神所在，要继承好并传承好长征精神！

很多人难以想象中国长征的这段历史，因为中国共产党简直创造了一个奇迹，这个奇迹几乎震撼了所有人。很难想象在那么恶劣的自然环境、那么恶劣的战争条件下，中国共产党竟然能够赢得长征的胜利。如节目嘉宾小帆在回忆爷爷的长征史时所说，在渡江时战士们一个一个倒下，由原来的6 800人减少到了3 000人；在过草地时全军都是赤脚，以

致爷爷现在脚都严重变形了，无法穿正常的鞋子。一个小小的案例就可以让我们体会到当时条件的恶劣。我想，没有精神的存在和激励，没有理想的支撑是很难实现长征的胜利的。且如韩毓海教授所讲，长征胜利，这个伟大的历史转折，带给我们的不仅仅是中国工农红军的胜利、中国共产党的胜利、中华民族的胜利，还是一种人民的胜利、一种创新的胜利、一种领导力量的胜利！这种创新是军事的创新，是思想的创新，是路线的创新！长征之前，我们曾采取“左”倾固化的战略思想，用所谓“堡垒对堡垒，大炮对大炮”的战略方法，学习西方的军事战略，用西方的军事技术去打倒西方，没有任何的军事创新。实践也证明，这种战略方式是失败的。不难想象，近代中国在摸索的道路上，从向西方学习军事技术，学习制度，再到学习思想等，都是失败惨重，这些都可以说明没有创新，没有适应中国国情，再好的洋枪洋炮也是白费。

回顾韩毓海教授所讲，中国近代史的失败是西方工业革命的胜利。另外，严重脱离了人民群众，没有意识到人民群众的重要性，是中国近代史失败的一个重要原因所在！我很赞同韩毓海教授讲的这一观点：长征的胜利就是人民的胜利，人民而非武器才是战争胜利的决定因素。尤其是在湘江惨败后，更让中国共产党意识到了学习西方的战略并不能打倒西方，最重要的是进行军事、思想、路线的创新并且应广泛依靠人民，人自为战，这才可能取得长征的胜利！习近平总书记在长征胜利 80 周年大会上也说道，长征的胜利充分说明了中国共产党必须在人民中间生根开花，紧紧依靠人民，克服困难，赢得胜利。中国共产党凝聚中国人民的智慧，将一盘散沙打造成铜墙铁壁，这也是我们今天坚持党的领导的原因和意义所在！

通过嘉宾互动环节，我深刻地感受到现在的年轻人要想了解这段历史，学习和发展这种长征精神，最重要的是要有理想。理想是年轻人的底色。长征的战士们有理想也是为什么在恶劣的环境中长征能取得胜利的一个重要原因。对于如何在制定一些方针政策时接地气、走群众路线，韩毓海教授首先举了个例子——王阳明被流放到贵州，当地的少数民族给他饭吃，帮他建房子，还唱歌给他听，这让他深深地感受到良知不在外面而在百姓的心中，这也就是著名的“致良知”理论。在人民群众中发现真理和良知，也就是要走群众路线。

习近平总书记说：“我们每代人都要走好自己的长征路。”韩毓海教授在谈到中国继续长征的问题时说：第一，人民是世界的主人，发展是为了人民；第二，学会创新，不走“左”倾僵化的道路，更不走改旗易帜的道路；第三，坚持以习近平同志为核心的党中央的坚强领导力量。只有坚持中国共产党的领导，中国才能在创新道路上越走越远，才会变得越来越强大。

指导教师：王仕勇

聆听“廉洁拐点：世界难题与中国答案”有感

腐败是人类公敌，反腐是世界难题。高波认为，治理腐败能力是国家治理能力的重要体现，中国作为世界上最大的发展中国家，从不讳言自己所遭遇到的严峻的腐败挑战。自中共十八大以来，从“立八规”到“反四风”，从网上监督问责到海外追逃追赃，以习近平同志为核心的党中央，拿出了一份全新的反腐败答卷。

演讲者：高波

中央纪委驻中国社科院纪检组副组长、副研究员，历任中国社科院青年研究中心常务理事、中国廉政研究中心副秘书长。代表作品：《十八大以来正风反腐新观察》、《走出腐败高发期：大国兴亡的三个样本》（全国首届优秀廉政文化出版物，中央国家机关“强素质、做表率”读书活动推荐读物）、《党章中的纪律》（中央纪委监察部网站推荐图书，入选“2015年国家主题出版重点选题”，被评为“第三届全国党员教育培训创新教材”）。

聆听人：2016级物流管理二班　2016042214　顾颖

聆听时间、地点：2017年11月28日于重庆工商大学博智楼

激荡与共鸣：

高波在演讲的过程中，举了很多关于腐败的例子，也列出了很多数据。当我听到这些数据时，我被吓到了，我想，如果将这些被贪污的钱拿去扶贫该多好啊！

有些官员拿公款报私账，在外面大吃大喝，滥用公车，造成了资源的浪费。视频中提到的朴槿惠，作为一国总统，滥用职权，以权谋私。在朴槿惠案件发生之前，朴槿惠在我心中的形象是很高大的——她这一生都没有嫁人，把自己的一生都奉献给了国家。在她上台以后，仍有人反对，原因就是她父亲以前对这个国家所做过的一些事情。为了让这些反对她的民众相信她，她在民众面前，并不是完全庇护自己的父亲，而是既说明她父亲给这个国家带来的巨大变革，又承认她父亲曾经犯过的错误。她作为韩国历史上第一个女总统

和第一个以通过率过半的投票结果当选的总统，全世界都在关注着她。而当她的腐败行为被揭露以后，国民开始游街，让她下台，她的形象也就此一落千丈。

2012 年，我看了一个视频，是感动中国十大人物的颁奖典礼，其中有一个人让我至今都印象深刻，那个人就是杨善洲，一个廉洁自清的共产党员。无论他身居何职，他从不滥用私权，当家里人需要动用他的关系去谋求一份工作时，他很坚决地拒绝了家人的要求；每一次他回家都是自己走回去，从不主动去使用公车，就算迫不得已动用了公车，他都会如数上交油费。我想他是现在 8 900 多万党员的榜样。

同样，在 2017 年有一部剧大火，它就是《人民的名义》。这部剧之所以火，是因为这部剧所展现出来的正是我们广大人民的愿景。滥用私权谋取私利、不作为等腐败现象让我们看得很气愤，而剧中的几位检察官让我们看得很舒心，我们在现实生活中正需要像剧中的检察官那样清正廉洁的党员干部。

反腐倡廉任重道远，但我们应当充满信心。希望越来越多的党员能明白自己的使命，做一个清正廉洁的党员，为国家的发展贡献出自己最大的力量。

指导教师：曾晓强

聆听人：2016 级人力资源管理一班　2016032111　陈露

聆听时间、地点：2017 年 11 月 29 日于重庆工商大学图书馆

激荡与共鸣：

2017 年一部电视剧《人民的名义》火遍全网。这是一部讲反贪反腐的电视剧，它通过对真实案例的改编，经过长时间的打磨加工，将目前国内反腐的现状以电视剧的形式表现了出来。从这部电视剧中，我们可以简单了解到目前国家领导人对反腐败的重视，因此，我在网上聆听了中央纪委驻社科院纪检组副组长高波的讲座——廉洁拐点：世界难题与中国答案。本次讲座同样选择了以《人民的名义》来引入主题。高波提出了腐败不仅仅是国内存在的问题，在国外，腐败问题也十分严重，不管是在美国、英国、韩国，还是在别的国家，腐败问题都屡禁不止，即使是总统，仍然难免会因为腐败问题而下台。对于腐败的处理，在以习近平主席为中心的国家领导人的领导下，我国的反腐可以说是走在世界各国的前面。从这次讲座中我们可以了解到：如今的反腐态势已经形成了一个拐点！第一，不敢腐和知止、知惧已经形成了一个拐点。第二，“拍蝇”拍出了“零容忍”的作风建设的拐点，紧扣八项规定治理“微腐败”，严惩“蝇患蚁贪”。第三，“猎狐”猎出了贪官无处躲藏的追逃拐点，海外不是法外。第四，中国的“互联网+”反腐形成了有效的民主拐点，通过对网络的规范管理，国内的网络反腐、民主监督有序进行。第五，中国开门反腐迎来了国家形象改观的公信力和透明度的拐点，中央纪委不再是神秘莫测的形象。随

着全面从严治党向纵深推进、向基层延伸，我们每个人都会分享到更多的反腐红利，首先是民心红利，海外的归国潮和人民对反腐的满意度上升都能体现出这一点；其次是改革红利，查处相关领域的腐败问题也推进了我们国家对其他体制的改革；最后是法治红利，把权力关进制度的笼子是反腐败的根本之计，依规治党和依法治国形成了双保险。

两年前，我就已经看到了与国内的反腐相关的报道和文章。在这些文章和报道里，我看到了国家的反腐力度越来越大，我相信未来我们国家的贪腐现象会越来越少，更多廉洁的官员会得到重用，这些人能为国家的进步和人民的幸福生活做出正确的决策和巨大的贡献。

作为生活在中国的·名普通公民，我为有这样的一个祖国，我的祖国有这样完善负责的反腐体系而骄傲。我也相信，我们的国家在未来会越来越好，人民对国家和腐败的认识会越来越清晰！感谢高波先生的讲座，让我对国内外反腐的现状和未来有了更加清晰的认识。

指导教师：黄伟

聆听人：2016级审计二班　2016053223　李硕

聆听时间、地点：2017年11月10日于重庆工商大学博智楼

激荡与共鸣：

自古以来，反腐便是统治者和人民密切关注的话题。腐败被称为政治之癌，一个廉洁清明的政府能给人民带来多大的福祉，腐败专权的政府就能给人民带来多大的危害。反腐倡廉这个话题在任何时间和地点都不会过时。

如今，随着政治经济的发展，人民的生活水平和幸福指数都有了很大的提高，但贪污腐败的行为却屡禁不止，在不少社会调查中，腐败问题也是人们关注的焦点。最近，中国式反腐不仅在中国引起了重大反响，而且在世界上的影响力也不容小觑。自党的十八大以来，中国坚持在境内拍“苍蝇”、打“老虎”，在境外“猎狐”、织“天网”。我们几乎每天都可以看到新闻，某某省份某某地区某某县甚至某某乡镇的官员，甚至职员因为腐败而落马，这些数字每个月、每一天甚至每一个小时都在不断地被刷新，在党的铁腕手段以及强硬的执政措施之下，中国的反腐败工作在一定层面来说取得了以往未曾获得的成就，达到了以往未曾达到的高度。经过几年的持续努力，中国反腐倡廉的建设格局开始发生根本性的变化，并呈现新常态、产生新效果、带来新气象、寓意新期待，党风廉政建设和反腐败斗争深得民心，党风、政风、民风明显好转。

腐败是人类社会的共同敌人。世界上的一切国家，无论规模大小、发展水平高低，也

无论在政治社会制度、宗教文化等方面存在怎样的差异，公职人员的贪腐行为都会伤害社会的公平正义，阻碍经济社会的发展，减少民众的福祉，引发广大人民的高度不满。因此中国的反腐浪潮也引起了世界的关注。在世界全球化的今天，作为世界第二大经济体的中国，同时又是日益强大的社会主义国家，中国关于反腐的任何“风吹草动”都会引发西方国家的高度关注和深度解读。中国反腐不仅影响了人的思想观念和行为方式，而且以其思路和成效说明，中国不是为反腐而反腐，而是把反腐融入全面深化改革之中，与国家治理任务相联系，着力实现改革成果的共享。

反腐倡廉工作是一项长期而艰巨的任务，需要我们不断创新，无论是从理论上还是从实际行动上，都需要每个人认真去执行有关的法律法规。加强反腐倡廉需要完善廉政建设制度，将责任、压力、措施等进一步做到位，这需要我们广大公民严格要求、严格监督、严格管理，不断改善行业作风。只要我们每个人都从思想上树立反对腐败的观念，提倡廉洁，以进步的思想来指导我们的行动，这项工作一定会取得好的效果。

指导教师：陈艳宇

聆听人：2016 级财务二班　2016035121　陈慧祯

聆听时间、地点：2018 年 4 月 20 日于重庆工商大学慧智楼

激荡与共鸣：

我在网上看了《廉洁拐点：世界难题与中国答案》的演讲视频，下面将在此浅谈一点我的心得体会。在演讲开始时，高波以世界各国历年来的腐败事件为例，反映“攻克腐败、治理腐败”一直是世界性难题。演讲提及“平均每年因腐败造成的损失超过了全世界 GDP 的 5%”，点出了中国反腐败刻不容缓的必要性，进而切入了中国反腐进程。

演讲从廉洁的五个“拐点”来说明中国反腐的顺利进行。第一是“打虎”，打出了不敢腐的心理预期拐点。当反腐败的高压变成了稳压之后，2016 年一年中主动向组织说明问题的党员领导干部达到了前年的十多倍。第二是“拍蝇”，拍出了“零容忍”的作风建设的拐点。中央八项规定使在餐桌上、会所上贪腐的歪风大大收敛。第三是“猎狐”，猎出了贪官无处躲藏的追逃拐点。这形成了国内反腐打主场、国外猎狐打客场的态势。第四是中国的“互联网+”反腐，形成了有效民主拐点。网络监督的有序进行，倒逼党员领导干部保持对民主监督的敬畏感。第五是中国开门反腐，迎来了国家形象改观的公信力和透明度的拐点。演讲中“民心红利”“制度红利”“法治红利”三大反腐红利推动了反腐败斗争的大提速。2016 年年底，中国反腐败的成效得到了联合国反腐败公约有关官方网站的高度评价，中国反腐败也越来越得到国际社会的尊重。

听了高波的演讲，我了解到了国内外社会的腐败状况。国外有韩国自 1948 年以来的 11 位总统中贪污入狱 3 人、美国曾经担任纽约州众议长长达 20 多年的西尔弗因腐败被判入狱等；国内有“山西最牛的科级干部郝鹏俊”“秦皇岛自来水公司的马超群”等高官的落马。国内外的腐败现象都不计其数。我们首先应当树立一个健康的入党动机。中共十八大以来，党中央全面从严治党，狠抓惩治腐败，不断打破“禁区”和“惯例”。对于腐败问题我们国家从“宽容忍”到“零容忍”，让我感受到了我们国家在反腐方面的坚决。

中国的“互联网+”反腐，形成了有效民主拐点。目前中国正处在“互联网+”时代，那么什么是“互联网+”?《国务院关于积极推进“互联网+”行动的指导意见》认为“互联网+”就是把互联网的创新成果与经济社会各领域深度融合，进而推动技术进步、效率提升和组织变革，提升实体经济的创新力和生产力，形成更广泛的以互联网为基础设施和创新要素的经济社会发展新形态。利用“互联网+”进行民主监督是最有力、最贴近时代特征的方式。2003 年，最高人民检察院率先建立了官方举报网站。接着，中纪委、监察部等部门也开设了举报中心网站。在官方监督网站建立的同时，中国舆论监督网、中国百姓喉舌网、中国民生申诉网等民间监督网站也纷纷出现，全民监督通过网上反腐有序有效地进行着。而作为新时代的中国公民，同时也是中国网民的我们，应该有效利用网络平台实行民主监督。最近几年，微博、微信公众号的火热，使公民的表达方式更加多样化、表达内容更加多元化。互联网法治化既可以保证言论自由，又可以达到有效民主的目的。越来越多的中国网民学会了用互联网曝光那些不公平、有争议的事件，在大数据的推动下，大量的转发和“艾特”引起了有关部门的注意，并及时采取措施。在互联网上曝光的好处有三：其一，信息的传播可以对全国各地的其他官员起到警示作用；其二，全国的大学中有着一批批新的血液即将加入中国共产党，网络监督曝光也会给他们树立反面教材，让他们深刻记住党的有关规章并且树立正确的入党动机，从源头上防止贪污腐败的思想形成；其三，这样的监督机制，有助于中国互联网健康发展，是互利的方式。相信在网络监督下，中国的反腐败将稳步前行。

中国的反腐败不以改变整体、颠覆政权为前提，这是一种内生改革、内涵发展、自主法制、有效民主的中国方案。我国现在处在全面建成小康社会的决胜阶段、中国特色社会主义发展的关键期。正如在 2017 年召开的党的十九大报告对反腐形势做出的判断所明确的那样：“当前，反腐败斗争形势依然严峻复杂，巩固压倒性态势、夺取压倒性胜利的决心必须坚如磐石。”中国必须将全面从严治党，将反腐斗争进行到底！

指导教师：洪富忠

聆听人：2016 级审计一班　2016053125　陈灿

聆听时间、地点：2017 年 11 月 28 日于重庆工商大学启智楼

激荡与共鸣：

腐败是人类公敌，反腐是世界难题。先发国家几乎都经历过腐败高发期，一些“成功国家”随后出现了廉洁拐点期，而“失败国家”却陷入了“现代化陷阱”，甚至贪腐成灾。人类历史为何会有廉洁拐点？中国廉洁拐点将呈现什么形态？

今日我听了由中纪委驻中国社科院纪检组副组长高波同志对于中国反腐事件的讲述，我深切地感受到了我国从党的十八大到党的十九大这五年以来，在反腐倡廉这个艰巨的任务上所取得的伟大成就，同时对此感受颇深。

腐败是人类公敌，反腐是全球挑战。自党的十八大以来，从严抓八项规定到“老虎”“苍蝇”一起打，从深化巡视监督到扎紧制度笼子，从纪律检查体制改革到国家监察体制改革，都持续带来治理腐败的震撼性成就和世界级表现。然而，这是中国共产党在改革深水区做出的“应激反应”，还是不以人的意志为转移的新趋势？我们应该怎么向世界讲好“反腐故事”呢？

治理腐败的能力是国家治理能力的重要体现，国际反腐新秩序是全球治理新体系的重要方面。以习近平同志为核心的党中央以正风反腐为基点，实现党内治理与国家治理、国际治理的有效联动，走出了既不同于欧美政党也不同于苏东共产党的治理新路，带来了更多更好的国际公共产品和全球治理活力。

反腐在历史上从未停过，几乎每一个朝代的消亡都有腐败的影子。在历史上，最恨腐败的皇帝，得说明朝的朱元璋，他采取了中国历史上最严厉的措施，他可以说是眼睛里进不了一颗沙子。在明朝初期，官员犯了别的错误，尚可以饶恕，唯有贪，绝不能被放过。朱元璋规定凡贪六十两银子以上者，就剥皮实草，摆在衙门前示众。这一规定可以说是残忍至极了，后来他又公布了一个更为极端的策略：今后犯脏者，不论轻重都杀。他对贪，宁肯错杀一千，也不放过一个。但即便如此也无法彻底阻止官员贪腐。

目光转回现代。在如今，任何一个国家发展到一定的时期，也都会出现这个现象，但是时代是会进步的，天网恢恢，疏而不漏，晚来的正义，迟早会到来。高波先生对欧美国家的反腐历程进行了解析。在高波先生的观点中，正是因为此，欧美的国家才走向了世界前沿。自从党的十八大后，我国就表明了治腐的态度，“打虎”“拍蝇”“猎狐”，一个又一个贪官落马。

大学生是国家培育出来的良木，是祖国的希望、民族的未来，肩负着振兴中华的重任。21 世纪的我们迈着时代的步伐前进，要继承民族传统文化，发扬民族精神，走进文明时代，廉洁修身。这是大学生崇高的时代使命，也是历史使命。每个大学生都有义务积极投身于反腐败的大队伍中，用实际行动使国家和民族更加繁荣昌盛！

作为新时代的大学生，我们的首要任务是学习前人留下的经验心得，在吸取苏共亡党

的教训之后，寻找廉洁修身之路。我们在遇到腐败现象时，应拒绝诱惑并勇于与其做斗争，在强权、利益面前做到不低头，永远坚持廉洁修身。

冰雪消融，方有民心之暖。阳光不能普照到每一块黑暗，但是能照到路面上的每一个角落。反腐一直在路上，从未停止。这不是短跑冲刺，而是长跑，这是场持久的攻坚战，完成它只是时间问题。这让我想到了一句智语："冬天已经来了，春天还会远吗?"

指导教师：黄伟

聆听人：2016 级审计一班　2016053116　郑鸿菊

聆听时间、地点：2017 年 11 月 27 日于重庆工商大学博智楼

激荡与共鸣：

2017 年，《人民的名义》热播，让反腐倡廉更加直观地深入民心，虽然电视剧早已结束，可中国的反腐倡廉却一直在路上。

在《廉洁拐点：世界难题与中国答案》的视频中，中央纪委驻中国社科院纪检组副组长高波，在一开场便说了这样一句话："廉洁是一种公共产品，而腐败是政治雾霾，反腐倡廉是将廉洁这个公共产品在干净的环境中进行再次分配的必要手段。"从中我们可以知道，反贪倡廉是一种社会行为，其最终的获益者是我们每一位平民百姓。因此我们更应该大力支持反腐倡廉的建设，这不仅仅是党政建设的需要，也是维护我们自身利益的需要。

众所周知，从世界的角度来看，腐败几乎是每个国家都面临的棘手问题。无论是英美发达国家，还是其他的发展中国家，对腐败问题的治理都难见成效。但自中共十八大以来，我国大力推进反腐倡廉建设，并且取得了显著的成效，这其中发挥重大作用的是我国特有的反腐倡廉的手段：在反腐对象上，"苍蝇""老虎"一起打；在反腐路径上，完善对腐败人员的追踪、抓捕路径；在监督方式上，利用我国是世界上网络用户最多的国家这一优势，大力推行"互联网+反腐"，让在职官员时刻保持对民主监督的敬畏；在反腐范围上，开门反腐，面向国际。经过这一系列的手段，我国的反腐在取得重大成效的同时也为世界各国的反腐行动提供了参考，为解决"流行"于世界各国间的腐败问题间接地做出了中国贡献，也为本国带来了民心红利、制度红利、法治红利。

此外，在看完该视频后，再结合我审计专业学生的特殊身份，我也有了不一样的感悟。

反腐倡廉，最不可缺少的便是监督工作。而在我们专业的大部分同学从事的工作中自然也是少不了监督。政府审计工作更是与反腐倡廉建设有极大的直接关系，这就要求我们专业的同学要有极高的职业素质与职业追求，因此，审计专业的学生便更应该从现在开始培养自己的职业素养。这要求我们：

（1）要以平和的心态，淡泊名利。无论是从事会计还是审计工作，我们的大部分工作都会与钱挂钩，因此，这更要求我们要有淡泊名利的心态。

（2）要以坚定的信念坚守岗位。我们审计的结果是我们监督的最直接结果，也是贪污腐败的最直接证据，因此，我们更需要坚定自己的信念不动摇。

（3）要以严谨的态度行使权力。监督权也是权力，也同样需要放入制度的笼子，我们将来在审计的岗位上也更加需要审慎用权。

最后，作为当代的大学生，我们更是要时刻将“反腐倡廉”这四个大字铭记于心，并付诸实践，积极主动地参与到反腐倡廉的建设中去，留心身边的细枝末节，争取逮住隐藏在我们日常生活中的“小苍蝇”；充分利用网络、媒体传播反腐倡廉的思想，让反腐倡廉建设通过我们当代青年学生之手得以更广泛地传播；我们大学生也可以多多组织“反腐倡廉进社区”的宣讲活动，为更多底层百姓带去丰富且易懂的反腐倡廉建设的知识。

指导教师：黄伟

聆听人：2016 级国贸一班　2016013120　郭琪

聆听时间、地点：2018 年 4 月 23 日于重庆工商大学图书馆

激荡与共鸣：

腐败问题，可以说是由古至今，代代“相传”的世界难题。腐败源于人的欲望的无止境。对金钱名利的过度追求，驱使着一个又一个“奴隶”铤而走险。腐败一词可以用于很多领域，听完高波老师对于中国治理腐败的演讲，我今天就来谈谈政治中的腐败问题吧。

记得曾在一本书中看到过一句话——“清明廉洁是一个政党长久存活的生命力”，现在想来确实如此，若是一个国家由上至下处处存在“大贪”“小贪”，不就像是一棵大树满身虫洞，将命不久矣？腐败问题作为一个世界难题，可以说困扰着世界上的每一个国家，这关系着每一个人的利益，甚至一个民族的未来。

当一个人拥有的权力大于自制力时，腐败的种子便已破土而出了，这就很好地解释了为什么有的人可以一生保持为官清廉，而有的人则跌入深渊无法自拔。权力与欲望滋生了腐败，不能坚守底线的人多了起来，就会形成一个网络，网住所有身在其中的人，使腐败现象“被迫”或“自愿”地进行。

这是人类的一个通病，欲望的扩大不断骚扰着意志不坚的人，而一旦腐败开了头，则不可轻易摆脱，在贪污第一块钱时，廉洁与守法之心便被蒙蔽了。这种例子比比皆是，从高波老师的演讲中也可得知，世界性的腐败程度之深。平均每年因腐败导致的损失高达 2. 6 万亿美元，竟然超过了世界生产总值的 5%。而根据欧盟所报道的，28 个成员国因腐败而造成的经济损失高达 1 200 亿欧元，相当于欧盟一年的财政预算。美国纽约州众议长

西尔弗因贪腐被判刑 13 年，罚款 170 万美金，韩国 11 个总统皆因贪腐而身陷囹圄。一个个数据、一个个事实足以让人们瞠目结舌，可以说作为“政治之癌”的腐败问题强势地阻碍了全世界的发展。

作为一个人口超过 13 亿的大国，中国有着接近 9 000 万中共党员。管理规模如此之大的党组织，可以说是相当复杂，但是通过我们党的不断探索，我们逐步地提升着我们国家政府机构人员的思想素质。自从党的十八大以来，习近平同志“立八规”“反四风”，开启网络监督问责机制，在海外追逃追赃，让所有权力机关的人员不敢腐、不想腐。在自党的十八大以来的五年内，我党采取的一系列实质性的重大举措，表明了我党反腐的决心。一个个“老虎”被打下，不仅让我们的政府官员心里有了一条警戒线，更让人民群众看到了祖国的未来。

在一系列的反腐举措中，最让我激动、让我振奋的便是“猎狐”行动了，这不仅仅是对本国境内的贪腐人员的制裁，更是对那些心存侥幸的外逃人员的审判。中国真正地开始了国际性反腐行动，在 90 多个国家追回外逃人员 400 多人。开门反腐不仅让我们国家的损失减少，还让我们国家在世界各国树立了一个良好的大国形象。据调查，在对十个主要国家领导人认可度的调查中，我国国家主席习近平均排第一，而中国的反腐行动在其中起了很大的作用。中国的反腐行动也为世界上的许多国家提供了很好的经验。

我国的反腐行动，可以说是民心所向。自从反腐开始，许多国家蛀虫被拔出，民众满意度也逐年上升，甚至在 2017 年达到了 92.9%的高水准。不仅如此，反腐工作的推进也在医改方面利民。药品价格虚高使民众面临着高成本看病的难题，而反腐工作的顺利进行有效地推动着医疗方面的改革。逐渐地，人们的心中都会建立起法律的红线，让权力关在制度的笼子里。

虽然说我们的反腐任务还任重而道远，但是我们应该保持对自己的信心、对我们国家制度的自信，而中国人民的努力也有益于全人类的进步。我们要相信国家的强大会不断改变西方对于我们的偏见。我们也在不断证明着并不是只有所谓的西方民主制度才能消除腐败，可以看到，在效仿西方多党制的国家中真正成功地做到打击腐败的国家并不多。中国的反腐行动不以推翻政权为手段，实行的是民主的方式，真正地做到了符合世界民主思想的民主反腐。

中国的反腐任务依旧沉重，但我们有理由相信我们会不断进步、不断探索，我们有理由相信我们会做得更好。对于反腐的试卷，中国交出的答案，成为世界人民宝贵的经验。

指导教师：胡万钦

聆听人： 2016 级经济学二班　2016011328　高明利

聆听时间、地点： 2018 年 4 月 23 日于重庆工商大学图书馆

激荡与共鸣：

我听的讲座主题是“廉洁拐点：世界难题与中国答案”。

听一场好的讲座，总是会让人学到很多知识、懂得很多道理。听完这场讲座后我最直接的收获就是知道了反腐对各个国家的重要性、中国在反腐方面的突出表现和取得的巨大成就以及中国的反腐已经进入了一个新时期。

如视频中所言，廉洁是一种公共产品，是一种每个想要取得发展的国家必需的公共产品。在世界各国，腐败都已经成为政治之癌。全球每年因腐败贪污造成损失的金额高达 2.6 万亿美元，这个数字着实让我吓了一跳。巨大的财富就这样掉进了世界少数人的腰包，而各国的建设少了这么巨大的一笔钱，导致很多项目没法开展，一点也不利于经济的发展。

在中国，自党的十八大以来，政府大大加强了反腐力度。习近平总书记多次强调反腐倡廉建设，并提出“打铁还需自身硬”“老虎苍蝇一起打”等观点，中央还提出“八项规定”，都大大增强了中国的反腐力度。看着视频中中国反腐所取得的一个个成就，回想起这几年来我们人民看着一个个贪官落马，我不由得感到自豪。在总书记提出的观点中，我个人认为“老虎苍蝇一起打”是最让老百姓喜闻乐见的观点。一些大官员扬言共产党的制度对他们来说如同虚设，并称官当到他们那个级别就没人能管了，结果却踉跄落马，无不让百姓拍手叫好。但其实，并不只有“大老虎”是老百姓心中可恶的贪官，那些“苍蝇”也是老百姓的心头大恨。这些小官巨贪的“苍蝇”散布在中国各地，用自己手上的权力压榨老百姓、剥夺老百姓的福利，为所欲为。我依稀记得小时候大人们谈起政府官员时，都说政府官员手里有很多油水，国家拨下来的款项一经工作人员之手就所剩无几，所以才有很多人的补助不能如数发放，那时百姓对小官的贪污可谓是怨声载道。现在，在中央的检查监督下，“苍蝇”们被抓住，百姓生活的幸福感也提升了很多。

随着互联网时代的发展，当代中国的反腐也已经不再是中央纪委的反腐，中国人民可以通过自己的手机随时举报贪腐的官员。视频上给出的“雷政富事件”无不让人感受到我国人民对反腐积极参与的热情，也让我感受到了来自人民的力量。中国共产党和人民就是一对相辅相成的好友，党的反腐为人民带来幸福，人民积极参与反腐为党带来光明的前景。

视频中提到最多的词是“拐点”，到了举办党的十九大的今天，我国的反腐之风已吹了五年，取得了巨大的成就，制度的笼子和法律的笼子越来越牢固，官员逐渐做到了不想贪、不能贪、不敢贪，对我们老百姓来说的确是一件很好的事情。而廉洁并不只是用来约束政府官员的，作为大学生的我们也应该把廉洁作为人生的行为准则，时刻保持自己的清正廉洁，不与世俗同流合污，不忘初心，牢记使命。

指导教师：刘富胜

聆听人：2016 级国商二班　2016045204　余卓娟

聆听时间、地点：2017 年 11 月 16 日于重庆工商大学启智楼

激荡与共鸣：

“腐败被称为政治之癌”，“每年因腐败造成的经济损失高达 1 200 亿欧元”，“英国议员利用公款报销私账”……腐败不仅是世界性难题，也造成了我国的反腐雾霾。中国的反腐败不以改变政体、颠覆政权为前提。联合国高度评价中国自党的十八大以来的反腐成效，认为这有助于国际反腐败的顺利进行。

纵观我国封建文明历史中的王朝的兴衰沉浮，其最后没落直至灭亡的原因都与腐败脱不了干系。前段时间播出的电视剧《人民的名义》大火，在高关注度的背后隐藏着我们对腐败现象的深恶痛绝。但我们大都认为这种现象只发生在政界，好像跟我们大学生没什么关系。事实上，腐败现象并非只存在于政界。

众所周知，学校是传授与学习知识的神圣殿堂，老师教书育人，学生求知明理，然而就在这神圣之殿里，也混杂着些许不和谐。学生中攀比之风不减；每学期期末总会有人因为考试作弊，或者抄袭、套用别人的作品参赛而受到处分；学校里学生社团经费造假，班级里班费不知去向……类似的报道铺天盖地，一步步将大学校园和大学生污名化，甚至侵蚀社会对教育的信任。大学生，本该是未来社会发展的最重要的构建者，但当神圣的学术殿堂也被“腐败”玷污，大学生从走进社会的起点就开始腐败，扣歪了第一颗扣子，那这个国家还如何放心地把未来交付到我们手中呢？

这样的事同样免不了发生在我身边。我是一名学生会的干事，经常参与筹划一些学生会的活动。一次，我的好朋友也参加了我们部门举办的比赛，她在聊天中向我打听流程和一些细节。本来这是工作人员内部的消息，为了公平，参赛选手不应该过问，但是碍于面子，我还是让她知道了她想知道的。本来我认为这是一件小事，但是被学生会主席知道后我还是被批评了一顿，也许因为我的不小心透露，就给比赛的公平性打了一个大大的问号。从这件事之后，我开始处处小心行事，端正自己廉洁修身的价值观念，给自己设了一道廉洁的底线。

有的同学和我那时一样，认为这些都在情理之中，甚至很多人没有意识到这就是腐败。可是，小不洁致大腐败，一个小小的部门如此，一个国家更是如此。没有贪官一开始就贪到一个天文数字，大贪污几乎都是由小的不洁行为积聚而成。试想：如果在大学校园里就产生了这种不和谐、不健康的意识，那么当这些大学生步入社会、接触到实实在在的公共权力和利益时，后果又将怎样呢？

因此，我们大学生要抵制校园腐败，要从小的行为开始检查，要在日常的学习生活中规范自己。

“少年强则国强。”我们大学生，既有未脱书卷的稚气，又有刚入社会的豪情，我们肩负着民族和国家的未来。只有在不断的学习中自觉地进行世界观、人生观和价值观的改

造，坚定自己的原则底线，提高自我约束能力，坚决抵制诱惑，我们才能成为廉洁自律的大学生，才能以静俭来修德，为社会、为国家贡献自己的力量！

指导教师：龙睿赟

聆听人： 2016级知识产权 2016093106 奉杨舞

聆听时间、地点： 2017年11月16日于重庆工商大学启智楼

激荡与共鸣：

听了高波老师的“廉洁拐点：世界难题与中国答案”的演讲，我了解到“攻克腐败，治理腐败”是当今世界的一个难题。所以被称作“政治之癌”的腐败存在，也使得一个国家治理腐败的能力，被认作这个国家治理能力的重要体现。而自党的十八大以来，反腐成为我国在政治舞台上的重要内容，成为牵动民心的时代命题。在中国还处于封建帝制时代时，就有了“得民心者得天下”这样的一句俗话。其实，无论处于什么样的社会制度，民心都应当是这个时代的核心内容，应当予以重视。所以，反腐与民心，息息相关，是国家平稳持续发展的重要前提。

在我还不太了解国家形势以及国际形势的时候，就一直盲目地向往着西方国家那所谓的“自由民主”的国家体制。总认为在他们的国家体制下，国家对于任何问题一定都可以迎刃而解，对于反腐这个问题，自然也不在话下。然而，在我的知识慢慢地充实之后，尤其是听完高波老师的分析之后，我开始发现，其实西方所谓的民主制度也并非那么完美与万能，更不是反腐的灵丹妙药。就算在美国，人民对政府拥有着充分的、绝对的监督权，腐败现象也仍然有可能典型地存在着。所以，的确，每个国家都有自己的实际国情，只有适合自己的，才是最完美的！

自党的十八大以来，我国也出台了一系列的方针政策，如立“八项规定”、反“四风”；海外追逃追赃；清单化管理；用好问责、容错、选拔制度，以及公务人员财产申报制度等。同时，我国大力地整改了政府存在的腐败现象，也取得了十分可观的成绩。根据高波老师的演讲，也就是出现了五个廉洁拐点与两大成就。其中五个拐点包括：①“打虎”——打出了不敢腐的心理预期拐点，也就是形成了政府公职人员不敢腐，知止、知惧的拐点；②“拍蝇”——拍出了“零容忍”的作风建设的拐点，也就是形成了制度上抓早抓小、有病马上治的拐点；③“猎狐”——猎出了贪官无处躲藏的追逃拐点，也就是造就了追回人员超过外逃人员的历史性拐点；④中国“互联网”反腐形成了有效的民主拐点；⑤开门反腐，迎来了国家形象改观的公信力和透明度的拐点。两大成就包括：①经济上，实现了7亿人口脱贫；②政治上，坚持有腐必反的作风。这些都是值得我们引以为豪的。我国在反腐的这条道路上，并没有照搬所谓的西方民主制度，而是根据我国国情，实

行在以不改变国家政体、颠覆政权的前提下的内生改革、内涵发展、有效民主的中国方案。这也使得我国的反腐产生了全国治理的溢出效应，也越来越得到国际的认可。

我一直认为前进的道路是没有尽头的。我国在反腐这条道路上也是如此，尽管我国目前已取得了尤为可观的反腐成效，但反腐之路仍然任重而道远。用高波老师的一句话来说就是，“廉洁拐点不是一劳永逸的终点，而是国家成长、国民进步的新起点”。目前的我，充分相信国家会在反腐的这条路上不负人民期望，砥砺前行。总有一天，我们会迎来反腐目标的实现，达到手握权力的官员不想腐的状态。而目前作为大学生，我们应当做的是，认真学习，掌握好专业知识，不断拓宽自己的知识面，保持客观、理性，以最好的姿态进入社会，为社会法制的进步或其他方面的发展贡献自己的力量。

指导教师：刘朋

聆听人：2016级社保一班　2016282141　左瑞雪

聆听时间、地点：2017年11月11日于重庆工商大学图书馆

激荡与共鸣：

首先在一开始，高波老师就提出了腐败是人类公敌，反腐是世界难题，而治理腐败的能力是国家治理能力的重要体现。中国作为世界上最大的发展中国家，从不讳言自己所遭遇到的严峻的腐败挑战。先发国家几乎都经历过腐败高发期，一些“成功国家”随后出现了廉洁拐点期，而“失败国家”却陷入了“现代化陷阱”，甚至贪腐成灾。人类历史为何会有廉洁拐点？中国廉洁拐点将呈现什么形态？

读懂中国，先要读懂中国共产党；讲好中国故事，先要讲好中国共产党的故事。以往国际社会解读“中国奇迹”偏重经济治理，忽视了政治治理，特别是执政党党内治理与国家治理的“共生关系”。自中共十八大以来，从“立八规”到“反四风”，从网上监督问责到海外追逃追赃，从纪律检查体制改革到国家监察体制改革……共产党带来了治理腐败的原创性贡献与世界级表现。然而，这是改革深水区的“应激反应”，还是不以人的意志为转移的廉洁拐点？

之后，高波老师又提出了三个主要的廉洁拐点：一是“打虎”打出了不敢腐的心理预期拐点，二是“拍蝇”拍出了“零容忍”的作风建设的拐点，三是“猎狐”猎出了贪官无处躲藏的追逃拐点。

听了高波老师关于廉洁拐点的演讲，我觉得要明确廉洁的含义，就得看清腐败是什么。而腐败的，并不是只有贪官。尽管各时代、各地区对腐败的定义都有着差别，但是基本内涵是一致的，即“在公共领域过度追逐私人利益”，以及“行使公共权力时将少数人的私利放在公共利益之上”。从中能够解读出，腐败的特征不只是贪婪，还有懒惰。

政治是经济的集中体现，反腐是政治的微缩景观，廉政反腐考验着执政党的智慧。苏共在党和人民关系的问题上无所作为、反向作为，使自己从代表全民族利益的先锋队，变成只为少数人牟利的资产阶级市侩集团，直接改变了人心向背和自身命运。因此，“党要管党，才能管好党；从严治党，才能治好党”。

看到有些党员干部在个人欲望的驱使下逐步淡漠了法治观念，丧失原则，利用职务之便做出有悖于党的宗旨的事情，让我深刻地感受到了在当今社会进行反腐倡廉的必要性。

而身为大学生的我们要勤学善思。学风问题是一个永恒的话题，抵制腐败也必须端正学风。通过对近年来查处的一些腐败案件的思考，我们不难发现违纪违法者都是从学习上缺乏自觉性、作风上放松要求开始的。因此，我们要不断加强学习，不断改造世界观，不断增强党性锻炼，以提高我们的思想政治素质，增强拒腐防变能力，树立正确的世界观、人生观和价值观，不被社会上的丑陋现象迷惑双眼，在权力、金钱、美色等的考验面前自警、自重。

身为大学生的我们还要自律，要防腐拒变。总书记一再要求领导干部自重、自省、自警、自励。说到底就是要求领导干部廉洁自律，自觉遵守党纪国法和社会公德。大千世界，诱惑种种，稍有不慎，就会思想错位，行为出轨，轻者蒙人生污迹之羞，重者受身败名裂之辱，害人害己，悔之莫及。唯有管住自己，我们才能抵御腐败，拒绝腐败，这不仅是防范在前的自律，也是摒弃侥幸、实实在在的规范修身。

总之，反腐倡廉，是我们每个人的义务与职责，势在必行！

指导教师：罗琼

聆听人： 2016 级经济学一班　2016011120　刘柳兰

聆听时间、地点： 2017 年 12 月 11 日于重庆工商大学慧智楼

激荡与共鸣：

廉洁最早出现在战国时期伟大的诗人屈原的《楚辞 · 招魂》中：“朕幼清以廉洁兮，身服义尔未沬。”东汉著名学者王逸也在《楚辞 · 章句》中注释说：“不受曰廉，不污曰洁。”也就是说不接受他人馈赠的钱财礼物，不让自己清白的人品受到玷污，就是廉洁。

廉洁是一项非常重要的公共产品。中共中央在大力反腐的同时，人民群众对于反腐的关注度也更高了。

所谓艺术和时代同行。前段时间，《人民的名义》一剧未播先火。在听说这部剧的时候，很多人不敢相信关于腐败的“大尺度”电视剧能够成功播出，所以一直关注该剧的相关消息，当看到电视剧后，更是爱上了剧情，认为其真实而振奋人心。从观众对于该剧的关注及喜爱，可以看出观众对于反腐行动及反腐成果的关注。

腐败在各国都是非常严峻的问题，并不是只存在于中国。在一项调查中，76%的欧洲人认为自己的国家贪污腐败问题十分严重。而治理腐败的能力也是国家治理能力的重要体现。中国的反腐败行动，无疑是很成功的，即使没有完全消灭腐败，但也在反腐这一路上取得了许多的成果。

国家要达到人人廉洁，是需要付出很多努力的。要从腐败过渡到廉洁，自然就出现了廉洁拐点。

下面说一说中国反腐在取得成就的过程中的廉洁拐点：①“打虎”打出了不敢腐的心理预期拐点，在反腐过程中，让官员们不敢腐，也懂得知止、知惧了。②“拍蝇”拍出了“零容忍”的作风建设的拐点。在近四年查处的九万多名违反中央八项规定精神的干部中，有九成是乡科级及以下的干部，所以反腐要做到严惩“蝇贪蚁腐”，绝不姑息小腐小败。③“猎狐”猎出了贪官无处躲藏的拐点。海外猎狐的进行，抓回了逃到海外的许多贪官，也追回了大量赃款，让贪官们知道了海外并不等于法外，也通过此举让公职人员及其身边的人学会收手、收敛、收心。④中国“互联网+”的反腐形成了有效的民主拐点。中国打造出了全球最大的有效的网络民主社会，通过网络监督，达到了对中国官员的“反对票”的随时可投，还实现了反腐的透明。⑤中国开门反腐迎来了国家形象改观的公信力和透明度的拐点。

从改革开放到现在，中国有两大成就举世公认：一是在经济上实现了7亿多人口的脱贫，对全世界减贫的贡献率超过了70%；二是在政治上坚持了有腐必反。中国反腐行动进行了这么久，也收到了民心红利以及改革红利。

俭以养德，廉以立身。下面我想说两个关于廉洁的故事。

第一个是关于明代于谦的故事，他可以作为清正廉洁的典范了。于谦曾经在河南、山西当过巡抚。当时，朝中大权由一个叫王振的太监掌管。地方官进京办事，都必须给他送礼，留下“买路钱”，方可顺利办好事情。可于谦却不屑于这样做，他只是笑着说：“我只有两袖清风，没什么好送的。”这便是他的《入京》一诗中展现的情怀：“绢帕蘑菇与线香，本资民用反为殃。清风两袖朝天去，免得闾阎话短长。”

第二个我想讲的是周总理的故事。周总理之所以能受到人民的爱戴，并不是因为他的权力，而是因为他为国为民的赤子之心、生活简朴的优良作风。《一夜的工作》里这样描写周总理的办公室：“那是一间高大的宫殿式的房子，室内陈设极其简单，一张不大的写字台，两把小转椅，一盏台灯，如此而已。”这足以看出周总理生活上的简朴。同时，他在工作上也很劳苦，总是在夜深人静时还在写字台前批阅文件。面对这么大的工作量，周总理也从不说一句怨言。

我们应该学习这些伟大人物廉洁自律、勤政为民的品质，同时也应该积极地响应国家的反腐号召。

如今我国反腐取得了巨大的成就，反腐的压倒性态势也已经形成，但电视剧可以落幕，反腐却没有剧终。

中国反腐，永远在路上。

指导教师：沈顺祥

聆听人：2016 级资产一班　2016112209　原野

聆听时间、地点：2017 年 12 月 11 日于重庆工商大学博智楼

激荡与共鸣：

新西兰奥克兰市议会希望建造一个国际会议中心以提高城市的格调，但缺乏经费。奥克兰赌场集团表示："只要议会愿意修改法律，允许我集团的赌场多开几台老虎机和赌桌，我们就自掏腰包造这个中心。"奥克兰赌场集团在给许多有影响力的政客，比如奥克兰市长、执政党党魁、市议员之类的人塞了政治献金后，奥克兰议会与赌场集团达成了这个协议。可以看到，在这个西方国家，财团不仅可以买到权，还能买到法律，这样的腐败现象简直让人难以置信。

无论东西方，腐败的荼毒都将给国家带来严重的祸患。

自十八届七次全会以来，我国反腐败斗争呈现出了压倒性态势，出现了廉洁拐点。党的十八大以来，我国打落的"大老虎"数量是党的十七大时期的 3.5 倍，真正地形成了领导干部不敢腐、知止、知惧的拐点。在其中我们看到的是中央严厉打击腐败的力度与决心。重大官员频频落马，鲜明的反面教材展示在公众面前，震慑着想贪、想腐的人。不只是"打老虎"，与此同时，中纪委还在开展"拍苍蝇"行动，"老虎苍蝇一起打"，这表明了我们正处于"零容忍"作风建设的关键拐点。此外，从演讲中我们还了解到，在落马的九万多名官员中，有九成是乡科级干部，因此严惩"蝇患蚁贪"的意义更加深远。抓早抓小，有"病"马上治，不让"小苍蝇"变成"大老虎"，要根除领导干部的贪腐顽疾。这些反腐举措，真正立足于中国腐败现象的根本情况，让百姓真真实实地看到了反腐的成效。

中国的反腐甚至受到了世界上很多国家的赞誉。就像巴西金砖项目负责人孔蒂所说："中国的反腐是公正的，反腐的对象并不是某些群体，而是面向所有需要被监督的人员，是'无禁区、全覆盖、零容忍'的。在我看来，中国的反腐败斗争是非常积极的，它有利于改善中国的改革环境，有利于提升中国的国际形象，也为其他国家的反腐提供了很好的学习样本……腐败现象在巴西由来已久且愈演愈烈，它已经不是一种个别行为或是某个政党的行为，而成为普遍存在的现象。我认为巴西应该向中国学习，展开一场真正的反腐行

动，以树立民众对国家的信心，推动国家的发展。”瑞士《新苏黎世报》在提到中国的反腐时强调，中国面对猖獗的腐败现象，毫无畏惧、毫不退缩地严厉打击。瑞士广播电视集团旗下的“瑞士资讯网”曾刊文称，中国的反腐败斗争是“对腐败的一场毁灭性打击”。

习近平总书记在一次学习讲话中强调，党的十八大以来，在反腐败斗争领域取得的进展是阶段性的，开弓没有回头箭，反腐没有休止符。对于我们中国这样一个仍在迅速发展中的强国、大国来说，反腐更是永远没有完成时。

目前的中国，不敢腐的目标已初步实现，不能腐的笼子越扎越牢，不想腐的堤坝正在构筑，反腐败斗争的压倒性态势已经形成并巩固发展。期待未来中国反腐的道路越来越光亮，形成一个真正山清、水秀、人廉洁的美丽新中国。

指导教师：杨小红

聆听“转型期腐败与反腐败治理”有感

为了进一步深入学习十九大关于反腐败斗争的精神，重庆工商大学马克思主义学院与重庆廉政研究中心在2017年11月8日晚联合邀请中共中央党校政法部人权教研室主任、博士生导师王立峰教授开展了题为“转型期腐败与反腐败治理”的专题学术讲座。

王教授引经据典，从古希腊的苏格拉底、柏拉图等对于避免社会腐败的理论到中世纪的宗教信仰和亚里士多德对于真理的追求再到近代资本主义国家对于腐败治理问题的探索，以及苏联模式下的社会主义国家发展的历史沿革，讲授了现代反腐败的思想背景、经济背景、社会背景和国际背景。进而，王教授从党的十八大以来的反贪污腐败案例，追溯中国的预防腐败的历史发展进程，从邓小平的纪律化、制度化到习总书记的“打铁必须自身硬”；从司法腐败、学术腐败、政治腐败到企业腐败的治理，深刻地讲述了中国的腐败治理情况。王教授指出，要做到总书记在党的十九大报告中提出的使我国的反腐斗争取得压倒性胜利，必须综合施策，在坚持全面从严治党、科学反腐、独立监督、预防腐败、保障机制和文化建设等方面下功夫，真正做到不敢腐、不能腐和不想腐。

演讲者：王立峰

中共中央党校政法部人权教研室主任、博士生导师；近年主持和参与多项科研课题，包括国家社科基金项目“党内规章与国家法律关系研究”、北京市政法委委托课题“当代中国司法公开研究”、国家开发银行资助项目“人权保障与经济发展关系研究”、美国福特基金资助项目“中国法律发展报告”等；在《政治学研究》《法学研究》等期刊发表论文多篇，出版专著有《惩罚的哲理》《政治与道德：马基雅维里及其〈君主论〉》《人权的政治哲学》《政府中的政党：中国共产党与政府关系研究》，参与大型电视专题片《走向法治国家》的撰稿工作。

聆听人：2016 级工程管理　2016035314　王元玲

聆听时间、地点：2017 年 11 月 8 日于重庆工商大学慧智楼

激荡与共鸣：

首先，王教授讲到关于腐败的认识误区：腐败有利于政治认同、腐败有利于社会信任、腐败有利于经济增长，这些都是对腐败的认识误区。

其次，反腐败的背景主要有四个。第一，历史背景——我国主席对反腐制度提出了不同的看法。毛主席强调人的德行，他认为一个有德行的人是不会乱想其他的。小平同志侧重制度，认为制度好，可以让坏人变成好人，但如果制度出了问题，那也可以使好人变成坏人。习近平同志主要提到了治理体系现代化，强调制度的重要性。第二，经济背景——我国成了第二大经济体。其中还提到了“天花板效应”，简单地说，就是一个人往上跳，跳到天花板会被挡下来。腐败对经济的发展很不利。第三，社会背景——社会背景主要有四点：政治腐败、司法腐败、商业腐败、学术腐败。第四，国际背景——国际教训和国际经验。

再次，王教授提到了腐败的危害以及反腐败所面临的挑战。腐败的危害极其严重，如破坏公平原则、危害公众安全、影响政府工作、助长社会犯罪、打击经济增长。我国反腐败所面临的挑战有社会挑战、政治挑战、经济挑战、文化挑战。

最后，王教授重点提到了如何预防腐败：第一，从严治党（坚持党的领导、全面从严治党）；第二，科学反腐；第三，独立监督（完善国家监督体制、保证司法权威）；第四，保障机制；第五，文化建设，包括国民教育、干部教育、传媒引导、社会参与等。

此次聆听讲座，不仅拓展了我的知识面，还让我学到了关于反腐败的知识，了解到了中国对腐败、贪污所做出的回应。中国是一个人口多、国土面积很大的发展中国家，而偌大的国家的进步还需要中国共产党以及全国人民的努力。而通过这次讲座，我感触颇深，主要有以下三点感受：

第一，王教授谈吐清晰，思维活跃，他对政治有着独特的见解，有许多关于政治方面的著作。王教授看起来精神较好，如果在不知道他是博士生导师的情况下，可能会误认为他刚博士研究生毕业。在反腐败这一方面，他有着独特的见解，他的观点立场也是非常明确的——加大防腐。

第二，王教授在给我们讲到腐败的时候，我印象最深的就是我国主席习近平对反腐所提出的看法：反腐不是目的，而是达成目的的手段。根本目的在于保持党的性质宗旨不变，提高党的执政能力，为中华民族的伟大复兴奠定坚实的政治基础。正是基于这样的规律或战略考量，反腐便不止于表现出来的打几只“老虎”、拍几只“苍蝇”这么简单，而是有着更高远、更深邃的用意。我觉得中国共产党作为我国的执政党、作为人民的榜样，就应该做到清正廉洁、为人民服务，而不是想着怎样到人民群众里面去“捞钱”。只有通过反腐倡廉，才能纯洁党的队伍，坚持为人民服务的性质宗旨，进而提振民心士气，实现

中华民族伟大复兴的中国梦。

第三，就是个人对政治的理解。对于一个理科生来说，理解政治也许并不是一件简单的事，但粗略的道理我还是明白的。政治是治理一个国家的核心，一个国家如果没有良好的政治体系，就不算是一个良好发展的国家。我们虽处在一个和平的年代，但我们不能忘记曾经为争取和平而牺牲的人。

最后，综合王教授所讲，我得出了三点结论：

一是不敢腐：独立监督、诚信体系、法制反腐。

二是不能腐：分权制约、财产申报、公开透明。

三是不想腐：国家忠诚、经济公平、道德高尚。

指导教师：赵晓曼

聆听“消除贫困——一个国家的承诺”有感

贫困，长期是社会关注的一个重要又沉重的话题。在过去的30余年中，中国如何使8亿多人摆脱贫困，成为世界上减贫最有成效的一个国家？在未来扶贫的路上，我们又有怎样的硬骨头要啃？从“救济式扶贫”到“精准扶贫”是国家扶贫思路与战略的重要转折。

演讲者：汪三贵

中国人民大学农业与农村发展学院教授、博士生导师，中国人民大学可持续发展高等研究院副院长，中国人民大学反贫困问题研究中心主任，中国农村金融研究所副所长。

汪三贵教授长期研究农村经济与贫困问题，在中国人民大学农业与农村发展学院的主讲课程有贫困分析、收入分配与经济发展、国际农村发展和发展概论等。

聆听人：2016级贸易经济一班　2016012107　杨兰

聆听时间、地点：2017年11月26日于重庆工商大学图书馆

激荡与共鸣：

“在过去的30余年中，中国如何使8亿多人摆脱贫困，成为世界上减贫最有成效的一个国家？在未来扶贫的路上，我们又有怎样的硬骨头要啃？从‘救济式扶贫’到‘精准扶贫’是国家扶贫思路与战略的重要转折。”这是演讲开头的一段话，让我记忆犹新。8亿是一个怎样的数字？为何我国的扶贫成就位居世界前列？今后我国将会怎样走扶贫道路？我国目前还有多少贫困人口？贫困地区与我们所生活的地区的差距是如何的？从前对扶贫了解甚少的我心中顿生众多疑问，带着这些疑问听完了此次演讲……

汪三贵院长作为主讲人，首先让我理解了什么是贫困：中国现在对贫困的定义跟世界其他的多数发展中国家一样，我们所说的贫困是绝对贫困，绝对贫困是指未满足在吃、穿、住、基本教育、基本医疗这些方面的最低需求。而我们扶贫的主要对象也就是这样的人。汪院长把四川凉山地区作为典型案例为我们做了讲解。在四川凉山彝族地区的情况呈现后，我感触很深，觉得贫困像是离我们很遥远的事，而对于凉山地区的人来说，一日有

温饱的三餐，有不漏风、不漏雨的屋子，他们就感觉很幸福，他们通向外界的路也是泥巴路，车辆在下雨天根本无法通行，他们的煮饭用具也极其简单，没有灶，就在地上支几根棍子生火做饭，衣服也是补丁加补丁，卫生情况也极差。我很震撼，我也是四川人，但在我的印象中，四川的生活条件与凉山地区的生活条件差距较大。我感悟到即使生活在同一片蓝天下，每个人的生活条件也是千差万别，我国的贫富差距情况还有待改善，扶贫工作还需继续努力。

从演讲中，我了解到了我国目前的扶贫目标以及扶贫成就。我国 2020 年的扶贫目标是“两不愁、三保障”，即不愁吃、不愁穿，保障义务教育、保障基本医疗、保障安全住房。我国 1981 年的贫困人口有 8.8 亿，到 2013 年减少到 2 000 多万，中国的减贫工作对世界减贫贡献巨大。除此之外，中国是全球最早实现联合国千年发展目标的减贫目标的发展中国家。联合国开发计划署署长海伦·克拉克曾说：“中国将他的人民以前所未有的速度从贫困中脱离了出来，呼吁各国学习中国的减贫经验。”其实，当我看到我国的减贫成就得到世界各国的认可时，看到我国对扶贫减贫工作的认真负责的态度时，内心油然升起了一股自豪感，我认识到了我们的扶贫减贫工作不是漫无目的地进行，而是在每一个阶段都有不同的目标，在减贫道路上越走越远。这些都让我对今后国家的减贫工作充满了信心。我也了解到世界上的其他减贫国家发展进度慢的很大一部分原因是制度安排不合理，例如土地分配制度上的高度不平等。

那么中国为什么能取得如此大的减贫成就？从演讲中，我了解到其主要原因还是我们长期高速的经济增长，这得益于四十年的改革开放；二是持续的农业增长对我国的减贫贡献了差不多一半的作用；三就是收入分配制度的合理规范，土地改革制度、合作社惠及很多贫困人口；四是国家专门扶贫小组的成立，采取了专门的措施减贫。我想，中国减贫成就最主要的原因还是经济的增长和以民为本的发展理念，民生问题自古以来就是治理好一个国家的关键所在，只有切实为人民考虑，人民的幸福感指数才会上升，才能实现构建和谐社会的目标。中共中央的宗旨是全心全意为人民服务，也正因为我们有一个对人民负责的政府，我国的减贫工作才得以顺利进行。从演讲视频中可以看出，以贵州毕节为例，扶贫前和扶贫后的巨大反差，折射出我国减贫工作的成效。

我国的扶贫策略也在与时俱进，目前提出了精准扶贫的基本策略，使扶贫更加具有针对性，提出了“因户因人施策”，分为生态扶贫和教育扶贫，强调六个精准：扶贫对象精准、项目安排精准、资金使用精准、措施到户精准、因村派人精准、脱贫成效精准。我国还强调五个脱贫一批：发展生产脱贫一批、易地扶贫搬迁脱贫一批、生态补偿脱贫一批、发展教育脱贫一批、社会保障兜底一批。不得不说，在长达几十年的扶贫工作下，我国从实践中探索出了众多经验，并一次又一次地调整政策。在这些改变下，我国的扶贫政策愈发成熟与完善，更具规范化与针对化，在未来的减贫道路上将会实施得更加顺利，扶贫成功率将大大提升。以赤溪村为例，在国家精准扶贫的举措下，越来越多的贫困人口走上了发展之路，自食其力地迈入了脱贫大军中。

在看完演讲视频后，我了解到现今我国的扶贫济贫工作正在如火如荼地开展，社会各阶层都在时刻关注着弱势群体，贫困人口在政策的扶持下也在慢慢走向更好的生活。到2020年，我国的目标是全面建成小康社会，我国新的扶贫策略也在逐步落实。并且在2020年之后，我相信国家也会重新制定保障策略，来保障基层人民更高层次的需求。我也坚信在今后的发展过程中，中国的贫富差距、城乡差距和收入差距也会一步步缩小。观看完此演讲视频，我感触良多、收获良多，对我国的扶贫事业也有了一个更深入的了解，希望今后我国的扶贫减贫事业能顺利进行。当然，这项工作不只需要有关部门的努力，也同样需要社会各界的共同努力。希望有朝一日我也能为那些贫困地区的人们做点贡献，为祖国的扶贫事业贡献出自己的一分力量。

指导教师：谢书楠

聆听人：2016级社会工作一班　2016281125　兰归航

聆听时间、地点：2017年11月26日于重庆工商大学图书馆

激荡与共鸣：

主持人提出："关注也是一种力量。"的确是这样，在这个信息化时代，我们通过在网上关注那些贫困人口，促进国家政策的改进，也让他们能够得到关心，形成一股力量。

汪三贵教授讲到，我们中国的贫困是绝对贫困。绝对贫困是指在某一个时期个人或家庭依靠劳动收入或其他合法收入，不能维持其基本生存需要或者生活状态的贫困，它是从人维持生命的角度出发的。他还提到了"两不愁、三保障"，这是由《中国农村扶贫开发纲要》提出的，即到2020年我国扶贫开发针对扶贫对象的总体目标是稳定实现扶贫对象不愁吃、不愁穿，保障其义务教育、基本医疗和住房。这些都是我国扶贫开发的一些相关知识。我国从改革开放以后，减贫工作是非常有效的，即从8.8亿贫困人口减到了现在的2 000多万贫困人口。其实在1978—1985年，我国并没有出台针对性的扶贫措施，主要是依靠当时的农村改革进行扶贫。农村的脱贫是我国脱贫的重点（因为发展中国家的贫困人口主要在农村，发达国家则相反，贫困人口主要在城市），我国的贫困人口有95%在农村。我国是在1986年才开始出台专门的扶贫政策，当时确立了300多个国家级贫困县和300多个省级贫困县。

我们国家真的是为脱贫做出了很大的努力，近代发生的最核心的事件就是土地革命，这也使农村人民能够在改革开放后长期高速的经济增长中获得益处。印度、非洲地区的扶贫效果远不如我们，就是因为其土地分配高度不平等。

脱贫一直以来都是我们的首要目标。《国际人权文书》中讲到了人权保障的重要性，

人最重要的权利就是生存权和发展权。脱贫对于保障人的生存权有着重要的意义。

随着经济的发展，我国的扶贫就变成了精准扶贫，即扶贫对象精准、项目安排精准、资金使用精准、措施到户精准、因村派人精准、脱贫成效精准。由于有些地区也很贫困，但是并没有在贫困县中，所以国家在2001年设定了15万个贫困村。现在我们国家的扶贫思路是将贫困户转变为生态工人，对于无法改变固定思想的上一辈，不能脱贫的，则通过教育扶贫，改变其下一代的思想，灌入脱贫自力的精神。

最后我想讲的就是，我们国家的扶贫还是要继续的，即使2020年我们全面建成了小康社会，但是依然还是会有极少数生活在绝对贫困之下的人。扶贫是永不止的，因为扶贫的标准也会不停地变化。欧美地区的贫困发生率比我们还要高，这是因为其扶贫指标与我们不同。所以我们脱贫的步伐是不会停下的，以后可能面临的就是精神贫困等非生存性贫困。在扶贫的路上，我们应该完善国家社会保障体系，发展社会福利体系。此外，我们应该一直给贫困人口以关注性的力量。

指导教师：陈丹妮

聆听人：2016级广告　2016281241　谭家钰

聆听时间、地点：2017年11月26日于重庆工商大学慧智楼

激荡与共鸣：

这次的视频观看带给了我很大的震撼。汪教授受东南卫视中国正在说节目组的邀请，对中国目前的脱贫现状做了报告，同时也对未来的脱贫工作和目标进行了描述。国外有观点认为，中国的快速脱贫是一种“运动式的扶贫”，这在一定程度上讲是正确的，因为中国已经被世界公认为是减贫最有效的一个国家——全世界11亿的脱贫人口中就有8.6亿是中国的贡献，中国贡献率达到了78%。但很显然，中国之所以创造出了这个奇迹，其实是由于中国的制度、中国的经济、中国的政府。汪教授一开始就对贫困进行了定义：和其他发展中国家一样，这里的贫困是指绝对贫困，是连吃、穿、住、基本医疗、基本教育都无法满足的贫困。他举了几个例子（如“四川凉山悬崖村”“最悲催的作文”）来证明我们国家现在还有很多的贫困人口需要扶持。所以国家开始改变策略，进行精准扶贫，以求在2020年使所有贫困人口的“两不愁、三保障”的愿望得到实现。

汪教授分析了中国脱贫工作成功的原因。一是政府的扶持。政府在政策上、经济上对贫困人口进行的大力支持是该工作取得巨大成效的原因之一。二是经济的快速发展。自从改革开放以后，我国GDP年均增长10%，贫困人口也在经济增长中受益。和国外不同的是，中国有95%的贫困人口都在农村，所以国家对农村进行了大面积的改革，如提倡“新农村”“农业现代化”等，让农村的经济大幅度增长，缩小了城乡收入差距。三是平等的

分配。

精准扶贫，首先要把对象搞准，这是前提和基础。好比医生看病，首先要把病人找准、病情看准，有啥病治啥病，根据病情开药方，而不是一个方子治百病。精准扶贫就是因人因地施策、因贫困原因施策、因贫困类型施策，采取力度更大、针对性更强、作用更直接、效果更持续的措施脱贫。我国的扶贫是要让贫困人群有自力更生的本事，所以政府不是简单地进行经济扶持，而是教会贫困人群凭着自己的双手来使自己的生活越来越美好。我真的为我的国家而骄傲，希望我国能在 2020 年达到脱贫目标。加油，中国！

指导教师：黄云超

聆听人：2016 级经济学　2016011237　魏莱

聆听时间、地点：2017 年 12 月 26 日于重庆工商大学慧智楼

激荡与共鸣：

2017 年 11 月 28 日，习总书记发表讲话，中国将采取坚定措施，以确保帮助 7 000 万贫困人口脱贫，共享基本社会服务，消灭绝对贫困，全面建成小康社会。这是一个国家的承诺。短短几十年，中国贫困人数减少了 8.6 亿，创下了举世瞩目的成就，相信我们也定能在扶贫路上取得更好的成绩。

贫困，也是一种人权问题。生存，是百姓最朴素的愿望。小康，是挣扎在贫困沼泽中的大众的希冀。从战争的苦难中走出，百姓希望党和国家带着我们创造美丽的新生活。底子薄、发展落后的中国，开启了她的脱贫征程。

从脱贫到扶贫，从针对性扶贫到精准扶贫，党和政府一直在努力，也一直在探索如何更好地完成扶贫目标，从而做到真正的扶贫。于是，我们看到了八七扶贫攻坚计划，精准扶贫，要求 6 个精准，即扶持对象精准、项目安排精准、资金使用精准、措施到户精准、因村派人精准、脱贫成效精准。在这条路上，政府透过现象看本质，正如“授人以鱼不如授人以渔”，只有真正提高贫困人民的创收能力，才能从根源上解决问题。在提高创收能力上，因人因户选择的策略十分有效，也十分巧妙。我认为，这些都是中国在扶贫工作中的亮点。

在过去的日子里，扶贫工作的成效都是我们可切身感知的，不少都令人印象深刻。我们的生活条件越来越好，所在的城市越来越现代化，我们的国家综合国力日益提高。一座座桥梁、一条条铁轨拔地而起，家乡的道路从泥土路变成了柏油路，还兴修了公交亭，外露的电缆也经大刀阔斧的整改埋入地下……

我们更能看到，一个个贫困村像赤溪村一样摘掉贫困的帽子，在村民们心中宛如升起一颗颗希望的明珠。在 2017 年 9 月开播的纪录片《辉煌中国》中的《共享小康》一集，

亦展现出了中国迄今为止的扶贫工作成果，悬崖村和其脱贫之路就是一个缩影。纪录片中令人记忆犹新的是那中国工人依山而上的钢梯和对居民不愿迁村的尊重。放学归来的小孩们笑着对镜头说，有了钢梯很高兴，爬梯累了还可以坐着休息休息、唱唱歌。虽然或许悬崖村迁村更好，但安土重迁的村民还是迎来了因地制宜的扶贫策略，村民说，他们在这块贫瘠的土地上生活了多年，不愿离开。更有外国来宾到华学习扶贫经验，对中国赞叹不已。

或许现今的扶贫工作还存在着某些困难，如贫富差距过大、社会保障制度不够健全、返贫问题等，但我相信对于这些问题都终会有一份答卷。党和国家一直都在关心着大众，在忧天下之忧，在致力于解决各类问题，满足大众日益增长的需求。从最初的温饱到小康到共同富裕，我们共同在为实现中华民族的伟大复兴而努力着。

指导教师：王仕勇

聆听人：2016 级公共管理　2016283136　朱钦铃

聆听时间、地点：2017 年 12 月 26 日于重庆工商大学慧智楼

激荡与共鸣：

讲座主要讲述了汪教授在四川凉山彝族地区的调研历程、我国扶贫开发工作取得的巨大成功，以及精准扶贫的五个主要途径。最后，扶贫的驻村干部对汪教授进行提问，教授针对不同的贫困家庭提出了不同的解决方案。

人最基本的权利是生存权和发展权。然而在一些地区，由于经济发展落后，居民却连这些最基本的权利都难以拥有。虽然我们大家都知道四川凉山彝族地区的经济比较落后，但是在听到汪教授讲述他去当地考察时所见到的情景之后，我们还是不由得为之感慨！

汪教授讲道：“我们所说的贫困是绝对贫困，我们给贫困下的定义和世界上大多数国家一样。”在过去的几十年里，中国使 8 亿多人摆脱贫困，成为世界上减贫最有成效的一个国家。新中国成立后，“土地改革”让农民获得土地和生产资料，从而发展了农业。农业的发展在脱贫中起到了重要的作用。近年来，我国长期高速的经济增长带来的 GDP 的高速增长使得不少地区已经发展起来了，解决了不少地区的脱贫问题。这些其实就是让穷人从经济增长中获益。

在我国提出的“两不愁、三保障”，即“不愁吃、不愁穿，保障义务教育、基本医疗和安全住房”，这是我国到 2020 年的扶贫目标。习近平总书记在 2016 年 2 月 19 日通过人民网视频与福建赤溪村村民交流时说道：“扶贫根本还要靠自力更生，还要靠我们的乡亲们内生动力，但是党和国家会一直关心你们，支持你们。”在脱贫方面，国家给予了贫困群体大力的支持，但是这始终是外部的，要想摆脱贫困最重要的还是要依靠自己来谋出

路、求发展。

“科学技术是第一生产力”，我们政府在推进扶贫工作中要更加注重教育这一方面。俗话说：“穷不过三代，富不过三代。”穷人之所以穷，与其能力差、观念落后有关，而这些问题又与教育有很大的关联，所以教育扶贫要解决贫困户的教育负担，从而解决贫困的代际传递问题。比如说你这一代人是贫困的，那么现在改变你就很难，你在思想观念上觉得自己努力也不管用，那么需要重点帮扶的就应该是你的孩子。在农村地区，很多贫困家庭都属于“支出型贫困”，主要的支出就在孩子的教育上。政府可以通过减免学杂费，给予贫困生补助、开设爱心午餐等方式来支持和关心贫困生的学习和生活。我现在都还记得我中学时学校食堂的“爱心窗口”，现在这个窗口依旧存在。从小学到初中阶段属于义务教育阶段，一个家庭在教育上的支出还比较小，但是到了高中或者是到了大学，开支就会加大，那么就会加重这个家庭的负担，本来家庭的收入不属于贫困的范围，但是由于这些支出就会导致家庭贫困。精准扶贫的主要途径就是依靠“五个一批”，即“发展生产脱贫一批、易地搬迁脱贫一批、生态补偿脱贫一批、发展教育脱贫一批、社会保障兜底一批”，打赢脱贫攻坚战。在我看来，这“五个一批”的相互作用是我国脱贫工作发展成效显著的重要原因。当然，如上所述，脱贫主要还是得靠自己，其中尤其应该紧抓下一代的教育问题，他们只有“走了出去”才能够更好地发展，这个家庭才能走出贫困。

指导教师：文敏

聆听人：2016 级电子商务　2016043138　刘晓华

聆听时间、地点：2017 年 12 月 26 日于重庆工商大学图书馆

激荡与共鸣：

在过去的 30 余年中，中国如何使 8 亿多人摆脱贫困，成为世界上减贫最有成效的一个国家？在未来扶贫的路上，我们又有怎样的硬骨头要啃？从“救济式扶贫”到“精准扶贫”是国家扶贫思路与战略的重要转折。

前段时间习主席说过一句话——“我最牵挂的还是困难群众”，虽然只是简简单单的一句话，但让我们都感受到了习主席对困难群众的关心，感受到国家真的时刻关注着贫困人群！当我听完汪教授的“消除贫困——一个国家的承诺”的演讲后，我很感动，也很安心，也很惊讶，原来我们的国家做了这么多事，取得的效果是这么显著，受益的人是这么多！让我再一次庆幸自己是个中国人！

汪教授说他们针对的是绝对贫困的人群，也就是连吃穿住行、基本医疗、基本教育都不能满足的人群，所以政府就提出了“两不愁、三保障”的扶贫目标，这是最切实际的目标，也是最基本的扶贫目标。

从汪教授口中，我了解到了中国的扶贫效果。按照世界银行的贫困线标准，以购买力平价每天1.9美元记，中国1981年农村和城市的贫困人口合计8.8亿，到2013年，共减少了8.6亿！同一时期全球的贫困人口减少了11亿，在这一阶段，中国扶贫事业对世界的减贫贡献率高达78%！可见我们的扶贫效果之佳，这使得各国来借鉴我们的扶贫经验。我们没有空口号，只有切切实实的扶贫措施和政策，让我们的贫困人民脱离贫困，过上好日子，我认为这就是我们国家的伟大之处！

真正为人民办实事、办好事的是人民政府，这是我听完此次演讲后的最大体会！我了解到了国家扶贫道路的变革，从大规模扶贫到现在的精准扶贫，我能够发现国家在根据扶贫环境的变化不断寻找最有效的扶贫方法，以让贫困群众早点过上好日子，这就是政府给人们办的大实事！

国家给予了我们扶贫的承诺，那不是一张空头支票，也不是一句简单的话，国家用实际行动来完成这个承诺，我们也感受到了国家对于这个承诺所做的点点滴滴，我们很欣慰，我们也很安心，所以我们还有什么理由不学习、不工作、不努力来回报祖国呢？让我们一起铸就我们祖国的美好明天吧！

指导教师：杨小红

聆听人：2016级市场开发与管理二班　2016041210　胡晓莉

聆听时间、地点：2017年12月26日于重庆工商大学图书馆

激荡与共鸣：

贫困是每个国家都存在的问题，是全球都高度重视的问题。我国目前对贫困的定义是绝对贫困，是吃穿住行等基本生活问题的最低需求没有得到解决。我国的贫困人口有95%左右都分布在农村。即使是在我国经济高速发展的今天，依然还有很多人住在茅草房，穿着打补丁的衣服，吃的东西也不好。我生活在农村，但因为从初中开始就是住读生，所以一般很少回家。我还记得小学的时候，我每天虽然能吃饱穿暖，但是对于零食这些东西，只有在过年的时候才会吃到。现在想起来，我觉得自己小时候很可怜，但是又不是非常可怜，毕竟有的人到现在都还不能吃饱穿暖。这些年，国家为改善贫困人口的生活，采取了很多措施，贫困人口的生活水平提高了很多。

其实，我对国家为解决贫困而做的努力并不是很了解，这次看完了汪三贵教授的演讲视频之后，才知道我们国家真的是全心全意想让全国人民的最低生活需求得到保障。我国的扶贫目标是“两不愁、三保障”。它们具体是指：“不愁吃、不愁穿，保障义务教育、基本医疗、安全住房。”这个扶贫目标将会在2020年得以实现。虽然我不是很了解扶贫的具体政策，但是我能感觉到身边的关于贫困群体的一些变化。高中的时候，我们学校对于贫

困生每年都会发放相应的补贴，而低保或者建卡贫困户的同学可以免交学费。现在上了大学，学校也是对贫困生和建卡的同学发放补贴。这样就减轻了家里对学生生活费方面的负担，学生也能放心地上学。不仅仅是学校，还有当地的政府也会帮助贫困生。高三毕业，我们乡里是只要女生考上了大学，就有 5 000 元的补贴。还有县里的帮助贫困生的一些项目，例如“雨露工程”等。这些统统都是国家为减少贫困现象所做的努力。

近些年国家从扶持贫困县到贫困村，扶贫成效高速增长，促进了贫困地区的发展，而贫困地区的发展又带动了贫困人口减贫，很多县和村都已经脱贫。但是国家认为这样还是会漏掉一些真的很贫困的人，所以自 2013 年以来提出了精准扶贫，希望改善真正贫困的人的生活。扶贫这项工作很难，要与贫困持续斗争很久，但是我们并不怕，在一步一步地向目标走去。虽然还存在很多问题，比如已经脱贫了的人因为生病又变贫困，在城市中的农民工没有居住的地方等，但是我相信国家都会想出相应的解决方法。

我国到 2020 年实现全面建成小康社会是值得期待的。

指导教师：赵军峰

聆听“贵州塘约：一个村庄的脱贫实践”有感

贵州省乐平镇塘约村是一个省二级贫困村，后来的一场大水更是让塘约村一贫如洗，然而三年后的塘约村民却骄傲地向世界宣布，他们已经消灭了贫困现象。

演讲者：王宏甲

王宏甲，福建建阳人，当代文学家，学者，我国当代著名报告文学家，中国作家协会报告文学委员会副主任，代表作有《塘约道路》《无极之路》《新教育风暴》《智慧风暴》《人民观——一个民族的品质》等，尤以长篇纪实文学为读者所喜爱。2016 年 11 月，王宏甲撰写的《塘约道路》引起了社会极大的关注。

聆听人：2016 级贸易经济三班　2016012325　王越

聆听时间、地点：2017 年 11 月 16 日于重庆工商大学北六栋

激荡与共鸣：

演讲中的贵州省乐平镇塘约村在三年前是一个省二级贫困村，全村共 3 000 多人口，1 400 多的劳动力人口中有 1 100 多人外出务工，是一个典型的空壳村，留守的是羸弱的老人和年幼的孩子，一场大水冲走了塘约村村民世代留下的基业，让本就不富裕的村庄一贫如洗。就是这样一个濒临绝境的村庄，在村党支部书记左文学的带领下，全村群众铆足一股劲，拧成一根绳，打破陈规，闯出了一条新型集体组织道路，使得塘约能够从灾难和贫困中迅速崛起，在灾后仅仅两年的时间里，便从一个村集体经济空壳村，变成了拥有 200 万资产、吸引超过 90%的村民返乡安居乐业的集体化村庄。

王宏甲在演讲中说道，继承和创新是进步的两个轮子，缺一不可。我们不能因为想要创新就抛弃以往的经验，也不能只继承老经验而止步不前、不搞创新。他说道，塘约村最感动他的有三点：一是“穷则思变”的大标语，该标语屹立在村口显眼的山坡上，显示了塘约村的那股干劲，这是一种宝贵的精神财富；二是塘约村搞了合作社；三是他们将土地

集中起来。村干部意识到一个农民很难进入社会，因为他的个人成本太高了，但是一群有组织的农民就十分有竞争力了。这就是塘约的致富道路——组织起来共同致富的道路。正如全国政协主席俞正声所指出的，“塘约是新时期的大寨，塘约精神不简单”。不同于20世纪70年代末农村改革发源地的小岗村，也不同于改革开放集体经济快速发展的华西村，塘约道路是塘约村村民自觉的十八大以来在基层的探索实践。在中国辽阔的农村土地上，塘约的实践不是唯一的，但它的精神是建设中国新农村的典范。人是第一生产力，是生产力中最活跃、最根本的因素，塘约村村民在村党支部、村委会的领导和上级党委的支持下，成立合作社、建立生产队，通过不断巩固农村集体所有制、促进产业结构调整转型，让塘约这个虽拥有二千多人口但劳动力却严重不足的“空壳村”，逐步走向依靠“内生动力”的致富之路。这里村庄的变化与人的变化，体现了新时期中国新农民自强不息的积极态度，具有普遍的现实意义和深远的历史意义。让我很有感触的是这样一件事：在决定修路的时候，村里能动的劳动力都义务赶去帮忙，包括还在上学读书的小孩和已经90多岁高龄的老党员，夜晚没有照明灯，村民们就打开自己车上的照明设备，他们都是在义务劳动，没有丝毫的报酬。这种义务劳动不是一天两天的激情，而是持续到这条路修完。左文学说：“其实中国的百姓们不是怕吃苦，而是怕不公平，只要做到了公平，大家再苦再累都不怕。”

塘约的成功，在某种意义上是精神力量支撑的结果。塘约所迸发出的巨大能量，启示着广大的基层农村人民，虽然我们目前还有很多的先天不足和客观束缚，但贫穷并不可怕，可怕的是人穷志短、精神涣散，不去思索、不去奋进。我们渴望和需要一个精神焕发的人生、一个精神焕发的社会、一个精神焕发的国家。

“在大灾大难中人民的善完全迸发出来了。”这是塘约村村党支部书记左文学说的。“一场洪灾虽冲散了我们的家园，但却让大家的心紧紧依靠在一起，一家没有粮食各家帮，洪水带走了往日结下的怨恨，灾难后大家亲如一家，正是这种团结和凝聚力让塘约的未来更加光明。”家园冲散，但无一人伤亡，灾难之时基层党组织是大家的依靠。只要我们党永远同人民站在一起，大家撸起袖子加油干，就一定能够走好我们这一代人的长征路。实践是检验真理的唯一标准，“塘约道路”让我们看到，实现农村脱贫、全面建成小康、复兴民族伟业，领导力量在党，骨干力量在党员，依靠力量在人民。

精神的力量是强大的，正是大灾过后的塘约村村民那种聚在一起努力发展的精神，让塘约改头换面，摆脱了贫困村的帽子。对于新时期的发展，我们就是要有这股干劲，撸起袖子加油干。

指导教师：陈松

聆听人：2016 级审计二班　2016023129　李同念

聆听时间、地点：2017 年 11 月 16 日于重庆工商大学新图书馆

激荡与共鸣：

我是贵州兴义人，在思政课堂推荐的众多演讲视频中，选择观看贵州塘约村的脱贫实践，是出于游子对家乡深深的眷恋之情，体会也尤为深刻。多年来，在党中央的扶持下，贵州得以飞速发展，从我小时候坑坑洼洼的泥泞小路，到现在柏油路通入千家万户；从贵州的第一个机场龙洞堡机场，到现在贵州民航系统形成“一干八支”机场布局；“天眼”落户贵州，2017 年国庆节期间，80 万人涌入贵州看“大锅”；2017 年 11 月，贵阳有了自己的第一条地铁路线；2017 年年底，渝贵高铁正式运营。

一直以来，贵州始终以自己的速度在不断发展着，作为一个贵州人，我感到尤为骄傲。而贵州塘约村的脱贫之路，便是贵州发展的一个缩影。对话一开始，就指出“农民问题，就是中国问题”。也许是因为穷，“穷则思变”，所以塘约村才有了农村土地集体所有制的创新实践，才取得了合作社抱团发展的脱贫“真经”。正是勇于探索这条“塘约道路”，塘约村人民群众逐渐走出了贫困夹缝，从夹缝中瞥见阳光，走在了共同富裕的康庄大道上。

从过去每户农家的单打独斗，到现在全村上下的凝心聚力，塘约村基层党组织不走别人走过的老路，不嚼别人嚼过的馍馍，根据对自身村情村况的独特理解，开拓新思维、新思考，这在当代中国具有普遍的现实意义和深远的历史意义。

王宏甲老师分析道，塘约村的发展模式，是成立“村社一体”的合作社，要让村民自愿把承包地确权流转到新成立的合作社里，进而做到“七权同确”，实行集体所有制，走集体化道路，同时从根本上解决青壮年纷纷外出打工、土地大面积撂荒、留守老人和留守儿童像山花野草一样无人照料等一系列矛盾。塘约村村党支部在群众集体贫穷的现实面前，承受的压力是可想而知的。无数困难就像一座座大山，使他们动辄得咎，甚至濒临绝境。既然现行的扶贫办法不能带来农村的繁荣和农民的富裕，那就只有转换思路，独辟蹊径，在创新中去寻求突破，进而谋求生存和发展的良机。

习近平总书记说：“天上不会掉馅饼，撸起袖子加油干。”塘约村的脱贫实践告诉我们，解决农民贫困问题，必须要有实干精神。实干就是要把理想化的东西个性化。农村基层党组织要把服务“三农”的责任转换成自觉意识并深深扎根到群众中去，想群众之所想，忧群众之所忧，要让思想和行为带有泥土气息。塘约村党组织的思考与行动，每时每刻都在谋求“接地气”的解决方案。

贫穷没有抑制贵州人民的思考力。在“大众创业，万众创新”的政策引导下，塘约村党组织冲破观念的桎梏，打破传统的思维定式，走出了一条合适自己发展的“塘约道路”。

塘约村的脱贫致富之路，对现行农村体制改革有着不可估量的借鉴作用。正如塘约村人民凝心聚力谋发展的精神，贵州人有贵州人的情怀，无论是扎根贵州还是走出贵州的

人，无不以他们自己的方式，为这片土地尽一己之力，为贵州谋发展伴随着贵州人的前行之路。无论何时何地，他们的言行，无不渗透着他们对这片土地深深的眷念。

指导教师：陈艳宇

聆听人：2016 级法学二班　2016091237　余其燕

聆听时间、地点：2017 年 11 月 16 日于重庆工商大学北六栋

激荡与共鸣：

本以为会是很无聊的视频，却出乎意料地很精彩，看完之后令我颇有感想。

视频讲了一个落后村庄，在受到自然灾害（洪水）的侵害后，如何通过努力，最终走向光明、摆脱贫穷的故事。王宏甲老师写下了一本《贵州塘约》，受到了社会、文学、历史等多个领域的关注。而我，在间接地从这个视频里了解相关内容后，想与大家分享一些心得。

学会合作，合作很重要。王宏甲老师在视频里说到，塘约的成功，在于“组织起来，共同致富”这八个字，单打独斗的农民，进不了市场，而且会被市场碾碎，而大洪水使得整个村庄融为一体、不分你我，为了整个村庄，大家一起修路、一起创建公司、一起组建食堂，并贡献自己的粮食供大家食用，所有人都在努力地奉献，贡献着自己的所有。三千多人的村庄，在洪水后，将“集体”精神体现得淋漓精致。合作社的强弱联合，外出打工村民为重建村庄的回归，以及村干部们为村庄重建绞尽脑汁的努力，不仅让人感动，更告诉我们合作的重要性、集体意识的重要性。因此，在今后的学习生活中，我们应该学会合作，达到共赢的效果；而在国家今后的发展与建设的过程中，我们更应该学会合作，而且是优质的、高质量的合作，在与他国的经济往来中，充分利用合作带来的优势，实现世界的整体“前进”。

有梦想，精神很重要。塘约的成功，不仅仅在于最大限度地集中了整个村的人力、财力、物力，更重要的是，村民有梦想，不消极等待命运的最终安排，不被动地接受苦难对身体与精神的摧残。他们制定“红九条”“黑名单”以此规范村民，建立村庄秩序。王宏甲老师进村时看到的“穷则思变”这几个伫立在村前的大字，在外人看来或许沉重，或许心酸，但却是村民们的精神食粮，它在支撑着这个受尽苦难的村子的村民们，让他们通过实际行动告诉世人，他们“精神不穷”。王宏甲老师说：“精神焕发人生，我们大家需要精神发展国家，我们农民需要精神建设村庄，我们个人需要精神进步自己。”因此，坚持自己的信仰，并用行动去充实梦想，这也是向美好与未来致敬的方式。

党员干部要不忘初心，为人民服务。我想说，就视频案例而言，没有左文学，就没有现在的塘约村；但同样对于国家而言，没有各级廉洁奉公的党员干部，就没有现在的中

国。我们应感谢他们为中国的今天做出的种种努力与奉献。同时，也希望我们的党员干部都能做到真正地为人民服务。视频里有这么一句话，“农民需要的真的不多，他们只希望你能真的做到公平”。我们的国家发展至此，农民真的奉献了很多。所以，希望我们的政府时刻追随民心，我们党的领导干部发挥模范带头的作用，希望我们的民族越来越团结，我们的国家越来越强大。

指导教师：兰丽娟

聆听人：2016级法学三班　2016091330　翟秋月

聆听时间、地点：2017年11月10日于重庆工商大学慧智楼

激荡与共鸣：

走进塘约村，绿水青山环绕，处处透着美。宽阔的马路、成片的洋房、靓丽的环境、小桥流水相互交融……这些，让人很难想到，3年前，塘约村还是省二级贫困村，当时的人均纯收入还不足4 000元，2014年6月的一场洪灾，更是几乎将本已贫瘠的塘约村变为废墟。

田地被冲毁了，房子也倒塌了，到处凌乱不堪，村民一贫如洗，而此时，路在何方？塘约村村党支部书记左文学回忆道：“水灾后，大家都在问，以后的日子怎么过？唯有重建家园，怎么建？抱团发展才是出路。于是，我们走上了集体化道路。”

多年前的塘约村，就是一个空壳村，越来越多的男人为了家庭生计外出打工。于是，这个村庄成了一个只有妇女、老人和小孩的空壳村，他们没有过上好的生活，不仅仅是物质方面，在精神方面也是贫瘠的。

说起塘约村的脱贫，村规民约无疑是一个大亮点。其中，大家所说的“红九条”，指除婚丧嫁娶外，其他任何酒席都不得操办，村民也不得参与类似的请客和送礼。如有违反规定的村民，村里会将他们列入“黑名单”中，直至考核合格后才能消除“黑名单”记录。据左文学介绍，2015年塘约村广征民意，结合村里的实际情况，制定了村规民约。这不仅引导村民选择了文明的生活方式，也同步提高了村民的文明意识。

如今的塘约村，从村里环境到村民的精神面貌都一改往昔，正所谓：“百姓富，村庄美。”到哪里都能感受到一股快乐而新鲜的气息，“农民需要一个精神焕发的村庄”，他们做到了，在物质和精神上都真正“脱贫”了。念及当下，还要顾及长远，塘约村也会越来越好。

此时的我不禁在思索，是什么改变了他们的命运？是因为他们敢于在现实面前打破陈规，还有一股团结奋进的精神，当然，这一切得以实现是因为有了正确的领导。

观看了这个视频以后，我也有自己的一些看法。学习塘约，要点有两条。一是巩固农

村集体所有制，二是加强党在农村中的领导作用。前者是经济基础，后者是上层建筑，二者的高度统一是我们今天所迫切需要的。这涉及中国亿万农民的根本利益，所以不仅是一个经济问题，不只是一个脱贫攻坚的问题，农民需要一个精神焕发的村庄。刚刚摆脱贫困的塘约，的确已经呈现出一种令人振奋的气象，这种气象不仅仅表现在村容村貌得到改善，更表现在人民精神面貌的改变，表现在村风民风的健康清新。越来越多的人获得了一种主人翁的心态，他们以这种心态从事不同的劳动，关心村里、社里的集体事物。相信在党的正确领导下，会有越来越多的“塘约村”出现，继而我们拥有的不仅仅是一个精神焕发的村庄，而是一个精神焕发的国家。

指导教师：秦筱萌

聆听人：2016级财务一班　2016052135　郭磊

聆听时间、地点：2017年11月20日于重庆工商大学博智楼

激荡与共鸣：

塘约村是贵州省安顺市平坝区乐平镇的一个山村，该村经济力量薄弱，大量的年轻劳动力外出务工，留下的多是空巢老人和留守儿童，整个村子经济萧条、村民生活困顿，成为典型的贫困村和空壳村。2014年夏季的一场洪水让这个省级二类贫困村雪上加霜。穷则思变，在上级党委的支持下，村支部发动群众成立“村社一体”的合作社，全体村民自愿把承包地确权流转到新成立的合作社，进而做到了“七权同确”，极大地巩固了集体所有制，并将全村重新组织起来，抱团发展，走集体化发展道路，短短两年时间内塘约村就跃入了小康村行列，变化和成效令人惊叹。

在看到发生如此巨大的变化的时候，一方面，我们要祝贺塘约村取得如此惊人的成就，完美地进行了在经济和体制上的凤凰涅槃；另一方面，我们要从中吸取经验和教训，从特殊案例中找寻普遍道理，为社会主义的建设贡献更多的力量。

从塘约村的脱贫经历来看，村党委致力于给村民创造一个精神焕发的村庄，给每个村民构建一个精神焕发的人生。如今来看，对于塘约村干部承诺的把一个二类贫困村发展成小康村的翻天覆地的改变，他们确实做到了。以下四个方面为主要突破点：经济改革、规定束缚、思想鞭策、领导有方。对我们而言，这里有很重要的启示作用。

在经济政策上，要像塘约村一样，致力于改革创新。从土地来看，建设土地流转中心和使土地经营权参社入股；从农民来看，建立村社合一的合作社。总的来说，就是发展“七权同确、合股经营、村社一体”的新模式。建立规模化、集约化的现代化农业生产基地，比如辣椒基地、莲藕基地、水果基地等。同时，实施“水果上山、苗木下地、科技进田”等举措。新中国建立的农村集体土地所有制，之所以可以被称为制度性财富，正是因

为这是从制度上防止了两极分化。只有从制度上防止两极分化，缩小贫富差距，去创造共同富裕，才可能创造人们在经济、政治、文化上的平等。

从规定束缚上来看，村领导让村代表自己制定村规民约，比如“红九条”和“黑名单”，起到了很好的效果。

从思想鞭策上来看，该村庄通过醒目的标语进行思想激励。他们说，人可以在物质上贫穷，但不能在思想上贫穷。人们走进村委楼的时候，第一个映入眼帘的便是四个鲜红的大字——“穷则思变”，让人眼前一亮、印象深刻。

从领导上来看，塘约村领导所提出的改革方案和一系列方针事实上都被证明十分有效。

塘约村的经济建设和取得的发展成就让我们刮目相看。只要做到改革发展、追随民心、共同致富，一个贫困村依然可以发展。

指导教师：屈莲华

聆听人：2016级人力资源管理二班　2016032237　朱世方

聆听时间、地点：2017年11月16日于重庆工商大学北六栋

激荡与共鸣：

贵州省乐平镇塘约村在三年前是一个省二级贫困村，后来的一场大水更是让塘约村一贫如洗，三年后的今天，塘约村村民却骄傲地向世界宣布，他们已经消灭了贫困现象。当我们第一次看到这条消息时，是什么感觉，是不可思议还是难以置信？我想二者兼有。

俗话说：“事实胜于雄辩。”以下的数据将让我们真真切切地感受到塘约村发生的翻天覆地的变化：2014年塘约村还是一个省二级贫困村，共有3 000多人，1 400多名劳动力中有1 100多人外出打工，是个典型的“空壳村”，2014年的一场洪水更是让这个贫困村雪上加霜；三年后，塘约村却走出了贫困的重围，农民人均纯收入由不到4 000元提升到10 030元，塘约村的集体收入由不足4万元提高到200多万元，实现了从二类贫困村向“小康示范村”的巨大转变。

“成功的花，人们只惊羡她现时的明艳！然而当初她的芽儿，浸透了奋斗的泪泉，洒遍了牺牲的血雨。”花的成功尚且如此，那人的事业的成功，人的成长与发展，不也都是如此吗？塘约村成功脱贫也一定如此，离不开人们的艰苦奋斗。其成功的原因可以归结为以下几点。

一、村支两委的带头模范作用

以塘约村党支部书记左文学为代表的“村支两委”为了实现塘约村的成功脱贫，不辞辛苦、任劳任怨，始终把村民的根本利益放在首位，经过多方考虑，建立起了村社一体的

新模式，开始了脱贫的第一步。联系实际是中国共产党一直倡导的工作理念，左文学秉承着这一理念，并运用到实际中去，结合塘约村的贫困现状、地理位置等找出了适合村民发展的“水果上山，苗木下地，科技进田”模式。在做任何事之前，首先考虑“得不得到人民的支持”“损不损害人民的利益”，更要树立从群众中来、到群众中去的观念，这是左文学成功的秘诀，也是每一个人民公仆应该有的意识。

二、塘约村村民的高度配合

王学英，一个背负着债务，有四个孩子需要抚养的普通妇女，在合作社成立之初，便第一个加入，为什么要加入？是因为她相信党的领导，她迫切需要党的帮助，而党也没有辜负她的期望，现在她在建筑公司上班，基本生活有了保障。我印象中最深刻的是王学英说：“我苦不怕，累不怕，最害怕的是孩子生病。”为什么呢？因为看病需要钱啊，而她没有收入，根本没钱给孩子看病，这样的无奈是作为一个母亲最切肤的痛。像王学英这样背负着债务、家境贫困的村民还有很多，幸而党给了他们希望，他们现在全力配合村支两委巩固农村集体所有制，在党的领导下，不断创新经济新模式，力求彻底摆脱贫困，发家致富。除此之外，村民还建立了“红九条”“黑名单”的乡约来规范自己的行为，他们不仅仅满足于物质财富，更是追求精神财富。

三、思想的引导与教育

诚如立在村口的大字“穷则思变”，贫穷没有限制塘约村村民的思想，反倒激发了他们不断进取、摆脱贫穷、努力致富的斗志。作家王宏甲在多次实地考察后，在亲眼见证塘约村翻天覆地的变化后，写下了《塘约道路》，其中记录了塘约村村民在基层的生动探索和实践，鼓励更多还处于贫困中的人们“思变”，找到一条合适的脱贫道路，打赢攻坚克难这场战争。

农民需要一个精神焕发的村庄，社会需要一个精神焕发的国家，我们个人需要一个精神焕发的人生，我们要坚持中国共产党的领导，坚定不移地走社会主义道路。

指导教师：田慧

聆听人：2016级工程管理一班　2016035144　袁奴敏

聆听时间、地点：2017年11月19日于重庆工商大学慧智楼

激荡与共鸣：

我选择观看这个视频，是因为它最贴近我们身边的那群普通人——最基层的农村农民的生活。看了之后，我内心久久不能平静。如何让贫困的人或地区走出贫困？如果只是一味地用金钱资助，那么这个地区反而会更加贫困，这不是长久之计，也不是促进农民积极性的根本动力。如果可以有一个让农民用自己的劳动来解决贫困，发挥每个人的能力使劳

动价值最大化的方法，那么这个地区的经济便会再次前进起来。正如视频中所说，想要把一个村建设成像塘约村那样的小康示范村，不仅需要把农民群众组织起来，更需要有共产党人的带头作用与实干精神。

一个地方如果没有适合当地百姓工作的机会，便留不住他们，也会导致一系列的问题出现。常年都有很多年轻人外出打工，村里就只剩下空巢老人和留守儿童，而那些在外“混得不错”的年轻人再回来的也不会太多。这样下去，只会是一个恶性循环。要想解决这样的问题，还得有为人民着想、为村发展出谋划策的领导人。

每个地方都会有它自己的特色，而那些农民就需要发现这样特色的人带领他们走向小康的生活。要想从根本上解决问题，不仅仅要有好的政策，也需要有优秀的领头羊，带领着群众，让他们发挥自身的价值来解决贫困问题。同时，一个社会要想前进，既要继承又要创新，而塘约道路就是在新世纪下的继承与创新。

2014 年，塘约村还是一个省二级贫困村，有劳动力 1 400 多人，其中有 1 100 多人外出打工，是一个典型的“空壳村”。2014 年的洪水让这个村的经济雪上加霜，但后来在仅仅两年的时间里，塘约村就走出了贫困的重围，农民人均纯收入从不到 4 000 元提升到了 10 030 元，全村脱贫，实现了从二类贫困村到“小康示范村”的巨大转变。

报告文学作家王宏甲花了近一年的时间多次深入塘约村做了大量的调查，就塘约村翻天覆地的变化写了《塘约道路》这本书，记录了塘约村村民在基层的生动探索和实践。王宏甲先生写这本书，是因为他经历的三件事把他打动了：一是看到四个字——“穷则思变”，塘约村的条件虽很差，但百姓的精神不穷；二是当时村两委很快地把全部农民都组织到了一起；三是村民积极参与，把分下去的土地全部集中起来了，实现了“组织起来，共同致富”。

塘约村走出这样一条道路来，关键取决于以下几点因素：

第一，共产党人的模范作用。如果没有左文学领导，一定还会有像左文学那样的其他共产党人来领导村民，走出一条道路，一定会有其他的共产党人向优秀的人见贤思齐。

第二，塘约道路与“长征”的精神共通。土地革命战争时期，共产党宣传、组织、武装群众，建立工农革命政权，当时毛泽东就认为：我们中国要想站起来，即使把全中国的工人阶级全部都武装起来，人数也是不够的，因为工人只有 200 万人，完全是不够的。而中国有三亿多农民，如果把他们全部都组织起来的话，一切帝国主义都将被赶出中国。

在 2016 年 2 月的春节期间，习主席去井冈山的时候这样讲过：“要把改革的成果惠及所有的村民，不能让一户人掉队，不能让一个人掉队。我们党是全心全意为人民服务的党，继续大力支持老区发展，让乡亲们日子越过越好，在扶贫的路上，不能落下一个贫困家庭，丢下一个贫困群众。”

正是塘约村这种村社一体的合作社这样一个组织，让所有的人都参与进来了。习主席到小岗村的时候曾说道：“不管怎么改，都不能把农村土地集体所有制改垮了，不能把耕地改少了，不能把粮食生产能力改弱了，不能把农民利益损害了。”习主席到黑龙江的一个村时也说过：“价格一头连着老百姓，要做好农业的精确补贴工作，把去库存、补短板有机结合起来，东北地区有条件发展规模化经营，农业合作社是发展方向，有助于农业现代化路子走得稳、步子迈得开。”

而这些话最重要的内涵就是组织起来，因为个人单打独斗抵挡不了市场的风险，而且这样的结果还会导致步子走不稳。塘约村走出了符合所有人利益的道路，与“长征”精神相一致。

第三，实践是检验真理的唯一标准。只有领头人带领百姓通过不断实践，才能“杀”出一条血路来，找到适合该地方发展的方向。凡事都不是一蹴而就的，需要组织群众，需要用理论加实践来发现真理，而塘约村做到了。

如果只是一味地用金钱捐助来帮助别人，只会增加一个人对物质的依赖性和惰性。要想让贫困地区走出贫困，解决地方难题，还是需要优秀的共产党人来领导群众，抓住一个适合该地区发展的机会，带领百姓通过实践劳动，用自己的能力走出一条富路来。这条道路才能走得更久，走得更远。

指导教师：洪富忠

聆听人：2016级人力资源管理三班　2016032344　吴于艳

聆听时间、地点：2017年11月26日于重庆工商大学厚德楼

激荡与共鸣：

贵州省乐平镇塘约村曾是一个省二级贫困村，2014年的一场洪灾使得几代人建立的家园毁于一旦，更是让塘约村一贫如洗，而今天，塘约村村民骄傲地向世界宣布，他们已经消灭了贫困现象。大家明白，基础党组织是大家的主心骨，是大家的依靠。以前的塘约村是一个总人口为3 000多人，有1 400多人的劳动力，其中有1 100多人外出务工的“空壳村”。在两年的时间里，塘约村村民的人均收入由不到4 000元提高到10 030元，塘约村从“二类贫困村”过渡到了“小康示范村”。

主持人郑若麟说道：“中国问题就是农民问题。”毛泽东、孙中山等人也说过类似的话。王宏甲勘察了塘约村后，被深深地触动了，于是写作《塘约道路》一书，讲述塘约村村民在基层的生动探索与实践。主持人问道：“《塘约道路》是讲新的希望还是将以前旧的经验拿出来的翻版?”作者王宏甲回答说：“这是继承加创新，这是两个翅膀，既是新的也是旧的。”王宏甲去了塘约村，这里有三个东西打动了他。第一，当他走进村庄时，“穷则思变”四个大字映入眼帘，他认为这个村子确实穷，但他们的思想和精神不穷，村民们很有干劲。第二，村民们在村领导人的带领下，把生产队散伙后的村民全部组织在一个合作

社里。第三，把分下去的土地全部集中起来。“塘约经验”“塘约道路”实际上就是“组织起来，共同致富”。

时任安顺市委书记周建琨鼓励左文学成立合作社，把村民组织起来走出困境。左文学合作社就是“村社一体合作社”，让村民们通过“强弱结合”，把土地结合起来，把人结合起来，进行产业结构调整，让村民们明白应充分利用两大资源，即劳动力资源和土地资源。如今村庄不再是只剩妇女、儿童和老人留守的“空壳村”，外出务工的 1 000 多名青壮年劳动力返回家园，一起建设美丽新村。

通过大家一起努力，土地资源被分为合作社占百分之三十，村集体占百分之三十，村民占百分之四十，“村社一体合作社”成立，土地产权改革立竿见影。此外，该村还有了自己的村规民约——“红九条”与“黑名单”。“红九条”规定：乱办酒席铺张浪费，不孝敬父母、不奉养父母，不管教未成年子女等，都将受到惩罚。对违反“红九条”明确列出的九项规定的人员，以户为单位列入“黑名单”管理，在考察期间内，该户不享受国家的任何优惠政策，村支两委也不为该户村民办理任何相关的手续，直至考察合格，取消“黑名单”管理后，才能恢复普通村民正常享有的权利，以此引导村民建设文明新生活。

塘约村进行了三大变革。

变革一：突出党建引领，夯实基层基础。一是对党员干部实行“积分制”和“驾照式”管理。二是鼓励有大局意识、办事公道、作风正派、致富能力强的有志青年加入党组织，为党组织注入新鲜“血液”，为基层党组织培养“接班人”。

变革二：强化综合治理，推进村民自治。主要是通过村支两委和村民代表大会，研究制定了规范村民行为的“红九条”，实行村民自治。

变革三：夯实“三权”基础，推进“三变”进程。一是推进农村土地承包经营权、林权、集体土地所有权、集体建设用地使用权、房屋所有权、小型水利工程产权和农村集体财产权等农村产权“七权”同确，厘清了个人与个人、个人与集体的财产界限，实现了土地所有权、承包权和经营权“三权”分立。二是成立了土地流转中心、股份合作中心、金融服务中心、营销信息中心，赋予了土地产权流转、入股、抵押、收益权能，探索实施“合股联营、村社一体”的发展路径和“稻鱼共生、休闲观光、科技示范”的发展思路，采取“合作社+基地+农户”“党总支+公司+合作社+农户+市场”的发展模式，创新“金土地贷”“房惠通”和“特惠贷”等信贷产品，鼓励村民用自己的土地经营权参社入股，合股联营，通过“互联网+农产品”“合作社+物流”等营销模式开拓农产品销售市场，推进“三变”进程。三是积极搭建“农村产权流转管理中心+评估、担保、贷款”的“一中心三机构”平台，将抵押、担保、入股等交易品种放入平台交易，巩固“三变”成果。

塘约村的致富实践经验告诉我们：农村要坚持土地集体所有制，组织起来一起致富；要加大对村民的自治管理，使村子向文明村庄发展，提高村民素质。

指导教师：张寒梅

聆听“全球治理与中国贡献”有感

在今天的全球化的世界，大国之间的博弈日趋激烈。而智囊、智库所起的作用也日益突显。美国有兰德公司、布鲁金斯学会，英国有伦敦国际战略研究所，法国有国际和战略关系研究所。中国人民大学重阳金融研究院执行院长王文讲述了全球治理与中国贡献。

演讲者：王文

中国人民大学重阳金融研究院（人大重阳）执行院长，兼中国金融学会绿色金融专业委员会秘书长、中国社会科学院世界社会主义研究中心常务理事、新华社特约分析师等，并在多所大学担任客座教授。

王文被评为“2014 年中国智库十大代表人物”（中国网），获“2015 年中国最佳评论作品奖”（中国政府网）、“2015 年中国改革发展领军人物”（中国发展网）等荣誉。自 2014 年以来，人大重阳连续两年入围由美国宾夕法尼亚大学评定的“全球智库 150 强”（仅有七家中国智库入围），也被官方任命为 2016 年 G20 共同牵头智库、“一带一路”智库合作联盟理事单位等。

王文的专著、编著与译著包括《美国的焦虑》《2016：G20 与中国》《世界治理：一种观念史的研究》《G20 与全球治理》《政治思想中的国际关系学》等。

聆听人：2016 级物流管理四班　2016042404　吴易

聆听时间、地点：2017 年 11 月 26 日于重庆工商大学慧智楼

激荡与共鸣：

中国的发展日新月异。曾几何时，中国自身举步维艰，没人走过这条路，该怎么走成了大问题。现在，中国发展起来了，眼光不再限于国内，谈的是全球治理。中国不仅谈全球治理，而且对全球治理有较大的贡献。如王文所说，中国对全球治理有三大贡献。第一，中国为全球做出了巨大的经济贡献。据国际货币基金组织和世界银行测算，2013—2016 年，中国对世界经济的贡献率平均为 31.6%，居世界第一位。第二，中国对全球的发

展做出了巨大的贡献。20 世纪 90 年代，随着苏联的解体，“华盛顿共识”广为传播，社会主义国家也陷入了迷茫。但是，中国的崛起，打破了“华盛顿共识”，为其他国家的发展指明了方向。同时，中国对部分国家的基础设施建设的援助很大。中国帮助肯尼亚修建的蒙内铁路被肯尼亚人誉为“世纪铁路”。中国葛洲坝集团与尼日利亚合建海外最大水电站。伊朗铁路项目也将实施。第三，中国对全球治理的和平贡献。回望历史，殖民统治、侵略战争、霸权主义，西方国家的崛起伴随着掠夺与征服。而中国不仅不靠武力和军力就能发展成大国，还带动了他国发展，“一带一路”惠及各国。在联合国维和部队里，中国是派出人数最多的国家。

中国的成就和贡献，都是全世界人民有目共睹的。但是过去，部分西方国家不正视中国的贡献，害怕中国的崛起，甚至抹黑中国。

现在，中国变得越来越强大，西方国家也开始正视中国。德国《明镜周刊》文章以“觉醒的巨人”为题，用长达 9 页、6 000 多字的篇幅详细介绍了中国的政治、经济、科技、体育等各个领域。美国《时代》周刊称“中国赢了”，并指出多国领导人都在追寻中国治国理政的脚步。法国《世界报》清晰地写道：“我们已经进入了中国世纪。”

视频中也谈到了环境问题。我认为环境保护是非常重要的。党的十九大报告中也强调了环境保护，可见我国对生态保护的重视。但是我觉得还不够，政策下来了，关键是要落实，不能走西方国家“先污染，后治理”的老路。我的家就在河边，我眼看着小河从清澈见底到现在长满了水藻，直到现在，污水还是直接排到河里。我不明白，为什么一个 6 万人的街道竟然连一个污水处理厂也没有呢？环境治理路遥且艰。

中国不仅是一个大国，而且是一个负责任的大国。习主席提出构建“人类命运共同体”。人类确实是一个整体。单独一个人走时可能会走得快，但注定走得不远；但大家一起走，速度虽不快，但是能致远。现在全球面临诸多问题，全球治理需要我们共同努力。

指导教师：邓龙奎

聆听人：2016 级国际营销二班　2016041321　吴汶柳

聆听时间、地点：2017 年 11 月 20 日于重庆工商大学南十二栋

激荡与共鸣：

2016 年 G20 峰会的主题为“构建创新、活力、联动、包容的世界经济”。个人觉得创新、活力、联动、包容这四个词之间有着非常强烈的逻辑性，也体现着一种伟大的智慧。

一个国家经济的发展在很大程度上取决于其社会是否有活力，在世界经济持续低迷的今天，“活力”这个令人向往的词语越来越有地位。但这个有些宽泛的词语似乎需要其他三个词语的佐证才能让大家真正理解到中国提议的智慧。

首先是“创新”。创新是活力的根源，有活力的经济必须要有创新。这里所说的创新，不只是技术的革命与创新，还包括制度以及所有基于创新基础上的进一步解放思想。挑战以往的不再适用的秩序、颠覆垄断的片面的预言，走适合自己的道路，这种中国式的创新，是中国给世界上的创新课。几十年来，中国奇迹般地发展创造出的那些一个个伟大又真实的例子让这堂创新之课异常生动鲜明。

中国并不需要通过称霸来满足虚荣，也不需要建立小团体来获得归属，就像是一个智者，儒雅、自信又从容。当有人开始羡慕这个智者的成绩，来讨教经验时，他又以最真诚的态度提供经验、提出解决方案，而且真真正正地付出行动。

说到这里，不得不提“联动”了。联动指推动智慧、资源、人力、信息等无障碍沟通、无障碍流动。在我看来，这个道理更通俗的版本是“要致富，先修路”。这是每个中国人都知道的道理，也是创建有活力的经济的关键，而这一切的基础就是“海、陆、空、网”的互联互通，而不少国家还不具备这些方面的基础设施。然后中国人开始走向了这些地方。一个个远离家乡、辛勤工作的工程师，是一直在为世界做贡献的中国人的一个小小的缩影。

最后一个词是“包容”。世界上比我们富有的国家不少、比我们军事更强大的国家也有，但是比中国更有大国气质的国家，我认为没有。几千年来的历史，赋予了中国人独特的思维和气质。我们常用“博大精深”来形容中国文化，在我看来，中国几千年来，一直在不断重复“接纳—调和—内化”的过程，这是一个文化从未间断的、曾领先世界一千多年的大国的智慧。

指导教师：范建明

聆听人：2016 级社会工作二班　2016281228　罗欣

聆听时间、地点：2017 年 11 月 20 日于重庆工商大学南十二栋

激荡与共鸣：

四十年前我们从来没想过要进行全球治理，现在我们站在我们的平台上，可以对全球治理的经验和中国的贡献畅所欲言。百年前，我们被外国嘲讽为“东亚病夫”，经过几代人的艰辛奋斗和共产党的正确决策，中国才走到了这一步。王文提到，他能参加众多国家领导人会晤的筵席，这跟中国在世界上做出的贡献密不可分，如今中国在国际上越来越有话语权。

过去西方国家推动世界运行的方式，往往只是用军力、武力还有殖民。但现在这些诉诸暴力的方法已经行不通了，西方国家为了维持自己的利益，制定了更多的制度和规则，这些规则都是有利于它们的。但中国，一个在弱肉强食的世界里一步步踏进大国行列的国

家，懂得“落后就要挨打”的道理，尽自己的能力担起大国的责任去帮助那些弱小的国家。老话说，“要致富，先修路”。中国帮助肯尼亚修建了第一条铁路。基础设施反映了一个国家的发展程度，而交通是一个国家的血脉，我们是在帮助肯尼亚输血。同时，中国还正在帮助修建伊朗德黑兰的五条地铁，未来伊朗还有十个城市要修地铁，只有中国的公司才能接手。这不仅是因为我们在铁路修建方面的实力傲视群雄，也更因为中国愿意拿出自己的看家本领为世界做出贡献。在国内，医保社保对于中下层阶级和穷人来说，可以说是兜底的保障，中国几乎覆盖了全民医保和全民社保，而美国抗争了60年，社保还不能覆盖到100%的老百姓。中国的发展让全世界仰慕。

西方靠殖民战争、霸权战争，不断吸食弱小国家的血液作为国家发展的助力，比如科索沃战争、伊拉克战争，而只有中国不靠武力发展到现在成为大国。中国是联合国维和部队中派出最多人员的国家，是签署了跟世界和平相关的条约最多的国家，中国的和平意愿已经不能再明显了。对于外媒批判中国，甚至提出“中国威胁论”来抹黑中国，王文说，“全世界都欠中国对于和平贡献的赞”。

指导教师：黄云超

聆听人：2016级社保一班　2016282101　王鹤翔

聆听时间、地点：2017年11月20日于重庆工商大学南十二栋

激荡与共鸣：

在这个以“全球治理与中国贡献”为主题的演讲中，王文院长为我们讲述了在全球治理中中国做出的巨大贡献，其中包括了参与维和、为其他国家建设基础设施等，这些都是有着重大意义的举动，它们都代表了中国在全球治理上的态度，同时也是在向世界表达一个观点：中国是真的希望世界越来越好。同时，王文院长还向我们解释和介绍了一些概念，包括全球治理、中国贡献等，让我们了解到了我们的国家在世界上的地位及进步。

在聆听了这次演讲后，我也有了一些体会。中国作为一个开放型的大规模经济体和全球性大国，既是全球治理的参与者，也是全球治理机制和体系的重要成员，发挥着日益重要的引领作用。正如王文院长所讲到的那样，要想世界富裕，不能光靠西方的少数几个国家富裕，也不能光靠G20峰会的20个国家，而是要实现全球富裕，只有全球所有国家的经济都得到了发展，世界的经济才能得到真正的发展。而中国在G20峰会上为世界提出的四个方针的确是真的在为世界的经济建设出主意，这就是中国在全球治理问题上的态度。虽然全球治理的理论还不是十分成熟，尤其是在一些重大问题上还存在着很大的争议，但是这一理论无论是在实践上还是在理论上都具有十分积极的意义。就实践而言，随着全球化进程的日益深入，人类所面临的经济、政治、生态等问题则越来越具有全球性，需要国

际社会的共同努力。就理论而言，它打破了社会科学中长期存在的两分法的传统思维方式，即市场与计划、公共部门与私人部门、政治国家与公民社会、民族国家与国际社会等，它把有效的管理看作两者的合作过程；它力图发展起一套管理国内和国际公共事务的新规制和新机制；它强调管理就是合作；它认为政府不是合法权利的唯一源泉，公民社会也同样是合法权利的来源；它把治理看作当代民主的一种新的现实形式等，所有这些都为推动政治学和国际政治学的理论发展起到了非常重要的作用。当然，我们也应当清醒地认识到，目前的全球治理也面临着诸多制约因素，所以对全球治理的前景不能抱过分乐观的态度。这主要体现在：一是各国在全球治理体系中极不平等的地位严重制约着全球治理目标的实现。富国与穷国、发达国家与发展中国家不仅在经济发展程度和综合国力上存在着巨大的差距，在国际政治舞台上的作用也极不相同，它们在全球治理的价值目标上存在着很大的分歧。二是美国是目前世界上唯一的超级大国，冷战结束后它加紧奉行单边主义的国际战略，对公正而有效的全球治理造成了直接的影响。三是目前已有的国际治理规制一方面还远远不够完善，另一方面也缺乏必要的权威性。四是全球治理的三类主体都没有足够的普遍性权威用以调节和约束各种国际性行为。五是各主权国家、全球公民社会和国际组织都有自己的利益和价值，很难在一些重大的全球性问题上达成共识。六是全球治理机制自身也存在着许多不足，如合理性不足、协调性不足、服从性不足和民主性不足等。但是我相信，在这些困难面前，只要世界各国通力合作、相互包容，世界就一定能不断进步，克服一个个世界难题，走向更加美好的未来。

指导教师：罗琼

聆听人：2016级经济统计二班　2016105239　李婷婷

聆听时间、地点：2017年11月20日于重庆工商大学南十二栋

激荡与共鸣：

今天我怀着激动的心情观看了王文的演讲视频，他就中国的发展与国际性的关系做了主要说明。“在过去几百年以来，创新是全球经济增长的第一要素。”王文认为，无论是在第一次工业革命时期，人类进入“机械化”时代，还是在一百多年前的第二次工业革命时期，人类进入“电气化”时代，或是近几十年来，随着互联网的普及，人类逐步进入了“信息化”时代。可以说，每次技术大创新都推动了全球经济的繁荣。目前，人类科技的主流正在向智能化方向发展，智能化的技术创新处于喷发的前夜，这也是使得全球经济长期处于低迷的重要背景。未来，只要在智能化的技术创新和转型过程中取得突破瓶颈式的进步，那么全球经济还是会迸发出新的潜力和动力。

对中国而言，未来经济发展必须依靠创新，中国新的发展理念的第一条就是创新。从

2016年中国主办杭州G20峰会，到2017年年初在达沃斯世界经济论坛上习近平主席发表重要讲话，再到在厦门举行的金砖国家领导人第九次会晤，创新发展始终是核心内容，已经成为全球共识。

而对于我们当代大学生来说，科技的创新发展以及经济发展上的创新已经成为我们所面临的必不可少的课题，亟须我们有创新发展的意识、拥有适应创新发展的专业能力。

“全球经济治理中的中美角色”是王文主持的此次演讲的重要内容。在中国提出的构建“新型大国关系”这一背景下，中美两国应如何扮演好自己的角色？他认为，中美两国目前已经是全球最大的两个经济体、贸易体和技术创新实体，在大多数经济总量指标上都处于全球重要位置，因此两国的政策协调，对于全球经济治理和未来经济发展都显得极其重要。如果中美能达成一致，将会推动很多经济治理的全球议题向前发展。

如何发挥好两国在全球经济治理中的角色？王文认为，两国应在双边层面上胸怀全球和人类命运的责任感，经常性地进行政策沟通和协作，在宏观层面上达成一致。在具体问题上，中美两国当前都面临着经济转型的使命，在这一过程中两国具有相当多的一致性，需要一个稳定的国际环境，并在技术领域中寻求创新。从全球治理的角度来讲，两国的一致性大于分歧，更进一步要求两国要加强合作和沟通，从全球治理的角度看待两国未来的走向。

例如，在全国安全治理领域，中美两国作为联合国安理会常任理事国和具有重要的全球影响的大国，在维护世界和平方面发挥着重要作用；在大规模杀伤性武器扩散、恐怖主义和宗教极端主义以及中东北非问题上，中美两国一直保持着密切切磋，尤其是在伊核、朝核及中东问题上，多年来中美两国的合作一直卓有成效。此外，两国在环境和能源领域的合作，不仅使中国能更好地应对全球气候变化和能源问题，同时也为美国投资者带来了巨大的商机和回报。中美通过密切合作，在推动国际社会加强清洁能源和气候变化领域的合作方面将继续发挥积极负责任的作用。在医疗领域，中美两国的合作不断拓展，项目不断增加，程度日益深入，促进了两国卫生事业的发展。

指导教师：钱晓东

聆听人：2016级城市管理　2016285121　傅喜妹

聆听时间、地点：2017年11月25日于重庆工商大学慧智楼

激荡与共鸣：

在观看了王文先生的演讲视频后，我感触很深。以前，西方国家通过武力与殖民统治实现自身的发展，在这种形势下被统治的国家经济是缺少生机与活力的，人民看不到希望，国家也看不到未来。20世纪末期，才开始出现了全球治理的理念，即用相应的国际制

度和规则来共同管理国际政治事务，此时的全球治理仅由西方工业国家所统治，制定的规则制度都是有利于西方国家的。直到 2008 年世界性经济危机爆发，西方国家仅靠自己的力量已无法拯救经济，此时才又另加入了 12 个新兴国家，相关国家在美国华盛顿举行 G20 峰会，希望借此更好地管理全球经济政治事务，其中，包括了中国。中国开始靠自己有效的方法，来让世界各国平心静气地聆听中国所发出的声音。

2016 年，在中国杭州召开的 G20 峰会上，中国提出的主题——“构建创新、活力、联动、包容的世界经济”得到了各国的认可。在王文先生的演讲中，我也对创新、活力、联动、包容这四个词有了更深的理解。首先是创新。在以往的观念中，我所以为的创新就是科技创新、教育创新、制度创新等，即在原有的基础上提出不一样的更有利于发展的观点意见，但实际上并不只是这些，创新是基于技术、制度等创新上的思想解放，是一种改革开放，只有从思想上得到了解放才能真正有所创新，有所成就，展现活力。其次是活力。“问渠那得清如许？为有源头活水来”，有活力的经济就如同这生生不息的河流，有“活水”方能保持水源清澈，有“活的经济”才能更好地发展，国家才有活力。不仅经济要活起来，各国的资源、智慧、信息、知识也要流动起来，要有沟通，要能为大家所用，全球治理才能有更好的功效，经济才有救。再次是联动。不互联互通，就无经济未来。在我看来，联动仿佛是一张四通八达的蜘蛛网，而这张蜘蛛网，就是路。老话说道：“要致富，先修路。”这是前人经验的总结，也是智慧的浓缩，没有发达的交通网，所有的资源、信息、产品都处于与世隔绝的状态，一个国家的经济又怎么发展得起来？所以中国广泛地在全世界，在没有能力修建铁路、公路的国家，比如肯尼亚、伊朗、坦桑尼亚等，进行支援建设，完善其交通运输体系。最后是包容。“海纳百川，有容乃大。”中国作为社会主义国家，充分照顾到了贫困群体，实现了全民的医保、社保，而反观美国，抗争了几十年，仍然没有将社保完全覆盖到整个社会。中国所提倡的是富国带动穷国，富人带动穷人，这也是和邓小平提出的允许一部分地区、一部分人先富起来，以带动和帮助落后的地区的初衷是一样的，都是希望大家在最后，都能发展成为“富人”。这也是为什么中国所提出的理念能得到大多数国家认同的原因。

中国不只是在拯救经济，也是在打造全世界的“全面小康”。中国对于全世界的贡献也是所有人有目共睹且不可磨灭的。中国对世界有着巨大的经济贡献。从新中国成立初期生产力落后、经济发展缓慢到现在，中国已经成为世界第二大经济体，对世界经济的贡献率超过百分之三十，稳居世界第一。中国经济的强劲增长通过贸易、投资、金融等渠道对全球产生了积极的外溢影响，带动着全球经济的发展，充当着世界经济的“火车头”。中国所生产的商品物美价廉，广受欢迎，中国制造成为一种标志，中国成为世界第一出口大国、贸易大国。中国作为最大的发展中国家、社会主义国家，对世界政治也有着巨大贡献，自中华人民共和国成立至今，中国就是国际新秩序的积极倡导者、引领者。中国从最开始的旁观者变为现在的引领者，彰显了中国国力的增强、话语权的提升。

革命尚未成功，我们仍需努力。虽然一些西方媒体仍在歪曲事实，不承认、不正视中国的巨大贡献，但只要中国始终坚持公平、公正、和平的全球治理体系，在不断发展壮大自己的同时帮助其他发展中国家一起发展，展现应有的大国风范，中国的贡献与地位终将得到承认，中国也必将变得越来越好！

指导教师：何莉

聆听人：2016级经济学二班　2016011205　张紫涵

聆听时间、地点：2017年11月20日于重庆工商大学南十二栋

激荡与共鸣：

随着中国发展得越来越强大，中国在全球治理中的地位越来越重要，世界各国对中国提出的全球治理方案也越来越赞同。在《全球治理与中国贡献》这个视频中，王文院长给我们讲述了关于全球治理与中国贡献的相关信息，让我们对全球与中国的发展有了更深的了解。

以前西方推动全球化往往依靠军力、武力，20世纪下半叶全球治理方案的提出都是有利于西方国家的发展，美国、日本、英国等资本主义强国掌握着世界发展的秩序，但是2008年世界性金融危机爆发，西方资本主义的方案已经不能很好地解决危机，2000—2007年全球经济增长率达4.5%，而在经济危机过后，2009—2014年全球经济增长率低至3.5%，随后的经济增长率一直下降，全球经济处于萧条时期。时代给了中国一个非常大的机会，2016年G20峰会在中国杭州举行，中国提出了创建“创新、活力、联动、包容”的世界经济发展方略。创新是全球发展的重要动力，只有不断创新才能推动社会的进一步发展。这里的创新不仅是技术上的创新，还应该有制度创新、思想创新。在我们所学的专业知识里，几乎每门课程都会讲到创新，这足以看出我们对创新的重视。经济要有活力才能发展，才能给发展提供基础。这里欧洲给了我们一个反面教材，欧洲的经济衰退就是因为经济发展没有活力。而中国在G20峰会上提出要推动资源、人力、知识、信息等无障碍地流动，并且提出推动跨境资本投资的指导原则，以使全世界的经济更加有活力。联动是全球相互帮助。在这一点上，中国为许多国家建设基础设施，我们已经给肯尼亚修了铁路，给伊朗修建了地铁。杭州峰会倡导包容性发展。我们推行由20多个大国带动小国发展，由富国带动穷国发展。

在全球治理中，中国有三大贡献。第一个是经济贡献，第二个是政治贡献，第三个是和平贡献。而中国的三大贡献并没有被西方主流正视，有不少西方媒体对此进行歪曲甚至

抹黑中国的形象。中国在全球治理中的话语权还是太少，公平、公正、和平的全球治理体系仍没有实现。

在与其他国家的交往中，中国应该自信起来。如今，其他西方资本主义国家也在学习中国的经验，比如至少有 20 个国家在借鉴我们的经济特区模式等。

中国发展到今天，付出的努力和艰辛是不可言喻的，我们应为祖国取得的成就而骄傲。作为大学生，我们不能只看到眼前的发展，更要放长眼光，争取让中国发展得更好，让中国在全球治理中有更多的话语权，让全球都发展得更好。

指导教师：王仕勇

聆听"'一带一路'：建设人类命运共同体"有感

清华大学国际传播研究中心主任李希光曾十几次行走于丝绸古道，他用中文和英文撰写了数百万字的文章、笔记和著作。李希光教授说："西方的思想界应该向中国的思想界学习。让一种解决民生问题、走向世界大同的发展方向成为我们思想的指路明灯。以文明互鉴超越文明冲突，以文明共存超越文明优越。"

演讲者：李希光

李希光（1959—），男，江苏人，20 世纪 90 年代，先后担任新华社记者、联合国教科文组织丝绸之路青年学者、华盛顿邮报科学记者、哈佛大学新闻政治与公共政策中心研究员；1999 年至今在清华大学任教，目前担任清华大学国际传播研究中心主任、新闻与传播学院副院长。

聆听人：2016 级会计六班　2016051632　杨宏念

聆听时间、地点：2017 年 11 月 23 日于重庆工商大学启智楼

激荡与共鸣：

当今的世界主题是和平与发展。在历史发展的长河中，各个国家之间的文化、政治、经济水平等都有一定的差距，经济的发展就需要各个国家求同存异、互相尊重。如今，西方霸权主义仍然存在，它阻碍着国家之间的发展。相反，作为"一带一路"建设的倡议者，中国则会正视其他国家的文明，因为中国是多元化一体的国家，具有包容性。因此，由中国引领的"一带一路"有利于构建人类命运共同体。

发展中国家光靠自身的努力将很难取得建设性的进步，这就需要通过国家之间的合作来创造共赢。就演讲中所说的巴基斯坦、吉尔吉斯斯坦、乌兹别克斯坦的某些地区来看，这里的人们生活困难，一些编织地毯的手工业者迫于生计，出卖自己的劳动力来换取微薄的报酬。他们每天仅得到 1 美元工资，但其所编织的地毯在欧美市场上却能卖几百美元，

不得不说这是一种残酷的剥削，是当地经济发展不够而导致的结果。解决这个问题的根本方法就是加快经济的发展。“一带一路”将沿线国家的经济打通，让各国相互之间开放市场，从而促进了各国贸易的发展。

“一带一路”具有可行性，因为中国是一个求同存异的国家，不搞资本主义的歧视，中国尊重每一个国家存在的合理性和各国的文明。我们都知道，每个国家都有自己要守护的东西。演讲中就讲述了巴基斯坦的斯瓦特的人们，尽管再贫困也不去动祖先留下的建筑的一块砖的事情。身为“一带一路”建设倡议者的中国将会尊重他国的文明，做到为沿线国家设身处地着想，而不会一味地为了发展经济而去破坏他国祖先留下来的遗产。虽然中国是社会主义国家，但是中国并不否定资本主义发展的合理性，相反地，中国会在自身发展的同时促进他国的发展。

“一带一路”的发展有利于促进地区的和平。沿线发展中国家的某些地区经济发展落后，一些人为了生计而做出损害人民和社会的行为。由中国引领的“一带一路”连接了数个从中国到西欧的国家，建立了以合作共赢为核心的新型国家关系，构成了一个经济发展体系。它首先改善了沿线地区的基础设施，不仅为当地经济的发展创造了一个理想的环境，还为当地的人民提供了大量的工作岗位，让他们有事可干、有钱可赚。这解决了一部分当地人民的就业问题，稳定了民心。当人们基本的生存需要得到了满足，极端恐怖主义也就不会萌芽，经济因此也会得到一个良性的发展。

全球问题需要建立命运共同体。经济全球化使地球上的每个国家不再仅仅是一个单纯的个体，很多国际性的问题光靠一个国家是难以解决的。比如说极端恐怖主义，这种破坏性的事情需要各个国家一起团结对抗。再比如说全球气候变暖问题，如果各个国家不联起手来一起整治，最终危及的将是地球上的每一个国家。当发生了这些问题时，命运共同体的国家就可以一起筹谋划策，发挥更大的作用，从而解决问题。正因为这些棘手的国际性问题不能仅凭一个国家就能解决，所以说命运共同体的形成和发展有它的必要性。

建立命运共同体可以加快经济全球化的发展，让全球的经济更好地运行。经济共同体使得合作的国家建立起统一的机制，这些机制简化了以前各个国家之间的贸易流程，让国家之间的贸易变得更加便捷和高效，从而为经济全球化的快速发展奠定了基础。

中国具有引领“一带一路”的决心和实力。当今的中国是世界上最大的发展中国家，综合国力也在不断地增强，但是中国仍需要不断地发展。只有当周围国家的经济发展了，中国才能更好地发展。所以说在命运共同体的建设中，中国会竭尽全力地帮助他国发展。

总之，建立命运共同体是必要的。并且我坚信在中国的引领下，各国的经济将会得到更好的发展。

指导教师：刘朋

聆听人：2016 级公共管理　2016283134　张郅敏

聆听时间、地点：2018 年 4 月 22 日于重庆工商大学图书馆

激荡与共鸣：

李希光先生的《一带一路：建设人类命运共同体》主要讲述了“一带一路”这一由中国倡导的新一轮的全球化对当今世界的积极影响——建设人类命运共同体。在中国几千年的历史长河中，中华民族一直秉持着以和为贵的优良传统。西汉时期，张骞通西域，打造了一条陆上丝绸之路，秦汉时海上丝绸之路兴起，而如今，中国又借用古代丝绸之路的历史符号，创新性地提出了“一带一路”的构想。在中国的外交方针中，“大国是关键、周边是首要”，要坚持推动构建人类命运共同体，就要首先从周边国家，尤其是与中国有密切交往、合作关系的东盟各国开始构建命运共同体。“一带一路”就是这样一条高举和平发展旗帜，积极发展与沿线国家的经济合作伙伴关系，共同打造政治互信、经济融合、文化包容的利益共同体、命运共同体和责任共同体的道路。法国前总理德维尔潘认为全球化到了今天，它的形势和重心都产生了变化，“一带一路”是当今世界上唯一可行的全球化的计划。西方国家曾经也有过类似丝绸之路的发展策略，但更多地讲求文明的冲突，华盛顿共识不停地让别的国家改变自己的价值观、体制、发展战略……

古丝绸之路之所以流芳千古并延续至今，是因为它依靠的不是战马冷兵和坚船利炮，而是善意和友谊；带来的并非硝烟战火，而是互利繁荣。当今的“一带一路”建设深深根植于古丝绸之路的历史土壤，重点面向亚欧非大陆，同时向所有朋友开放。无论是来自亚洲、欧洲，还是非洲、美洲的国家或地区，都是“一带一路”建设的国际合作伙伴。“一带一路”建设将由大家共同商量，“一带一路”建设的成果将由大家共同分享。这一精神与人类命运共同体的理念高度契合，使沿线各国紧密联系，追求各国人民共同发展、互利共赢。2017 年 5 月 14 日至 15 日，“一带一路”国际合作高峰论坛在北京举行，习近平主席在演讲中提出中国将深入贯彻创新、协调、绿色、开放、共享的发展理念，不断适应、把握、引领经济发展新常态，积极推进供给侧结构性改革，实现持续发展，为“一带一路”注入强大的动力，为世界发展带来新的机遇。

“一带一路”倡议自提出以来得到了国际社会的广泛认可，实现了从“落地开花”到“根深叶茂”的完美升华。中国与参与国开展了智力丝绸之路、健康丝绸之路等的建设，在科学、教育、文化、卫生、民间交往等领域开展合作，使民心不断相通。几年来，不同文化、不同国家、不同民族和部落的认同感、凝聚力、自尊心和创造力正被不断激发。中国坚持公道正义、消除贫困落后和社会不公的理念得到了越来越多的国家的认可。今天，中国引导的“一带一路”以开放的心态包容世界，为的不是建立新的两极格局、谋求霸权和强权政治，而是力求将一条和平开放之路通向世界各地。作为当代的青年大学生，我们要深刻、正确地认识到“一带一路”这一战略的意义所在，积极地为国家战略目标的实现不断奋斗，用科学的武器武装头脑、强化自身。

指导教师：文敏

聆听人：2016 级经济学　2016011130　周雨桐

聆听时间、地点：2017 年 11 月 23 日于重庆工商大学启智楼

激荡与共鸣：

被授予“巴基斯坦总统奖”的清华大学国际传播研究中心主任李希光曾十几次行走于丝绸古道。在此，他主要给我们讲述了古丝绸之路和现在的“一带一路”的不同、西方文化和中国文化的差异，以及中国“一带一路”和中国思想在国际上的影响。李希光教授说：“西方的思想界应该向中国的思想界学习。让一种解决民生问题、走向世界大同的发展方向成为我们思想的指路明灯。以文明互鉴超越文明冲突，以文明共存超越文明优越。”

李希光教授提到一个词——“再全球化”，并坚定地指出对于建设人类命运共同体，只有多元一体的中国才能完成这神圣的使命。中国，引领新丝绸之路！听到这里，我的自豪感油然而生——这是我的祖国！对于中国如何能够有国际话语权，如何提升国际形象，李希光教授说道，一是改善源头，二是改善西方媒体的对华报道。其中，重要的是让中国的主流媒体走出去。李希光教授还提到西方以“传统”一词，暗中否定他国走有自身特色的发展道路，而中国异于西方的“排他性”，接受着异质文化，只有这样的国家才能够挑起倡导新一轮全球化的重担。关于如何跳出西方的“话语陷阱”，李希光教授用了一个恰如其分的例子：用本土概念解释中国问题，“民主”应对外译为“minzhu”以示人民当家做主。

对于中国重视的“一带一路”建设，全世界都给予了高度的关注和期盼。建设人类命运共同体这一重担，中国来挑起是当之无愧的。我们完全有理由相信，中国在“一带一路”建设的道路上会越来越好、越走越远！

指导教师：沈顺祥

聆听人：2016 级会计学　2016105232　邬钦

聆听时间、地点：2017 年 11 月 27 日于重庆工商大学博智楼

激荡与共鸣：

李希光教授在关于“一带一路”的讲座里讲述了“一带一路”的历史和故事，以及“一带一路”是如何在发展中体现出人类的终极目标和发展方向，听完后我感触良多。“一带一路”在我以前的认知中，就是一个经济发展、互帮互助的多国联盟。听完李希光教授的讲座，我明白了它不仅仅是一个联盟、一个港口、一个火车站、一段铁路、一条航线，而更多的是一条人类未来的共同发展道路。

“一带一路”起始于古代中国的丝绸之路。丝绸之路最初的作用是运输古代中国出产的丝绸、瓷器等商品，后来成为东方与西方之间在经济、政治、文化等诸多方面进行交流

的主要道路。“一带一路”战略的目标是建立一个政治互信、经济融合、文化包容的利益共同体、命运共同体和责任共同体。李希光教授讲道，“一带一路”文明圈要多元一体，不应该排斥他国文化，而应该求同存异、谋求共同发展。

李希光教授全面地回答了听者的四个问题。第一，中国如何扩大自己的朋友圈，讲好自己的故事？中国今年发了一个意义非凡的“朋友圈”——第一届“一带一路”国际合作高峰论坛于2017年5月14日至15日在北京举行，这对推动国际和地区合作具有重要意义。来自130多个国家的约1 500名各界贵宾作为正式代表出席论坛，来自全球的4 000余名记者已注册报道此次论坛。此次会议的成功，标志着中国的朋友圈不仅扩大了，而且提出的“一带一路”受到的关注越来越多了。第二，天下观和国际秩序有什么不同？在李教授的解释里，国际秩序有点霸权主义的味道，具有排他性，而天下观追求的是人类的共同发展。第三，如何跳出西方的“话语陷阱”？最好的方法便是用中国的概念来解决中国的问题，用中国的理论来找出中国的答案。中国的民主，翻译过来就是人民当家做主，中国的民主不仅是一张选票，更是体现在每一个环节上，包括医疗、教育、环境，等等。第四，怎么在“走出去”之后高效快速地融入当地的文化环境来促进交流？最好的交流是民心的沟通，最好的解决之道是发展。

“一带一路”是中国首倡，但不是中国一家的“独奏曲”，而是各国共同参与的“交响乐”，是各国共同受益的重要国际公共产品。几年来，“一带一路”建设从无到有，由点及面，进度和成果超出了预期。如今“一带一路”的成果正在惠及世界，全球100多个国家和国际组织共同参与，40多个国家和国际组织与中国签署合作协议，达成了广泛的国际合作共识。共建“一带一路”是加强国际合作的重要途径，已经成为各方积极参与推进的重要事业，为增进各国民众的福祉提供了新的发展机遇。

指导教师：秦筱萌

聆听“‘一带一路’的中国智慧”有感

当今世界，乱象丛生，金融海啸、阿拉伯之春、叙利亚内战、难民危机、恐怖袭击等，你方唱罢我登场；西方主导的全球化，危机四起。正在崛起的中国，通过“一带一路”，为世界提供了一种新的选择。中国人民大学王义桅教授，三年来马不停蹄地穿梭在世界各地宣讲“一带一路”，引发了国际旋风。

演讲者：王义桅

王义桅，中国人民大学国际关系学院教授、博士生导师，欧盟“让·莫内讲席教授”，国际事务研究所所长。先后担任天津联合化学有限公司助理工程师、复旦大学美国研究中心教授、中国驻欧盟使团外交官、同济大学特聘教授。

他是“一带一路”最前沿的研究者和呐喊者，出版了专著《再造中国：领导型国家的文明担当》《“一带一路”：中国崛起的天下担当》《世界是通的——“一带一路”的逻辑》《“一带一路”：机遇与挑战》《海殇？——欧洲文明启示录》等15部，译著《大国政治的悲剧》等3部，主编“中国北约研究丛书”（10卷本）、《全球视野下的中欧关系》。

聆听人：2016级资产一班　2016054116　李朝兴

聆听时间、地点：2017年11月12日于重庆工商大学图书馆

激荡与共鸣：

大时代需要大格局，大格局需要大智慧。现在面临很多问题，靠旧的模式已难以解决，“一带一路”就是要解决世界面临的问题、难题。

王义桅教授的演讲让我不仅对“一带一路”有了更深的认识，还对“一带一路”背后的国际效益有了新的体会。习近平总书记说：“‘一带一路’倡议来自中国，但成效惠及世界。”这充分体现了“一带一路”就是以合作共赢来打造人类命运共同体的伟大实践。我们要认真学习贯彻这些重要论述，把中国梦同沿线各国人民的梦想结合起来，推动“一带一路”建设进一步惠及全球、造福人类。

“一带一路”秉持开放包容的新理念，顺应了世界多极化、经济全球化、文化多样化、社会信息化的大潮流。当今世界正发生着复杂、深刻的变化，国际金融危机深层次的影响继续显现，世界经济缓慢复苏，发展分化。为此我们更应该大力倡导和推进“一带一路”，坚持开放合作、和谐包容。“一带一路”提供了一个巨大的包容性发展平台，有利于促进沿线各国经济繁荣与区域经济合作，加强不同文明的交流互鉴，促进世界和平发展，是一项造福世界各国人民的伟大事业。

“一带一路”探索互利共赢的新模式，打造政治互信、经济融合、文化包容的利益共同体、命运共同体和责任共同体。“一带一路”坚持各国共商、共建、共享，遵循平等，追求互利，寻求利益契合点和合作的最大公约数，体现了各方智慧和创意，因而一经提出，就得到了各方的广泛热烈的响应。随着亚洲基础设施投资银行开业运营，丝路基金顺利组建，一大批重大项目付诸实施，志同道合、互信友好、充满活力的“朋友圈”越来越大。

“一带一路”带来了共同繁荣的新机遇，为解决当前世界和区域经济面临的问题、更好地造福各国人民做出了贡献。全球化时代，各国利益相通，命运与共。“一带一路”贯穿亚非欧大陆，一头是活跃的东亚经济圈，一头是发达的欧洲经济圈，中间是潜力巨大的腹地国家。在此区域开展互联互通，能够提高贸易和投资合作水平，推动国际产能和装备制造合作，通过提高有效供给催生新的需求。几年来，在政策沟通、设施联通、贸易畅通、资金融通、民心相通的不断推进中，越来越多的国家和地区受惠于“一带一路”互利共赢、共同发展的理念和实践，分享着全球化的盛宴。

我相信，连接历史与未来、沟通中国和世界的“一带一路”将在新的起点上开启新的征程。计利当计天下利。“一带一路”建设既是我国深化改革、扩大开放的战略举措，也是通过提高有效供给催生新的需求、实现世界经济再平衡的中国方案。特别是在当前世界经济持续低迷的情况下，开展跨国互联互通、推动国际产能和装备制造合作，能为世界经济注入稳定剂和活力源。

指导教师：杨小红

聆听人：2016 级电子商务一班　2016043136　谭超

聆听时间、地点：2017 年 11 月 12 日于重庆工商大学博智楼

激荡与共鸣：

大时代需要大格局，大格局需要大智慧。“一带一路”倡议通过中国国内一体化，推动了沿线国家实现共同现代化，开创了包容性全球化，体现出中国担当与智慧，也融合了世界智慧。“一带一路”建设将发扬 21 世纪“丝路精神”，挖掘、展示中国作为新的世界

领导型国家的魅力。共建“一带一路”符合国际社会的根本利益，彰显了人类社会的共同理想和美好追求，是国际合作以及全球治理新模式的积极探索，将为世界和平发展增添新的正能量。

王教授在视频中讲述了什么是“一带一路”，其中对中国理念、中国哲学、中国伦理、中国策略、中国战法、中国经验、中国路径以及中国方案提出了自己的看法，他还讲述了我们对“一带一路”的追求，就是可分享、可持续和可内化。

尤其是王教授对“一带一路”的追求的见解是非常独特的，他的讲话内容大致是这样的：“一带一路”不是中国的独奏曲，而是大合唱，其成功的关键是要为 21 世纪开辟出合作新路，有效解决人类面临的共同问题。因此，除了助推中国梦实现以外，“一带一路”还将助推沿线国家实现共同现代化、文明共同复兴的梦想，解决国际社会面临的普遍性问题，共同塑造世界智慧。“一带一路”是在 21 世纪弘扬“丝路精神”并将其上升到利益共同体、责任共同体、命运共同体的高度，以实现联合国 2030 年可持续发展议程和世界持久和平、共同繁荣的目标。正如习近平主席在 2015 年 9 月出席第 70 届联合国大会一般性辩论时发表的重要讲话中所强调的那样，要建立平等相待、互商互谅的伙伴关系，营造公道正义、共建共享的安全格局，谋求开放创新、包容互惠的发展前景，促进和而不同、兼收并蓄的文明交流，构建尊崇自然、绿色发展的生态体系，从而形成打造人类命运共同体的总布局和总路径。这根植于博大精深的中华文明，契合了世界人民的共同愿望，顺应了人类社会发展进步的潮流，成为中国引领国际关系发展的一面鲜明旗帜。

我觉得现在中国发展起来了，就必须承担起一个大国所应承担的责任。首先，我们要转变观念，与时俱进，用好现在的各类人才，做到人尽其才，建设好“一带一路”。要想建设好“一带一路”，我们必须要从 44 亿的沿线国家人口中挑选人才，集 65 国之智慧，通过开放包容、合作共赢，汇聚世界智慧，这样才能实现我们的伟大目标。尤其是对中国人来说，“一带一路”带来的是时空转变。因为时空变化，要求我们走出近代、告别西方，关注“一带一路”的逻辑。中国人走出近代、告别西方，一定会鼓励“一带一路”沿线的国家人民做到这一点，真正做到各美其美，而不是美西方之美，从而实现文明的共同复兴与国家的共同发展。

指导教师：杨小红

聆听“《辉煌中国》之创新活力”有感

大型纪录片《辉煌中国》全面反映了党的十八大以来，在以习近平同志为核心的党中央的带领下，全国各族人民砥砺奋进、真抓实干，中国经济社会发展取得的历史性成就，充分展示五年来中国人民更多的获得感、安全感、幸福感、自豪感，真实记录了中华民族实现从站起来、富起来到强起来的历史性飞跃。纪录片第二集《创新活力》展现了我国将创新作为引领发展的第一动力，大力实施创新驱动发展战略取得的巨大成就。

演讲者：李立宏

李立宏，北京人，著名配音表演艺术家，年度最火纪录片《舌尖上的中国》的解说，1986年毕业于北京广播学院播音系，现任中国传媒大学影视艺术学院导演表演系副教授、表演教研室主任。主讲课程是演员艺术语言基本技巧。

聆听人：2016级贸易经济三班　2016012320　孙培珮

聆听时间、地点：2017年11月23日于重庆工商大学图书馆

激荡与共鸣：

一直早有耳闻《辉煌中国》系列纪录片让人为之动容、为之震撼，于是我一鼓作气将这一系列的所有纪录片都看完了。这是我第一次对于纪录片这么执着，看完整片，我的内心久久未能平静。我为自己是一名中国人而感到骄傲。整部影片通过一个个零星的创新故事集中展现了我国在各个领域内领先世界的科技实力。在如今科技引领的新规则下，新一轮的科技革命和产业变革正在蓬勃兴起。中国的战略也是把创新作为发展的第一动力，把科技创新摆在国家发展全局的核心位置。片中列举了中国在多个领域的科技成就，展现了我国强劲的科技实力与发展潜力，突出了“辉煌中国”的主题。

如同这个片子中的解说词说的一样，唯创新者进，唯创新者强，唯创新者胜。这是一个依靠科技、依靠创新发展的时代。创新活力为我们的生活，为我们的城市，乃至我们的国家注入了新鲜的血液，促使我们中华民族的中国梦成为现实，让中国屹立于世界民族

之林。

影片有几处让我为之动容，甚至泪眼婆娑。

第一处是外国友人夸赞我们的支付宝、微信等移动支付手段的先进，许多国家引进我们的共享单车并对其给予了高度评价。这些瞬间让我想起了那个曾经被冠以“东亚病夫”的旧中国，想起了那段在清政府统治下饱受摧残的屈辱历史。那个时候，我们是外国人眼中的弱者、扶不起的阿斗。那个时候，提起中国，挥之不去的字眼是落后，是腐朽。几十年的屈辱历史，正在悄然发生着变化。如今，依靠科技、依靠创新，我们跻身全球少数拥有尖端技术的国家行列，更是在一些领域独占鳌头，国际地位日益提高。不仅如此，当今中国式创新也在悄然改变着世界的生活方式，由中国人提出的共享经济改变了传统的自行车行业，让萧条的旧时代交通工具日益成为新的主流并推动了低碳绿色的生活方式。中国人的购物方式也因移动支付的创新逐渐取代了原来的纸币、信用卡，让支付变得更加快捷、准确、高效。创新让中国重新站起，让人们的生活蒸蒸日上。

让我感动的另一处是在对工业制造的解说中，无数先进科学家为了国家，为了科技，为了创新，奉献了自己最好的年华，长年扎根深山，扎根荒野，扎根人烟稀少的土地。几十年的沧桑岁月，只为了一个更美好的中国诞生！他们成为我前进的动力和榜样，让我时刻反省自己、督促自己。

最后一个让我难忘的场景就是许多由中国自主研发的大飞机、潜水器首试成功。看到科研人员兴奋地欢呼，那一根根苍白的发丝、那一副副憔悴的面孔都让我热泪盈眶。确实，在创新这条道路上，无数人奉献了自己的青春甚至生命，无数人做着别人难以想象的危险工作，攻克着一个又一个世界性难题。此刻，我因中国而骄傲！我因自己是中国人而自豪！

套用整个片子的一段解说词作为结束语——“这个国家比以往任何时候都更加确信，科技是国之利器，人民生活赖之以好，企业赖之以赢，国家赖之以强。创新驱动发展，一个创新型的国家，正越来越近”。

指导教师：陈松

聆听“中国航天新征程”有感

1970 年 4 月 24 日，中国人用长征一号运载火箭，把“东方红一号”卫星送上了天。中央在 2016 年中国航天事业创建 60 周年的时候，把这一天定为中国的航天日。第一颗人造地球卫星、第一枚火箭，还有第一艘试验飞船、第一艘载人飞船……新中国航天事业从无到有，在短短 60 年内取得了辉煌的成就。在这些成就背后，有一个人的名字熠熠生辉，他就是中国航天界元老、神舟飞船首任总设计师、中国工程院院士——戚发轫。让我们一起聆听戚发轫讲述中国航天激动人心的大事件，以及惊心动魄、鲜为人知的背后故事。

演讲者：戚发轫

戚发轫，1933 年 4 月 26 日出生于辽宁省复县，空间技术专家，神舟号飞船总设计师，国际宇航科学院院士，中国工程院院士，中国空间技术研究院顾问，北京航空航天大学宇航学院名誉院长，博士生导师。

戚发轫 1957 年从北京航空学院飞机系毕业后被分配到中国运载火箭技术研究院工作；1967 年被调入中国空间技术研究院从事卫星和飞船的研制工作，先后担任副院长、院长；1983 年担任中国航天科技集团公司第五研究院院长；1992 年担任神舟飞船总设计师之职；2000 年获得第三届光华工程科技奖；2001 年当选为中国工程院院士；2003 年获得何梁何利基金科学与技术进步奖中的技术科学奖。

聆听人：2016 级贸易经济三班　2016012346　石婷

聆听时间、地点：2017 年 11 月 10 日于重庆工商大学南二栋

激荡与共鸣：

在看了戚发轫老先生关于《中国航天新征程》的演讲视频后，我的内心深受震撼。以前我只是通过历史课堂、历史课本、历史课外资料等对中国航天事业有所了解，但在此刻，在看完戚发轫老先生的演讲视频后，我对中国航天精神、“两弹一星”精神、载人航天精神等有了进一步的了解。

我曾经在许多杂志上看到过各种对中国航天事业的介绍，大多是千篇一律，未能让我有所触动，而在此刻，中国航天界元老戚发轫老先生在台上做的这场演讲，却是将我一瞬间拉到了那个属于他们的时代，那个在艰苦的环境里埋头钻研、为国争光的时代。中国航天事业从无到有，从 1970 年 4 月 24 日发射的第一颗卫星“东方红一号”，到 2003 年 10 月 15 日杨利伟乘坐“神舟五号”飞船飞向太空，再到 2007 年 10 月 24 日“嫦娥一号”奔向月球，中国向世界宣告，中国这个东方大国正在新时代、新起点向着新的里程大步迈进。在 60 年里，中国无论是进入太空的能力还是利用太空的能力都在不断提高。在这些巨大成就的背后，更有一批科研人员用忘我的精神，在激情燃烧的岁月里，秉持国家利益高于一切的原则，努力实现“上得去、抓得住、看得见、听得到”的目标，也由此有了“自力更生、艰苦奋斗、大力协同、无私奉献、严谨务实、勇于攀登”的中国航天文化精神，“热爱祖国、无私奉献、自力更生、艰苦奋斗、大力协同、勇于登攀”的“两弹一星”精神和“特别能吃苦、特别能战斗、特别能攻关、特别能奉献”的载人航天精神等。

中国航天之路在取得辉煌成就的背后，也有过不足和失误，科研人员们也从中汲取了深刻教训，也因此列出了中国航天归零“五原则”：定位准确、机理清楚、故障复现、措施有效、举一反三。虽只有简短的二十个字，但里面凝练的却是中国航天工作人员的心血，他们时刻提醒自己，这一路，每一步都要走得谨慎，每一步都要付出自己百分百的心血与专注认真。无论是黄纬禄、任新民、屠守锷、梁守槃这“航天四老”，还是像他们这样为中国航天事业默默付出的科研人员们，他们都是我们的骄傲，是我们的榜样。

作为风华正茂的新青年，我们或许没有太多的能力，但我们也可以通过自己的努力去实现自己的目标，一步一步地靠近自己的梦想，直到最后实现它。

指导教师：陈松

聆听人：2016 级财务二班　2016052245　傅冬越

聆听时间、地点：2017 年 11 月 23 日于重庆工商大学厚德楼

激荡与共鸣：

中国这一崛起的大国，在航天领域里从最开始的需要依赖外国，到了现在已经能够自主研发并成功飞天的地步，中国进入科技强国的行列，这都离不开背后的科研人员的焚膏继晷，离不开国家政策的大力扶持，离不开社会各界的资金支持，离不开全国人民这一有力的后盾。

中华人民共和国的航天事业起始于 1956 年，期间经历了具有历史性重要意义的里程碑。里程碑之一：1970 年 4 月 24 日，中国发射了第一颗人造地球卫星——“东方红一号”，成为继苏联、美国、法国、日本之后世界上第 5 个能独立发射人造卫星的国家。里

程碑之二：1987 年 8 月，中国返回式卫星为法国搭载试验装置。这是中国打入世界航天市场的首次尝试。里程碑之三：2003 年 10 月 15 日，“神舟五号”载人飞船升空；2005 年 10 月 12 日，“神舟六号”搭载费俊龙、聂海胜两名航天员升空；2008 年 9 月 25 日，“神舟七号”搭载翟志刚、景海鹏、刘伯明三名航天员升空。里程碑之四：2007 年 10 月 24 日，搭载着中国首颗探月卫星“嫦娥一号”的“长征三号甲”运载火箭在西昌卫星发射中心成功发射。里程碑之五：2010 年 10 月 1 日，“嫦娥一号”卫星的姐妹星“嫦娥二号”在西昌卫星发射中心发射升空，并获得了圆满成功。此次的发射目的主要是为下一步的月球软着陆进行部分关键技术试验，并对“嫦娥三号”着陆区进行高精度成像。回顾中国航天征程，不得不提在海外已有优质生活的钱学森毅然决然回归祖国，投入艰苦环境中组织开展航天工作。有了他这样敢为天下先的航天人，才有了前赴后继的科研工作者不畏险阻地砥砺奋进。视频中还提到了苏联中途全面撤走援华专家，想通过这种方法扼杀尚在摇篮中的中国航天工业。但“朋友圈”的“拉黑”就能对付中国航天人了吗？任新民评价说，我国的导弹是被逼出来的。就在苏联专家撤走后的第 83 天，1960 年 11 月 5 日，我国仿制的第一枚近程导弹发射成功。这就是中国！外国人能搞的，难道中国人就不能搞？中国人比他们矮一截吗？那个时候外援撤走，让中国科研工作者深刻意识到了“落后就要挨打”，要主动寻找突破口。最终，中国人不但不比外国人矮一截，反而要“高一大截”。苏联当初只向中国提供了一种原始的近程弹道导弹。但在短短几年后，中国就完成了从仿制到独立研制的全过程。这就是中国！最重要的一点就是应该感激那些无私奉献的科研工作者，他们不图名、不图利，只图中国制造，我发自肺腑地敬佩他们，感谢他们，祝福他们！

近年来，随着我国载人航天、月球探测、北斗卫星导航系统、高分辨率对地观测系统等重大工程建设的顺利推进，我国在空间科学、空间技术、空间应用领域取得了丰硕成果。面向未来，我国航天事业将有许多“大动作”。国家航天局的有关负责人介绍，除继续实施现有项目外，一批新的航天重大工程也将陆续启动，包括以火星探测、小行星探测、行星穿越探测等为代表的深空探测工程，备受关注的“探月工程”，以及重型运载火箭的研制等。

也许我们的航天事业在发展途中走过弯路、有过失误，但那是正常的。我平时学习也有犯错的时候，但是我一定要在哪里跌倒就在哪里爬起来。相信只有我经历了，才会学习到办法、对策，以后面对类似的问题才能应对自如，少走弯路。中国人“上天入海”，攀登科学高峰，不能停下脚步。我们对客观世界的认识要不断深入拓展，亦不能停下脚步。学习，是永无止境的，我们应终身学习，要在实践中认识和发现真理、检验真理。

指导教师：陈艳宇

聆听人：2016 级会计五班　2016051503　余欣玥

聆听时间、地点：2017 年 11 月 25 日于重庆工商大学新图书馆

激荡与共鸣：

钱学森曾经说过，航天技术是 20 世纪科学技术的最大成就和发展最快的学科之一，是一个国家的综合国力和技术水平的重要标志。中国的航天事业的发展可以算得上是中国老百姓都关心的事情，还记得小时候，七岁的我跟着父母一起守在电视机前看着“神舟五号”发射到太空，从那时起，我就对“航空”这一词产生了浓厚的兴趣，密切关注着中国航空事业的发展。在观看了戚老戚发轫的《中国航天新征程》的演讲视频过后，我对中国的航天事业又有了更多的认识和看法。

戚老是中国航天界元老、神舟飞船的总设计师，被人称作“中国载人航天之父”。中国航天领域有三个标志：1970 年第一颗人造地球卫星“东方红一号”上天；2003 年，杨利伟搭着“神舟五号”载人飞船上天；2007 年“嫦娥一号”奔向月球。这三个巨大的工程，戚老就参与了前两个，他是中国航天事业六十多年从无到有的见证者和参与者。

八十多岁的戚老，头发花白，却还是精神抖擞地站在讲台上，不急不躁地讲述着中国航天事业在发展中遇到的各种各样的问题以及中国航天事业的未来计划。他还提到“精神”。中国的航天人有 20 世纪五六十年代建立起来的中国航天精神：自力更生，艰苦奋斗；大力协同，无私奉献；严谨务实，勇于攀登。其核心是自力更生，20 世纪 60 年代苏联专家撤出中国后，中国科学家在艰苦的条件下建立起自己的航空事业，靠的就是自力更生。中国的航天人还有“两弹一星”精神：热爱祖国，无私奉献；自力更生，艰苦奋斗；大力协同，勇于登攀。戚老提到，钱学森那一批的老一辈科学家，在国外生活得很好，但还是突破了重重阻碍，回到了祖国的怀抱，为我国的发展无私奉献。再有就是载人航天精神：特别能吃苦、特别能战斗、特别能攻关、特别能奉献。在国家有特殊需要的时候，我们每个人都要有这种精神。在最后，戚老提到，我们目前的任务依然很沉重，按照国家要求，到 2020 年，我们要进入创新型科技强国的行列，到 2030 年，我们要进入创新型科技强国的前列，这还得靠我们年轻人。

作为中国新一代的青年人，每当看到像戚老一样为祖国做出了杰出贡献的老一辈，我都感到由衷的敬佩。从新中国成立到改革开放，不管是在经济文化还是在科技等各个方面，中国都已经发生了翻天覆地的变化，这主要得益于老一辈们的艰苦奋斗和他们愿意为国家奉献的心。戚老在他的演讲中讲到的最可贵的“精神”二字，正是当代年轻人不可或缺的。或许，我们出生在一个丰衣足食的年代，没吃过什么苦，没遇到过什么艰难的事情，也缺少一些老一辈们经历过那种物质匮乏的条件之后所具有的“情怀”。但我依旧相信，在老一辈人的帮助下，我们会不断地进步、不断地成长，我们会渐渐真正明白这些精神的内涵，我们新一代的青年人也会有我们自己的新方式，为中国的各个方面的事业献出

自己的一分力量。中国的青年人也应当更加自信，我们有值得我们骄傲的祖国，我们的祖国也会越来越强大；我们有值得我们骄傲的老一辈，我们也会成为值得他们骄傲的新一辈。我们会在自己的人生道路上，在中国的发展道路上，不忘初心，继续前行。

指导教师：秦筱萌

聆听人：2016 级人力资源管理二班　2016032234　张洁

聆听时间、地点：2017 年 11 月 24 日于重庆工商大学博智楼

激荡与共鸣：

听了戚老的讲座，我不由得心生敬意。从 1970 年 4 月 24 号中国第一颗人造卫星“东方红一号”成功升空开始；到 2003 年 10 月 15 日，中国“神舟五号”载人飞船升空；再到 2007 年 10 月 24 日，随着“嫦娥一号”成功奔月，嫦娥工程顺利完成了一期工程；此后，“天宫一号”与“神舟九号”相继发射，并成功对接；2016 年 9 月 15 日，“天宫二号”空间实验室在酒泉卫星发射中心发射成功，这一切都是航天人员刻苦钻研、坚持不懈的努力结果。

可敬可爱的航天技术人员，在不断创造着振奋人心的时刻。在讲座中，有两幅图片让我发现了地球的特别之美。第一幅是中国航天员在外太空拍到的我们所在的蓝色星球，第二幅是航天员从太空拍摄到的美丽中国。新中国的航天事业从无到有，在短短的六十年间取得了辉煌的成就。在这些成就的背后，戚老起着至关重要的作用。从戚老的讲述中我们可以知道，十一艘飞船上天、十一名宇航员上天的结果都是圆满的。尤其是“东方红一号”来之不易，经过几代人的努力才完成了成功发射第一颗人造地球卫星的任务。在激情燃烧的岁月里，秉持国家利益高于一切的原则，新中国的航天人刻苦攻关，为的就是实现中国第一颗人造地球卫星的四个目标，即“上得去，抓得住，看得见，听得到”。

戚老认为中国航天能在六十年内从无到有是源于中国这六十年来建立起来的文化、精神。第一，中国航天精神：自力更生、艰苦奋斗、大力协同、无私奉献、严谨务实、勇于攀登。其核心是自力更生。一个国家要强大、要发展，必须靠自己，而我们作为国家的储备力量，理应为能够更好地挑起重担而积蓄力量。在 20 世纪五六十年代我们祖国的航天事业遭到了多方阻挠，但是我们的科学家们凭着航天精神撑过去了，并且有了自己的创新与突破。第二，“两弹一星”精神：热爱祖国、无私奉献、自力更生、艰苦奋斗、大力协同、勇于登攀。钱学森是中国航天事业的奠基人，为航天员做出了爱国的榜样。像他这样的专家在国外生活得很好、工作得很好，但仍然冲破重重的阻力回到刚刚建立的新中国，只为我们国家的强盛。不论何时，这些伟人事迹都有着莫大的力量鼓舞着我们。一个人要

能把自己最宝贵的东西奉献出来，必须要有爱，要爱国家、爱事业、爱岗位、爱父母，没有爱的人是不会奉献的。第三，载人航天精神：特别能吃苦、特别能战斗、特别能攻关、特别能奉献。天天奉献，天天吃苦，这不是精神的本质，本质是在国家有需要的时候，我们每一个人都要有这种精神。

戚老说的“国家、事业、人生，都得靠自己”这句话让我很受触动。我们作为新生代，要努力学习科学文化知识，刻苦钻研，敢于探索，要有爱，并且牢记自己的使命。

指导教师：田慧

聆听“核电发展的中国超越”有感

1958 年 6 月 30 日，中国建成第一座原子反应堆，从此迈入了原子能时代。1991 年 12 月 15 日，秦山核电站首次并网发电成功，被誉为“国之光荣”。历经数十年的发展，中国核电在世界上处于什么水平？核电发展，从技术到安全，中国如何超越？

演讲者：林诚格

核电专家、国家核安全局前常务副局长兼总工程师，国家核电技术公司专家委委员，研究员级高级工程师，1955 年毕业于交通大学电力工程系，参加了我国第一座反应堆建设；先后在国家原子能研究院、反应工程研究所、国家核安全局和国际原子能机构工作，并担任重要职务；获得国家科技进步一等奖、美国核管理委员会（NRC）杰出贡献证书；1991 年起享受国务院专家特殊津贴。

聆听人：2016 级应用统计　2016104105　龙美竹

聆听时间、地点：2018 年 4 月 19 日于重庆工商大学图书馆

激荡与共鸣：

在前不久刚举行的中国共产党第十九次全国代表大会上，习近平主席提出了“绿水青山就是金山银山”的口号，要求加快生态文明体制改革，建设真正的美丽中国。在如今，人们感叹在一座座高楼拔地而起的同时曾经的绿树蓝天也在慢慢消失，呼吸到新鲜的空气对于现代人来说已经成为一种奢侈。那么，这样的现状怎样才能有所改善呢？这是近代全世界都颇为关注的话题。地球作为我们共同的家园，守护它也是守护我们自己。

众所周知，一个国家的发展必将伴随着能源问题，过多的化石燃料的使用已经对环境造成了巨大的破坏。多年以来，科学家们一直致力于新能源的开发与研究，企图找到清洁、环保的能源来最大限度地替代对环境伤害极大的化石燃料。而在被开发出的众多能源之中，核能的地位对于现在的我们来说是不可替代的。

林诚格专家带我们领略了我国在核能方面的卓越成就。在中国这样一个大国，我们之

所以如此支持核能，不仅是因为它满足了我国对于电力和优化能源结构的需求，还因为它对环境的保护起到了重要的作用。如今，我国是核能利用的佼佼者，走在世界前沿。这样的地位不是说来就来的，我国的科学家们从理论的研究到技术的落实都费尽力气，每一个核电站的建设都是工程师和众多工作者们辛苦工作的结果。历史上发生的三次核灾难使我国的科学家们引以为戒，安全问题成为建设核电站的首要问题。工程师们对从选址到建设的每一个环节都严格把控，这也是我国的核能技术较其他国家而言更加领先的原因之一。

如林老所谈，现在我们所接触的核能只是表面，我们仅仅利用了核裂变所产生的能量，而核聚变的能量仍未被开发，这项技术虽已成熟，但这种成熟只是现阶段的，还有更深层次的能源等待着我们去研究。站在更高的层面来看，不只是核能，还有风能、太阳能、海洋能等都等待着新一代的有志青年去突破，去做出新的成绩来。与此同时，我们能做的就是让我们的核能走出去，让核能真正地成为中国的名片，现在国家的核能技术已经大致发展成熟，我们已经拥有完全自主设计的能力、发展完备的制造业、建造核电的技术等能够走出去的条件，配合“一带一路”的建设，我国的核能技术走出去只是时间问题。而要把这项事业更好地实现，靠的就是我们新一代的年轻人，去传播和学习这其中的知识和道理，对新能源的相关知识进行践行。

一项新事物的诞生伴随着一个行业的崛起。新能源的开发和利用等待着更多有知识和有能力的人参与进去，不一定要是学识渊博的科学家，哪怕是作为以盈利为目的的商人，也能为推进这项事业做出贡献。当越来越多的化石燃料被核能或者是其他的各种新能源取代时，我们周围的环境和我们生活的地球都将焕然一新，这是我们大家都向往的。

林老为我们展现了我国作为一个核能大国的风采，同时也提醒我们，这项技术的发展还有着很大的突破空间，要想使我国保持领先的状态，必须得有一批新的血液和想法注入，保持活力。当环保已经成为国家提倡的理念，新能源进入了我们的视野，被提到了越来越重要的地位，我们作为国家的新一代继承人，是否还能袖手旁观？若是我们期待有一天能够呼吸着与多年前一样的新鲜空气，头顶碧空如洗，那么为什么不现在行动起来呢？

指导教师：黄伟

聆听人：2016 级国贸四班　2016013412　罗洁

聆听时间、地点：2018 年 4 月 19 日于重庆工商大学图书馆

激荡与共鸣：

众所周知“资源的有限性与人类需求的无限性”之间的矛盾是一个一直存在并在将来也是不可避免的问题，我们对以天然气、石油为代表的不可再生资源有着迫切的需求，但又不得不面对上述问题，那么未来中国在能源问题上应该做出怎样的转型呢？带着这样的

疑问，我聆听了林诚格教授关于“核电发展的中国超越”的学术报告，以下是我的所感所想。

林教授在报告中指出：“核能是一个国家安全的重要基石，没有核能、没有核技术，中国就不足以成为一个大国。”由此可见，核能对于一个国家有着多么重要的意义。通过对报告的聆听，我想从以下两个方面来谈谈对核能重要性的理解。

首先，从资源利用方面来看，核能具有安全、稳定、清洁、高效、低碳等特点，并且它能够直接应用于生产生活中，与以往的化石燃料等高污染资源相比具有强劲的竞争优势。当我们应用它发电时，不会造成大气污染，也不会产生二氧化碳，进而能够在一定程度上阻止温室效应的加剧。除开清洁这一巨大优势，它高效的性能也是不容忽视的。在运用核能发电的过程中，燃料费用所占的比例是较低的，再加上运用核能发电的成本不容易受到国际经济形势的影响，因此我们就能理解以欧阳予院士为代表的一代科研人员呕心沥血建设秦山核电站的重要意义。

其次，从国家安全方面来看，尽管“和平与发展”已经成为时代主题，但是国际争端仍然存在，为增强国家的国防能力，拥有核武器是必不可少的，它是确保中国军事安全的重要因素。历史长河中不乏“落后就要挨打”的实例，近期的叙利亚战争就是一个血的教训。要想在国际世界立足，自身的军事、经济、文化、政治建设都是至关重要的，即使目前国际世界上有些国家要逐步放弃对核能、核电的使用，但不同国家有不同的国情，就目前来说，核电的利用仍然是我国提高综合国力的重要方法，在此基础上，我们才能实现能源利用逐步向风能、太阳能等更多自然能源过渡的目标。

但是，在看到核电优势的同时，我们也必须注意到使用核电的安全问题，不能重蹈福岛核电站、三里岛核电站、切尔诺贝利核电站的覆辙。在这一点上，我们完全有理由信任我国中央政府对核电安全的重视。虽然网络上有人持“我国对核能安全过度自信”的观点，但是对于这种观点，我是不同意的。通过对网上资料的搜索，我了解到以大亚湾核电站、岭澳核电站、辽宁红沿河核电站为例的核电站都有着严格的安全防御体系，工程师们从重要性、潜在的风险、复杂性、发生事故时的危害和后果等角度对核电站进行分级，在此基础上，对不同状况的核电站采取不同的管理措施。除非是在特大的自然灾害或者是恐怖主义袭击的情况下，我国是很难发生核电站泄漏事故的。这既是对核能工作从事者的信任，也是对中央政府的信任，并不是所谓的过度自信。

正如林教授在报告中提出的“中国是核电大国，并且正在向核电强国发展”，我认为我们有理由相信中国能够在核电的应用上发展得越来越成熟，当然我们也不惧承认目前中国在后处理技术上仍然处于落后状态。任何的事物都要经历一个从无到有的过程，对于后处理问题，我们应当抱有坚定的信念，相信国家可以通过多种途径努力攻克这一难题。我们不能期望在后处理技术上能展现一步登天的效果，只能脚踏实地，一步一步往上走。

我相信大多数人对核电的了解是停留在模糊的定义这一层面上的，除专业人员外，真正了解它的人少之又少。我认为人可以分为两类，一类人他们对未知的事物抱有恐惧态度，对于不在自己掌控范围内的事物，他们不愿意去探索，总是害怕失败，而另一类人愿意去开拓，愿意当“领头羊”。在核电研究这项事业中，更多地需要后一类人。林教授提到的“邻避效应”就需要我们普通人更多地去了解核电，愿意做出改变，不再对未知充满恐惧，而是深入了解核电对中国发展的巨大贡献。

即使对核电发展我们不能做出实质性贡献，我们也应该关注它的发展，了解国家大事，树立民族自尊心与自信心。我相信中国核电事业会有一个更加光明的未来！

指导教师：沈顺祥

聆听人：2016级国商二班　2016045211　辛琳琳

聆听时间、地点：2018年4月29日于重庆工商大学慧智楼

激荡与共鸣：

作为一个中国人，我时刻为我的祖国骄傲，经常感叹中国的强大，惊叹中国的发展历程，为我是一名中国人而感到荣幸。

在中国制造、中国桥梁、中国高铁等一系列中国名片中，我看到了一个词——中国核电，不禁又让我的骄傲感油然而生。1958年6月30号，中国建成第一座原子反应堆，从此迈入了原子能时代；1970年，我们开始了核电时代；1991年12月15日，秦山核电站首次并网发电成功，被誉为“国之光荣”；1991年12月31日，中国与巴基斯坦签订了30万千瓦核电站出口合同。巴基斯坦恰希玛核电站，成为中国第一座出口核电站。中国逐步从一个没有核电的国家一步步走向一个核大国、核强国，这也是我国整体发展的一个缩影。

对于我们这样的一个大国，核电、核能意味着国际安全的重要基石、重要支柱和重要组成部分。目前全世界有448台核电运行机组，涉及31个国家。在运行的核电机组中，中国占37台；在建的59台核电机组中，就有21台在中国。作为高端制造业的中国骄傲，核电正在成为中国“走出去”的一张新名片。中国的高层领导也多次化身超级推销员，助力核电项目造船出海。

公众理解的核安全跟业界、专家所说的核安全之间有差距。在核电站建设过程中，公众由于对核能不够了解，就会将核能跟核武器密切联系在一起，产生“邻避效应”，即可以理解国家建设核电项目，也愿意享受核电带来的红利，但是核电站最好不要建在自己家门口，越远越好。针对公民担心的核辐射问题，林老也做出了明确的解释：就中国目前的环境来说，不搞核试验的人每年也会接受3.1毫希弗的剂量，已有观测数据显示100个毫希弗对人体没有任何的影响，要在达到1 000个毫希弗的时候，人体才会开始发生一些变化，开始出现急性辐射病的症状，但这是可以治愈的。而且我们国家的标准规定核电厂建

设以后，核电厂对周围居民的照射值是每年 1 个毫希弗。电厂周围居民实际上接受的剂量都在几个微希弗（1 微希弗为 0.001 毫希弗）的范围内。并且我国新的标准规定：新上马的中国核电厂，要从设计上确保核电厂不会导致大规模放射性物质的释放。

公众需要的是一种安全的保证，但是林老也谈到了在利用能源的过程中都是需要付出代价的，任何一个科学技术的发展都有一个过程，没有一样能源是十全十美的，限制它的副作用是科学家一直努力的方向。但是随着科学技术的发展，人们对核能的认识进一步深化，国家更进一步尊重公民意愿，现在对核电站厂址的选择都会做公众调查，公开透明地告诉公众，建设核电站将来会得到什么收益，让公民自己权衡利益得失，当今很多公众都开始支持核电站建设。

我国在核发展方面还存在一些问题，但是这些问题都在不断地被突破、解决。针对我国的后处理技术相对落后的问题，国家在大力发展，也在跟国外大力合作，解决核发展方面存在的问题还需要一个过程。

核电产业是个战略产业，涉及国家安全的基石。一个政治、军事、经济大国不可能没有核技术。中国当前的核能量还不能满足中国人民的需求，环境污染的现状迫使中国必须大力发展核电，减少煤等产生较重污染的能源的使用，所以大力发展核技术也是中国的大势所趋。

我国经济现在处于一个新常态，并且我国核电比例相对其他一些国家是非常低了。从长远来看，我们对核电仍然有很大的增量需求，核电产业还有很大的发展空间。此外，核出口产生的效益非常高，我国核电“走出去”的条件也具备了：第一，我国具有完全自主设计的能力；第二，我们的设备制造业非常强大；第三，我们有建造核电站的技术、现代化的管理。“走出去”是迟早的事，但也不是一蹴而就的，而是一个复杂的过程，把核电从今天的裂变走向聚变，还需要上一台阶，核能只会向更高级的舞台进军。

中国语境讲述中国故事。在视频中，中国科学家日复一日、年复一年地在偏僻的地方、艰苦的环境中为了共同的中国梦努力奋斗，让我深受感动。回望，我们国家探索改革、创新发展的每一步，都是在摸索前行中激发斗志，取得了贴着我们独特奋斗标签的珍贵成果；展望，在新的时代、新的蓝图中，我们更要感受到我们新一代青年肩负着使命。

身在当代中国，我们有太多欣喜和感动，有太多美丽的梦想需要实现。处在这个大有作为的历史机遇期，我们应当时刻牢记习总书记的殷殷嘱托，坚信“幸福是奋斗出来的”，撸起袖子加油干，为这个时刻令我们骄傲的国家贡献自己的力量。

指导教师：龙睿赟

聆听人：2016级国贸一班 2016013127 王雪

聆听时间、地点：2017年11月15日于重庆工商大学图书馆

激荡与共鸣：

在当前世界范围内，以新能源和再生能源为主体的能源体系正在逐步取代以化石燃料为支柱的传统能源体系，这也促使了各国对能源结构进行变革。

中国是人口大国，自然也就是能源消耗大国，对中国来说能源革命自然也是一大要务。在18世纪，人类主要通过烧煤来解决能源需求问题；20世纪20~60年代，除了煤炭、石油之外，天然气、水力等也加入了能源行列；20世纪末，核能登上了能源舞台；进入21世纪，再生能源和新能源作为主体的能源体系开始形成。核能相对于其他能源具有安全、稳定、清洁、高效和低碳等优点。

我的体会：

中国的核工业是在中国共产党的领导下创建与发展起来的，对于中国来说，这是一个全新的事业。中国核工业走过了近50年的历程，取得了令人震惊的成果，为制止核讹诈，反对核战争，保卫国家安全，维护世界和平，做出了重大贡献；同时也为促进我国科学技术和经济的发展，提高我国国际地位，振奋民族精神，做出了重大贡献。

起初中国发展核工业完全是出于军用，为了维护国家的安全。改革开放后，中国的核工业步入了军民合用、保军转民的阶段。而这同样也是中国开始安定、经济技术开始发展的标志。

现在还有很多人谈“核”色变。没错，说到“核”，我们大多数人想到的肯定是战争，是死亡。但是，那只是以前，现在核更多地被当作能源来使用，人们更多地将核技术应用于日常生活和经济建设，比如医疗、农业、能源勘测、能源分析等。我们老一辈的科学家们不畏艰险为我们搭建了一个很好的平台，并且党和政府对核事业的发展也是高度地重视与支持，所以，我们作为新一代的大学生，有义务与责任为中国核事业做好接班工作。

其实听完林老的讲话，我记忆最为深刻的还是关于核安全方面的内容。林老在演讲中提到了日本因地震引起的核泄漏，当时引起了世界很大的恐慌。林老分析了能引起那样的地震、海啸的地理因素，并分析了我国沿海的核电站所处的地理位置，明确地申明那种无法预测的危险在中国是不可能存在的。

核技术的应用面很广泛，它可以为人民生活和国民经济提供很多方面的帮助。当今核技术被广泛应用于轻工业、农业与医疗等行业。任何事物都有好与坏两个方面，“水能载舟，亦能覆舟”，国内很多民众还是挺反对核事业发展的，其实我也是很害怕的，但是我相信很多人和我一样，是因无知而畏惧。我们很大一部分人很容易将核与死亡联系在一起，所以我觉得我们的科研人员有必要进一步研究核安全问题，并且将一些有关安全方面的数据公之于众，让人们通过了解它来消除恐惧。

在安定的中国背后，是无数革命烈士为之抛头颅、洒热血，而在我们蒸蒸日上的核事业背后，也是一批又一批的科学家们不畏艰险、夜以继日地工作，这也是中国工匠精神的所在、大国风范的所在。正如习总书记所说："青年兴则国家兴，青年强则国家强。"中国梦是历史的，也是现在的，更是未来的。青年一代有理想、有本领、有担当，国家就有前途，民族就有希望。作为当代大学生的我们，享受着国家给予我们的各种待遇，父母给予我们的各种资源，我们没有理由不去学好专业知识，没有理由不为中国梦画上我们的一笔，没有理由不为建设富强、民主、文明、和谐、美丽的社会主义现代化国家出一分力量。

指导教师：胡万钦

聆听人：2016 级工程管理三班　2016035343　邱燕渝

聆听时间、地点：2017 年 11 月 2 日于重庆工商大学图书馆

激荡与共鸣：

18 世纪的时候，人类主要的能源是煤；到了 20 世纪 20~60 年代的时候，中国除了煤以外还有石油、天然气和水力等能源；到了 20 世纪末的时候，核能、核的裂变也加入了这个队伍；进入 21 世纪，再生能源和新能源作为了主体能源。当前在世界范围内，以新能源和再生能源为主体的能源体系正在逐步取代以化石燃料为支柱的传统能源体系，而核能也在向更高级的阶段发展。核能有许多的优点，如核能发电不像化石燃料发电那样会排放巨量的污染物质到大气中，因此核能发电不会造成空气污染；核能发电不会产生加重地球温室效应的二氧化碳；核燃料能量密度比起化石燃料高上几百万倍，故核能电厂所使用的燃料体积小，运输与储存都很方便，一座 100 万千瓦的核能电厂一年只需 30 吨的铀燃料，一航次的飞机就可以完成运送；在核能发电的成本中，燃料费用所占的比例较低，核能发电的成本较不易受到国际经济形势的影响，故发电成本较其他发电方法更为稳定。一个十几亿人口的中国，如果没有核能、没有核技术，那么它就不能成为一个大国。核能是国家安全重要的基石、重要的支柱、重要的组成部分。

1958 年 6 月 30 日，中国建成了第一个核反应堆，从此中国进入了原子能时代；1964 年，中国成功爆炸了第一颗原子弹；1970 年，中国进入了核电时代，慢慢成为核大国、核强国；1991 年 12 月 15 日，秦山核电站首次并网发电成功；到今天，中国已经建成 37 台核电机组，世界上一共有 59 台核电机组在建设之中，其中有 21 台在中国。中国的核电技术已经跃居世界先进水平，中国核电成为一张名片，一张世界的名片。与此同时，中国也是全世界使用核安全标准最高的一个国家。一个国家想要变得强大，那么科学技术的不断发展是至关重要的。

“离乱中寻觅一张安静的书桌，未曾向洋已经砺就了锋锷，受命之日，寝不安席，当年吴钩，申城淬火，十月出塞，大气初成。一句嘱托，许下了一生；一声巨响，惊诧了世界；一个名字，荡涤了人心。”于敏，核物理学家，国家最高科技奖的获得者，在氢弹原理突破中解决了热核武器物理中的一系列基础问题，提出了从原理到构形基本完整的设想，长期领导并参加核武器的理论研究，设计解决了大量关键性的理论问题。

在我们的国家，有许多像于敏一样默默付出的学者和专家，他们在实践中逐步摸索，自主完成了一系列令人震惊的科研实验，研发出许多先进的中国“质”造。当今中国如此高速发展，这些在风光背后埋头仔细钻研的专家和学者们功不可没。在当今这个快速发展的时代，我们这些年轻人中又有几个人能沉下心来，专心做一点实事呢？放慢自己的脚步，远离诱惑，埋头奋斗一番吧！

指导教师：赵晓曼

聆听人：2016级经济学一班　2016011138　李云丰

聆听时间、地点：2017年11月2日于重庆工商大学博智楼

激荡与共鸣：

自核能技术发展以来，针对它的各种讨论从来就没有停止过。这其中，引起人们讨论最多的，也就是其安全性。关于核电，很多人的脑中首先蹦出的就是“污染”“辐射”“变异”等字眼。我们无法否认这些字眼背后所代表的事实的存在，因为在人类的核电发展过程中，确实有一些悲惨的历史事件是我们无法以平常心看待的。

关于核电站在历史中所发生的事故，其中影响最为巨大的，一个是苏联的切尔诺贝利事件，还有一个是2011年日本福岛核电站发生的氢气爆炸事故。这两次事件就像是法庭上让人无可辩驳的证词那样摆在人们面前，向人们述说着核电技术的巨大危害性。但是这巨大的危害从科学方面来看的话是符合常理的吗？我们可以听一下林诚格先生的分析。

林诚格先生认为，如果从科学的角度来分析辐射值、事故补救方法、环保性，利用核电是我们现在最好的选择。而对很多知识水平不高和认知能力还不是很强的人来说，接受核电无害这个观念还是比较难的。

对于人民对核电的恐惧，我们的祖国是如何处理的？答案是将安全等级提高到最高。这个最高是种什么概念？那就是我们的安全标准比起国际原子能机构所认定的安全标准还要高，我国所设定的安全标准是世界上最高的！同时，在林老先生的介绍中，我还了解到了国家为了尽可能地将安全带给人民所做出的努力，这其中就包括了在核电站反应堆外加增安全装置、选址绝对保证高于安全要求、事后花大力气处理核电站发电后产生的废物等。我们看到的，是一个国家对于自己人民的负责态度，是一个大国对于自己人民福祉的

关怀。

“全心全意为人民服务”，这是党的宗旨。是的，为人民服务，这是国家对于我们这些普通人民的温馨承诺。这几个字让我们无论在何时，都可以感觉到自己身后永远有一个坚实的臂膀来供我们依靠；这几个字，让我们在无数次经历挫折而想过放弃后依然选择坚持。在新能源时代，我们亲爱的祖国，凭着这几个大字又给我们许下了自己的承诺——确保人民享受清洁安全的核能。这是承诺，不是谎言。

承诺，是一个多么美好的事物。可是，承诺之所以美丽无比啊，正是因为许下承诺的人有使承诺得以实现的力量。无论承诺的期限是十年、百年或是千年，只要许下承诺的人是对的人，我们就应该感到庆幸。

我们应该感到庆幸，因为我们有最伟大的政府，所以我们能够拥有清洁的能源，能够享受日益丰富的物质生活；我们应该感到庆幸，因为我们有最伟大的人民，所以我们能够拥有实现承诺的力量。

指导教师：沈顺祥

聆听人：2016 级土地管理一班　2016063117　杨佳嘉

聆听时间、地点：2017 年 11 月 21 日于重庆工商大学慧智楼

激荡与共鸣：

核能是国家安全的重要基石、重要支柱和重要的组成部分。它拥有安全、稳定、清洁、高效、低碳等特点，并且应用已经十分广泛。据统计，目前全世界每使用 100 度电，其中有 19 度是来自核能发动，可见核能已成为 21 世纪新能源发展的主力军。

林诚格专家在演讲时感叹道：“历经数十年发展，中国核电站从无到有，从起步到壮大，中国发展成一个核电大国，而且正向核电强国迈进。这是中国几代人的努力奋斗所取得的成果，我们回想过去，对比现在，展望未来，我们充满了信心。”

林老的一席话中充满的不仅是民族自豪感，还有对中国核电发展前景的自信。中国核电起步晚，但起步晚的国家才可能有更大程度的跨越。作为后起之秀的中国，后发制人，使得中国核电站成为中国的一张名片。

中华民族伟大复兴的道路定然少不了艰苦卓绝的前辈们。投身核事业的前辈们在恶劣的自然环境下，在资料被封锁的情况下，一步一步自力更生，倚靠自我力量与智慧，呕心沥血，不断尝试，不断创新，终于实现了中国大陆核电站零的突破，实现了质的飞跃。“青出于蓝而胜于蓝”，我们青年一代更是要厚积薄发，担负起承上启下的使命。于过去，我们要敢于承认过失与错误；于现在，我们要脚踏实地；于未来，我们豪情满志，怀揣梦想和希望。

中国核电站绝不会发生类似日本福岛核电站一样的核事故，这是林老在演讲时十分坚定地说出的一个结论。他讲到，这一方面是因为我国建设核电站的自然地理位置选择恰当，另一方面是我们已经拥有高精的保护壳技术。此外，他还强调国家理应保护每一位公民，业界也会公开透明地告诉民众核电站的实况。

核工业“造船出海”在路上。演讲中一位核电工程师向林老提问：我国核电“出海”条件具备了吗？林老毫不犹豫地给出了肯定答案。原因总结为三点：第一，我们具有完全自主设计的能力，不需依赖外来技术，这是中国的实力，也是中国的底气；第二，我们的设备制造业非常强大，例如第三代核电厂供货自给率已达85%，完全能够实现高质量、高标准的中国制造；第三，我们有建造核电站的技术和现代化的管理模式。全世界的核电运行机组共448台，中国占37台，正在建设的有21台，建设规模居世界第一，而这完全得益于我国精尖的核电设计、建设与管理能力。

“只有自己造船，才能真正出海”，这其中其实就蕴含着一种实干的工匠精神。从前我们依赖苏联发展核电，现在我们不仅能独立自主地完成核电站建设，还能为“一带一路”沿线的国家输出核电站建设技术。联系改革开放以来我国国有经济面临的处境和发展命运，必能深感出中国核电发展走出“全自主创新”之路的不容易、不简单。核工业水平代表了一个国家的战略实力，中国必须拥有强大的核工业，才能在国际上有地位，有话语权和不可或缺的影响力。同时，担负着历史责任和国家使命的我们也必须拥有扎实的专业基本功，只有这样才可以更好地致力于未来的学习与工作，才能够成为我国发展所需要的优秀人才。

习近平总书记在庆祝中国共产党成立95周年大会上提出了四个自信。其中，文化自信，是更基础、更广泛、更深厚的自信。核工业的快速发展代表着一种现代工业文明，它不仅融合了先进的生产力文化，还交融了我们中华民族锲而不舍、金石为开的工匠精神。正是几代人的共同努力，让人们看到了核电快速发展的春天，使中国公民拥有了作为核工业大国成员的自信。尽管风险与利益并存，但相信在不断进步的科学技术和工艺的保证下，中国能够更加安全地利用核裂变所产生的巨大能量来推动现代工业的飞速发展。现在的中国也早已无法停下跟随甚至引领时代发展的步伐，只能继续带着固有的工匠精神在更广阔的未来开疆拓土、日益强大。

青年拼搏多壮志，群力奋战自当先。作为当代的新青年，我们感受着祖国日益腾飞的变化，感受着新时代的变化，深刻理解实现中国梦是青年成长成才的最好舞台。我们应把个人追求和奋斗融入这一进程，共同支撑、共同见证、共同享有伟大的中国梦的实现。我们也应将前辈们致力于核电站建设的实干工匠精神，融入校园的学习生活中，保持不断进取、不断创新、勇敢前进的学习态度，争做时代的弄潮儿！

指导教师：陈刚

课后感想

老师让我们用 PPT 讲一下自己在“思想政治理论课综合实践教学”公共必修课（以下简称实践课）后的感想。我并没有做 PPT，因为我想讲的有点复杂，PPT 并不能将我想讲的东西很好地表达出来，或者说我想讲一些实践课让我深有感触的东西，而这些东西不是 PPT 能表达出来的，它需要我用语言来传达，它需要你们用心来体会，它需要我与你们进行思想的交流与碰撞。或许我接下来要讲的东西是生活中太普遍的现象，也是你们耳熟能详的理论，可我第一次感受到这些东西存在得如此真实，就像是一个活生生的人，有血有肉，他以他自己的方式在这个世界上留下自己的印记，同时也在改变着我们。

通过这次的实践课，我学到的最重要的东西就是——实践、理性。

小时候打针的时候，我常听护士说这样的话：“不痛的哦，就跟蚂蚁咬一样，一点都不痛。”可打针的时候的感觉很痛。那个时候，在我幼小的心灵里，打针的感觉就与被蚂蚁咬挂钩了，直到有一天我被蚂蚁咬了，我才发现这两者的不同。我是怎么发现这两者的区别的呢？我是经历了这两件事才知道的，这种经历其实就是实践。还记得高中书上的一个例子：以前的人们认为西红柿是一种毒果，人吃了就会死，直到有一天一个人去尝试这种“毒果”，人们才发现西红柿能吃。能吃与不能吃没有人生来就知道，只有通过尝试——吃一下，才能知道究竟能不能吃，这就是实践。实践，就意味着你必须付诸行动，而这种行动，意味着你必须亲自去尝试某些东西，而这种尝试将会对你已有的认识产生验证或冲击，从而让你的世界观、人生观、价值观有所改变。就像我去参观三峡博物馆一样，就在那段隧道里，我第一次想象自己在里面我会怎么做，我发现自己除了等待死亡，什么也做不了。然后我想要是在抗日战争中我会怎么做，我发现除了献出自己的生命以外，我没有什么更好的奉献方法了。我不仅第一次感受到自己的无力，也第一次感受到先辈们的伟大。怎么说呢，就像是一把大锤重重地锤在我身上，将我的痛苦无限放大，让无奈一点一点地从我身上溢出来。从三峡博物馆出来以后，我发现自己对世界多了一点敬畏。

任何事物都有其存在的道理，你对某件事的看法只是你单方面的个人印象，并不能代表它。在很多时候，原有的思想偏见就像寄生虫一样扎根在你的脑海里，只有通过实践，才能让你明白“哦，原来是这样的”，才能让你明白那些常常听的道理为什么是真理。

有些东西不是听了就懂了，很多时候我们只有通过亲身经历一件事情才能明白语言后面的含义。我想这就是实践课的老师真正希望我们学到的吧。我们读书读了十多年了，但能用书本上的东西去指导自己的行为的机会却不多，所以我们对书本上的很多东西都停留在知道的层次，而不是理解，尤其是对于哲学这种需要我们去亲身体会与思考的学科。理论的呈现形式只是书上的文字，只有将其运用到生活中，然后让其融入你的世界观和方法论，它才能变成你的专有物，你也才能明白它的真正含义。就像有人跟你说人不能左手画圆，右手画方一样，你只有自己试一下才知道“不能”的含义。而你去做的事情多了、对不同的事物的认识就会更深刻，你就会对这个世界有自己的看法，对一些事情有自己的态度，不会人云亦云、随波逐流。换句话说，就是你能在很多决定中做出正确的选择。

让我印象很深的就是前几年有一些“爱国人士”打砸“日本商店”、日系车等事件。这些“爱国人士”打着“爱国”的幌子，对中国人自己的财产公开做出如此暴力的行为，只因为这些商店、这些车挂了个日本的牌子。试问，这是任何一个理智的人能做出来的行为吗？这难道不是一群自以为是的人的社会狂欢？我们可以宣泄对某件事的不满，但不能拿别的人或事作为宣泄的载体。我难以想象这件事的受害者是怎样的心情，也难以想象加害者又是怎样的心情。这件事平息之后，社会公众对这件事的思考越来越深。只有当更多的人开始对自己的行为做出反思时，才能说明我们的素养有了真正的提升。我们也应该警惕公众舆论，任何时候都别失去自己的立场，千万别盲目追逐，也别盲目反对。尤其是我们大学生一代，读书就是在学习真理，在改造我们的世界观，我们在校就应该学习好如何思考，调整好自己的方法论——因为一旦走出学校，如果你再改变自己的想法，很可能就意味着你已经付出了某种代价。所以我们在学校的时候，与其当一个“愤青”，不如多锻炼一下自己的思维能力，提高自身素质。既然我们有那么多的时间去打游戏、去谈恋爱，何不抽出一些时间来思考？

2016 级经济学一班　2016011146　付文

后　记

从2017年起，重庆工商大学思想政治理论课实践教学改革进入了一个新的阶段。在学校的大力支持下，我们以“六大模块”和“十大环节”为核心，单独开设了思想政治理论课综合实践教学课。“品读经典”模块要求学生在马克思主义经典著作中选择篇目进行“精读”，并从中选出“记忆最深刻的经典金句”，写出心得体会或读书笔记，还安排了“经典摘抄”以加深品读记忆。“激荡理性”模块要求学生在我们提供的学术讲座视频、精彩演讲视频、时事报告视频、来校专家学术讲座中选择性视听，写出心得体会或讲座笔记。本书既是学生品味经典和聆听讲座的笔记的成果汇编，也是重庆工商大学马克思主义学院思想政治理论课程教学改革创新成果“绝知此事要躬行”丛书的组成部分之一。

《绝知此事要躬行——新时代大学生品味经典与聆听讲座》由王仕勇、陈松、刘富胜总策划并担任主编，沈顺祥、陈艳宇、杨华、范建明讨论具体编写策划、结构设计方案和统稿审稿。具体编辑修改与写作分工为：序言，杨华；上篇，沈顺祥、杨华；经典文献简介，沈顺祥；下篇，范建明、陈艳宇；讲座及演讲者简介，陈艳宇；后记，杨华。

本书也蕴含着重庆工商大学2017—2018学年全体思想政治理论课综合实践课程任课老师的心血，他们指导学生品读经典、聆听讲座，并指导学生写作读书笔记、讲座笔记和心得体会，并对学生提交的读书笔记、讲座笔记和心得体会进行甄选，提交学生的优秀成果用于本书编撰。

本书涉及的大学生读书笔记、讲座笔记和心得体会都是重庆工商大学在校大学生参与思想政治理论课综合实践教学的成果。在整个的编撰过程中，老师们已经明确地将出版计划告知学生，在征得学生的同意之后才将其成果编撰发表。

本书是参与思想政治理论课综合实践教学的学生和老师共同的智慧与心血的结晶。在此，我们谨向为本书的诞生做出贡献的领导、老师、学生表示诚挚的感谢。

本书的出版得到了西南财经大学出版社的大力支持，在此，致以诚挚的谢意。

限于我们的水平，书中难免有疏漏与欠妥之处，恳请先行者、学者和读者批评指正。

编者

2019年4月